사고사회 한국

와우, 삼풍, 그리고 세월호

홍성태 지음

진인진

사고사회 한국 와우, 삼풍, 그리고 세월호

초판 1쇄 발행 | 2017년 6월 16일
지 은 이 | 홍성태
발 행 인 | 김영진
발 행 처 | 진인진
편　　집 | 김민경
등　　록 | 제25100-2005-000003호
주　　소 | 경기도 과천시 별양상가 1로 18 614호(별양동 과천오피스텔)
전　　화 | 02-507-3077~8
팩　　스 | 02-507-3079
홈페이지 | http://www.zininzin.co.kr
이 메 일 | pub@zininzin.co.kr

ⓒ 진인진 2017
ISBN 978-89-6347-338-3 93300

*이 책은 2014년도 정부(교육부)의 재원으로 한국연구재단의 지원을 받아 수행된 연구임(NRF-2014-S1A3A2044381).

목차

3장 삼풍백화점 붕괴 20년의 성찰

4장 건설과 비리-사고 사회

5장 세월호 대참사의 원인과 과제

6장 사고 사회에서 안전 사회로

7장 독일과 미국의 안전 정책

보론 '사고사회'를 향해 치달리는 이명박 정부

머 리 말

한국은 위험사회(risk society)가 아니라 사고사회(accident society)이다. 위험은 사고의 가능성이다. 위험사회는 열심히 사고에 대비하는 사회이고, 사고사회는 사고에 대비하지 않아서 일어나지 않아야 할 사고가 빈발하는 사회이다. 독일은 위험사회이고, 한국은 사고사회이다. 독일과 한국의 차이는 경제력이나 기술력에 있지 않고 부패도로 대표되는 사회 질에 있다. 독일은 인권을 기초로 노동자를 존중하고 합리적으로 작동하는 선진 사회이지만, 한국은 인권을 여전히 경시하고 노동자를 무시하며 비리가 만연한 후진 사회이다. 이명박-박근혜 보참비(보수 참칭 비리) 정권 9년에 확실히 그렇게 되었다. 독일을 대상으로 구성된 위험사회론을 그냥 한국에 적용하는 것은 한국을 독일과 같은 사회로 보는 이론적-실천적 잘못을 저지르는 것이다. 이런 잘못을 아무렇지 않게 저지르면서 한국을 올바로 이해하는 것은 불가능하고, 따라서 한국의 문제를 올바로 개혁하는 것도 당연히 불가능하다.

2015년 6월 29일은 기업과 정부의 비리로 무려 502명의 사람들이 삽시간에 목숨을 잃은 삼풍백화점 붕괴 20주년이 되는 날이었다. 그런데 20년을 돌이켜 보면 삼풍백화점 붕괴의 교훈이 전혀 지켜지지 않았다는 것을 잘 알 수 있었다. 2014년 4월 16일의 세월호 대참사는 그 단적인 예였다. 모두 살릴 수 있었던 무려 304명의 사람들이 기업과 정부의 비리로 세월호 안에서 참혹한 죽음을 맞았다.[1] 그 중에는 막 피어나는 꽃봉오리 같은 250명의 고

---

1 '세월호 대참사'는 이명박 비리 정권이 '국민 권익위'를 만들어서 선박 연령 규제 완화를 강행한 것과 박근혜 비리 정권에서 박근혜가 잠적하고 해경이 구조를 방

등학생들이 포함되어 있었다. 2014년 4월 16일의 세월호 대참사는 1994년 10월 21일의 성수대교 붕괴, 1995년 6월 29일의 삼풍백화점 붕괴와 같은 사건이며, 두 붕괴 사고는 1970년 4월 8일의 와우아파트 붕괴와 같은 사건이다. 이미 오래 전에 드러난 한국 사회의 문제가 개선되지 않고 계속 참혹한 사고를 일으켰던 것이다.

와우아파트 붕괴, 성수대교 붕괴, 삼풍백화점 붕괴, 세월호 대참사는 제도가 없어서 일어난 사고가 아니라 만연된 비리로 말미암아 제도가 작동하지 않아 일어난 '비리 사고'이다. 비리를 척결하고 사고를 예방하는 것은 가장 기본적인 정부의 존재 이유에 해당되는 것인데, 한국에서는 정부가 비리와 사고의 핵심적인 주체이며, 이것이 한국 사회의 안전과 발전을 가로막는 가장 근본적인 문제이다. 한국은 1961~1992년의 30여 년에 걸친 폭압적 근대화로 강행된 군사-개발독재와 그 산물인 '비리 사회'의 문제를 올바로 해결하지 못했고, 그것이 확립한 사회세력과 사회체계가 해소되지 않은 '포위된 민주화'와 '취약한 민주화'로 심각한 '정부 실패'를 겪었다. 특히 삼풍백화점 붕괴 사고 20년을 돌아보면 비리 문제가 2008년 2월 이명박 정부의 출범 이후 계속 악화되어 2014년 4월 16일에 세월호 대참사가 일어났다는 것을 알 수 있다. 필자가 오랫동안 지적해 온 이 문제는 2016년 10월에 드러난 박근혜-최순실 게이트를 통해 명확한 사실로 확인되었다.

기한 것 등으로 발생한 전대미문의 '정부 실패 참사'이지만, MBN, MBC, YTN 등으로 이어진 방송의 '오보 참사'이기도 하다. 특히 대표 뉴스 방송인 YTN의 오보는 결정적이었다. 이렇게 중대한 사건에 대해 방송의 오보가 이어진 것은 이명박근혜 비리 세력의 방송 장악 때문이었으며, 이 오보 참사는 이명박근혜 비리 세력의 공작에 의한 것일 의혹도 강력히 제기되어 있다. 반드시 규명해야 한다. "세월호 그날, "전원 구조" 오보의 재구성" http://www.huffingtonpost. kr/2016/03/30/story_n_9570950.html. "세월호 '전원 구조' 오보가 단순 실수가 아니었다면?" http://www.mediatoday.co.kr/?mod=news&act=articleView&idxno=13213

이 책에서 건설업의 문제를 적극 지적한 것은 건설업 종사자들을 향한 것이 아니라 건설업의 개혁을 위한 것이다. 분명히 엄단되어야 할 타락한 건설업 종사자들도 있다. 그러나 건설업을 지탱하는 다수의 엄정한 건설업 종사자들이 있으며, 건설업의 개혁을 실제로 이루어야 할 주체는 바로 그들이다. 건설은 단순히 사회의 물리적 기반을 만드는 것을 넘어서 문명의 물리적 구현을 추구하는 것이다. 건설은 그만큼 근원적이고 중요한 활동이다. 그러나 바로 그 때문에 건설은 사회와 문명을 그 바탕에서 위협할 수 있다. 삼풍백화점 붕괴, 새만금 사업, '4대강 죽이기' 등은 그 명확한 예이다. 토건국가와 건설업의 병적 과잉, 건설 비리와 부실의 먹이사슬, 착취적 다단계 하청관계 등을 해결해야 건설업은 문명의 기반을 만든다는 건설의 빛나는 이상에 다가가게 될 것이다. 지금 이 나라는 정치적인 목적으로 불필요한 대규모 건설사업이 끊임없이 강행되는 파괴와 낭비의 토건국가이기 때문에 더욱 더 그렇다.

　물론 사고사회 한국의 문제는 토건국가와 건설업의 문제에 그치지 않는다. 2014년에 일어난 세계 유일의 정부 비리 비극인 '세월호 대참사', 2015년에 발생한 참담한 '메르스 사태', 2016년에 그 전모가 거의 드러난 '가습기 살균제 대참사'는 이 나라가 모든 면에서 확실히 위험사회가 아닌 사고사회라는 사실을 처절히 입증해 보였다. 비리는 만연해 있고, 사고는 편재해 있다. 절대적 위험시설인 핵발전소조차 온갖 비리로 얼룩져 있다. 이제 정말 이 나라에는 핵발전소 폭발 사고만이 남은 것인지도 모른다. 이 참담한 사고사회의 상황은 흔히 '관피아', '정피아', '법피아', '학피아', '언피아' 등으로 운위되는 '마피아 국가'의 산물이다. 정치인들은 물론이고 전문가들, 언론인들, 법조인들도 모두 거대한 비리와 부패의 주역으로 행세하고 있어서 사고사회 한국이 작동되는 것이다. '마피아 국가'의 개혁으로 민주주의의 실질화를 이루어야 재벌이 지배하는 비리 자본주의도 개혁할 수 있다. 그 기초는 비리의 이익보다 비리의 대가를 훨씬 더 크게 하는 것이다.

독일의 시인 프리드리히 휠덜린(1770~1843)은 19세기 초에 발표한 '파트모스 섬'이라는 시에서 '위험이 있는 곳에서/그러나 구원도 자란다'라고 썼다. 그러나 문제를 올바로 인식하고 개선하지 않으면 위험은 구원이 아니라 사고로 실현될 뿐이다. 이 나라에서 발생한 대형 사고들의 근본·직접 원인은 비리이며, 따라서 우리는 비리의 척결에 초점을 맞춰서 정상 국가를 추구해야 한다. 극심한 비리 세력의 발호와 '정부 실패' 문제, 그에 따른 '비리-사고사회'의 문제를 직시해야 한다. 이 문제를 하루빨리 철저히 개혁하지 않는다면, 핵발전소 폭발 사고가 일어나고 말 것이다. 한국의 영남은 세계 최대 핵발전소 밀집지역으로 이곳에서 핵발전소 폭발 사고가 일어나면 영남은 영구적인 지옥이 될 것이고 이 나라는 어떻게 해도 망하지 않을 수 없는 상태가 될 것이다.[2]

한국은 세계 10위의 경제대국이자 자랑스런 민주국가이지만, 각종 사고가 빈발하고 불평등이 악화되는 문제를 안고 있다. 특히 사고는 사회 질을

---

2 2017년 6월 19일 문재인 대통령은 '고리 원전 1호기'의 영구폐기 기념사에서 '탈핵 시대'를 선언했다. 그 핵심은 신규 원전의 건설을 전면 백지화하고 기존 원전의 설계수명을 연장하지 않는 것이다. 핵발전소의 설계수명은 30년이다. 불과 30년 동안 사용하고 무려 10만년 동안 안전관리해야 하는 절대적 위험시설이 바로 핵발전소이다. 핵발전소의 안전관리는 인류의 능력을 벗어나는 것이다. 문재인 대통령은 절박한 인류적 요청에 부응하는 역사적 발전을 이루었다. 이에 대해 '핵발전 마피아' 쪽은 전력 부족을 운운하며 공포를 조장하고 있다. 그러나 이것은 독일과 일본이 잘 보여주었듯이 '새빨간 거짓말'일 뿐이다. 문재인 대통령은 탈핵을 기초로 하는 진정한 선진화의 길을 열었다. 그러나 한국의 핵발전소는 이명박근혜 비리 정권에서 온갖 비리로 그 위험이 더욱 더 커졌다. 영남은 핵발전소 위험이 세계 최고인 곳일 뿐만 아니라 핵발전소 비리도 세계 최고인 곳이다. 영남의 안전을 위해 문재인 대통령의 탈핵 정책에 의거해서 영남의 탈핵 개혁이 올바로 이루어져야 할 것이다. "문재인 대통령, 고리1호기 영구정지 "탈핵국가, 안전대한민국으로 대전환"" http://www.hankookilbo.com/v/177bfe4e13474e08b8552ef2d48aa442. "문재인 정부 탈핵에 '전기요금 폭등' 공포 조성하는 '원전마피아'" http://theimpeter.com/40316/

가늠하는 가장 핵심적인 지표이다. 불행히도 한국은 각종 대형 사고들이 빈발하는 사고사회인데, 그 바탕에는 이익을 위해 어떤 사고도 서슴지 않는 비리 세력의 발호가 작동하고 있다. 전대미문의 '박근혜-최순실 게이트'는 이 사실을 여실히 입증해 주었다. 이 참담한 사건을 올바로 이해하기 위해 우리는 '포위된 민주화'와 '취약한 민주화'의 문제를 깊이 성찰해야 한다. 정상 국가는 비리 세력의 척결로 이루어질 수 있으며, 그것은 오로지 정치의 민주화와 사회의 합리화를 공고히 하는 것으로 가능하다. 우리의 민주화는 비리 세력의 강력한 포위 속에서 처절한 희생과 헌신으로 진행된 취약한 민주화로서 비리 세력의 전면적 지배는 타파했으나 비리 세력의 완전한 척결은 이루지 못했다. 그 결과 비리 세력이 계속 발호하며 '박근혜-최순실 게이트'를 일으켰던 것이다. 2016년 10월 말부터 2017년 3월 초까지 5개월에 걸쳐 대다수 국민들이 촛불을 들고 비리 세력에 맞서서 강고한 민주화를 향해 나아갔다. 그 결과 2017년 3월 10일 마침내 헌법재판소는 박근혜의 탄핵을 확정했다. 그러나 비리 세력의 위세는 여전히 강력하다. 비리 세력의 문제를 직시하고 민주화의 민주화를 강력히 추진하지 않는다면 사고사회의 문제는 결코 해결되지 않을 것이다.

여기서 한 가지 크게 강조하고 싶은 것은 과학-기술을 악용하는 것의 문제이다. 현대 사회는 전문 지식에 의해 작동되는 사회이며, 특히 과학-기술에 의해 형성되고 작동되는 사회이다. 이 과정에서 엄청난 위험들이 만들어지고 있는데 과학자나 기술자가 아닌 일반인은 그 존재 자체를 알 수 없는 경우가 많다. 원자력의 방사능 위험은 그 단적인 예이다. 이 위험은 볼 수도, 들을 수도, 느낄 수도 없는 것이다. 이 점에서 과학자나 기술자가 사람들을 완전히 속일 수도 있다. 한국이 사고사회인 것은 과학-기술을 악용하는 문제가 극도로 심각한 상태에 있기 때문이다. 다시 말해서 많은 과학자들이, 기술자들이 과학을 악용해서 사실을 왜곡하고 세상을 속여서 이익을 취하고 있는 것이다. 예컨대 삼풍백화점 대참사는 구조기술사가 경영자에게 올바로 자문했다면 일어나지 않았을 것이다. '4대강 죽이기 대참사'와 '가습기 살균제 대참사'도 마찬가지다. '세월호 대참사'도 전문가들이 자기 역할을 올바로 했더라면 일어날 수 없는 사고였다. 사고사회를 개혁하기 위해서는 비리 정치인을 엄벌하는 것뿐만 아니라 비리 전문가를 엄벌해서 전문가의 책임을 올바로 세워야 한다. 그리고 이 중대한 과제들을 제대로 이루기 위해서는 법을 집행해서 정의를 수호하는 막중한 책임을 지고 있는 검찰과 법원이 바로 서야 한다.

이 책의 글들은 오랜 기간에 걸쳐 여러 기회로 작성된 것들이지만, 현재 한국 사회의 이해와 개혁에 이바지할 수 있는 내용을 담고 있다고 생각한다. 이 책이 출간될 수 있도록 지원해 준 제주대 SSK 연구단과 동료 연구자들에게 깊은 감사의 인사를 전한다. 우리는 공적 영역에서 민주주의의 실질화로 좋은 나라를 만들 수 있고, 사적 영역에서 공동체를 형성해서 민주주의의 실질화를 촉진하고 좋은 삶을 이룰 수 있다. 우리의 연구는 생태위기로 대표되는 위험사회의 상황에 대응해서 공동체의 자연 관리와 사회 개혁으로 좋은 나라와 좋은 삶을 만들고자 하는 노력에 크게 이바지할 것이다.

2017년 4월 20일
북한산 비봉 아래 은민재에서
홍성태 씀

1장

붕괴사고와 사고사회

와우아파트와 삼풍백화점의 붕괴

1. 머리말

한국 사회는 1950년대의 재건기를 거쳐서 1960년대 초부터 본격적 근대화의 길에 들어서게 되었다. 수많은 사람들의 고된 노력의 결과로 한국 사회는 빠른 시간 안에 엄청난 경제성장과 거대한 문화변동을 겪게 되었다. 그러나 이와 함께 한국 사회에서는 예전에 볼 수 없었던 많은 문제들이 나타나게 되었다. 세상을 놀라게 했던 커다란 붕괴사고들도 그 중요한 예이다. 1970년 4월 8일에 일어난 와우아파트 붕괴사고가 그 시작이었다면, 1995년 6월 29일에 일어난 삼풍백화점 붕괴사고는 그 정점이었다. 이 글에서는 두 사고를 중심으로 한국의 본격적 근대화와 한국 사회의 특징에 대해 살펴보고자 한다.

본격적 근대화는 정치, 경제, 문화 등 사회의 모든 영역에서 근대화가 추진되는 것을 뜻한다. 그러나 박정희 정권에 의해 추진된 한국의 본격적 근대화는 무엇보다 정치의 근대화가 크게 억압되었다는 점에서 '파행적 근대화'였다. 더 큰 문제는 이것이 경제와 문화에도 심각한 영향을 미쳤다는 사실이다. 경제의 근대화도 '민주적 산업화'가 좌절되고 '독재적 산업화'가 강행되면서 일찍이 유인호가 'GNP교'의 횡행을 비판했을 정도로 크게 왜곡되었다 (유인호, 1973). 문화의 근대화도 왜곡된 정치와 경제의 논리를 인정하고 적응하는 것을 넘어서 사회 전반에서 합리화가 진척되는 것으로 나아가지 못하고 말았다. 결국 한국의 본격적 근대화는 '왜곡된 본격적 근대화'였다.

와우아파트 붕괴사고와 삼풍아파트 붕괴사고로 대표되는 여러 붕괴사고들은 이러한 '왜곡된 본격적 근대화'의 내적 한계와 문제를 적나라하게 드러낸 사건이었다. 사실 붕괴사고는 화재사고, 수재사고 등과 마찬가지로 어디서나 쉽게 볼 수 있는 흔한 사고이다. 그러나 많은 인명과 재산의 피해를 초래하는 대형 붕괴사고는 흔하지 않다. 따라서 우리는 대형 붕괴사고를 통해 한 사회의 성격에 대해 살펴볼 수 있다. 예컨대 인위적 요인에 의한 대형 붕괴사고가 자주 발생하는 사회는 '사회 질'과 '삶의 질'에 심각한 문제가 있는 사회일 것이다. 이와 관련해서 한국 사회는 아예 '사고사회'라고 해도 좋을 정도로 많은 문제들을 이미 드러냈다. 이 글에서는 이러한 '사고사회'의 관점에서 한국 사회의 특징을 살펴보고자 한다.

사고는 사건의 한 유형이다. 그런데 사건은 대개 일회적인 것으로 여겨지며, 따라서 사회의 특징을 파악하기 위해 중요한 자료로 여겨지지 않는다. 그러나 사건은 그 자체로 복잡한 원인과 의미를 지니고 있을 뿐만 아니라 사회의 구조를 드러내 보여주는 징후이자 증거의 역할을 할 수 있다. 요컨대 사건과 구조는 밀접하게 연관되어 있을 수 있다. 이렇듯 사건을 파악하는 관점은 크게 두 가지로 나뉠 수 있으며, 따라서 사건을 통해 역사와 사회를 파악하는 사건사도 크게 두 가지로 나뉠 수 있다. 하나는 '현상적 사건사'이고, 다른 하나는 '구조적 사건사'이다. 이 글은 후자의 관점에서 와우아파트 붕괴사고와 삼풍백화점 붕괴사고를 통해 한국의 본격적 근대화와 한국 사회의 특징에 대해 살펴볼 것이다.

이 글의 순서는 다음과 같다. 2절에서는 구조와 사건에 관한 이론적 논의를 통해 구조적 사건사의 관점을 제시하고자 한다. 이어서 3절에서는 와우아파트 붕괴사고에 대해 살펴보고, 4절에서는 삼풍백화점 붕괴사고에 대해 살펴본다. 5절에서는 두 대형 붕괴사고의 연관을 정리하고, 여기에서 드러난 한국 사회의 특징을 '사고사회'로 제시하고자 한다. 결론인 6절에서는 '사고사회'의 문제가 제대로 인식되지 않은 결과로 토건국가의 극단화가 강행되어 극심한 위기가 초래되고 있는 상황을 지적하고자 한다.

2. 구조적 사건사의 관점

이 글은 '구조적 사건사'의 관점에서 와우아파트 붕괴사고와 삼풍백화점 붕괴사고에 대해 살펴본다. 이것은 개별적 사건을 구조의 작용이나 발현으로 파악하고, 따라서 개별적 사건을 통해 구조를 파악하는 것을 뜻한다. 사건이 일회적 현상이라면, 구조는 사건을 낳는 모태이다. 이런 점에서 구조와 사건을 구분하는 것이 아니라 연관짓는 것이 사회의 이해에서 대단히 중요하다. 사건을 단순히 일회적이고 우연적인 것으로 보거나 구조를 사건과는 동떨어진 것으로 보는 것은 모두 사회의 이해를 오도하는 결과를 빚을 수 있다. 사회를 올바로 이해하기 위해 우리는 사건 속에서 구조를 찾아내야 한다.

'아날학파'[3]로 대표되는 서구 사회사[4]의 성립과정에서 구조와 사건에 대한

---

3 프랑스의 역사학자인 마르크 블로크(1886~1944)와 뤼시앙 페브르(1878~
   1956)에 의해 1929년에 창간된 『사회경제사 연보』에서 비롯된 명칭이다. 페르
   낭 브로델(1902~1985)은 '아날학파'로 대표되는 역사학의 변화가 프랑스에서
   1900년부터 시작된 것으로 제시했다(Braudel, 1958: 122).
4 사회사는 역사의 대상과 방법에서 전환을 추구한 결과로 나타나게 되었다. 요컨
   대 그것은 대상의 면에서 정치보다는 경제와 문화에 초점을 맞추고, 방법의 면

설명은 핵심적인 논점을 이루었다. 종래의 역사학이 실증사와 사건사를 추구했다면, 새로운 역사학은 구조 중심의 과학을 추구했고, '아날학파'의 사회사는 이러한 변화를 대표했다. 이 때문에 "우익으로는 사건 중심적인 담론, 좌익으로는 마르크스적인 담론 사이에서 아날 집단은 제3의 길을 선택했다"(Dosse, 1987: 84)고 평가되기도 한다. 확실히 마르크스의 역사단계론에 비추어 보자면, '아날학파'의 역사는 훨씬 풍부한 세부를 담고 있다. 그러나 '아날학파'의 계승자이자 융성자인 프랑스의 역사학자 페르낭 브로델은 역사학은 사건사를 넘어선 비사건사를 추구해야 한다고 주장했다(Braudel, 1958: 122). 그는 역사를 사건, 국면, 구조의 세가지 층으로 설명하며, 역사학은 구조사를 추구해야 한다고 주장했다.

> 역사는 여러 상이한 층으로 이루어져 있지만 나는 내 임의대로 그것을 세가지로 말하려 한다. … 표층에는 사건사가 단기적 시간 안에 자리잡고 있는데 이는 일종의 미시적 역사이다. 중간층에는 국면사가 그보다는 광범하고 완만한 리듬을 좇아 전개된다. … 이 국면이라는 '도입부'를 넘어서면 전세기를 문제 삼는 구조사 또는 장기지속사가 있다(Braudel, 1958: 131).

'아날학파'가 역사에 대한 이러한 구조적 관점에 입각해서 커다란 성과를 거두었다는 것은 다시 말할 필요가 없다. 장기지속과 구조에 대한 강조를 통해 '아날학파'는 역사를 사건의 표면이 아니라 사건의 심층에 자리잡게 했다. '아날학파'는 역사를 과학으로 만들고자 했고 이런 시도는 상당히 성공했다고 할 수 있다. 그러나 브로델이 주장한 것처럼 사건과 구조를 분리할 수는 없다. 사건은 구조를 이해하기 위한 구체적인 계기일 수 있다. 여기에서 구조적 사건사의 관점이 성립한다. 사건을 무시하는 것이 아니라 사건

에서 일회적인 사건이 아니라 장기적인 구조에 초점을 맞춘다는 특징을 갖는다.

을 통해서 구조를 이해하고 설명하는 노력이 중요하다. 사실 이미 1970년대 초부터 이런 노력은 본격적으로 나타나기 시작했다. 예컨대 독일의 역사학자 베르너 콘쩨는 1970년에 발표한 논문에서 "페르낭 브로델은 이런 의미에서 '구조의 역사'와 '사건의 역사'를 구별했다. 그러나 이 두 역사는 상호보완적일 뿐 상호배제적이 되어서는 안 된다"고 지적했다(Conze, 1970: 226). 프랑스의 역사학자 라뒤리는 1973년에 발표한 논문에서 "불과 몇 년 사이에 벌어진 순간적인 사건들이 영속적인 심리상태를 구조화시켰고, 짧은 시간이 장기지속적인 시간을 가동케 하였다"고 주장했다(Ladurie, 1973: 312). 더욱이 최근에 미국의 사회학자 스웰은, "'사건의 귀환'은 일찍이 1974년에 천명되었다. … 그러나 사건에 관한 서술로의 이러한 귀환에 따라 역사가들이 사건을 이론적 범주로 고찰하게 된 것은 대단히 최근의 일이다"(Sewell JR., 2005: 198)고 지적하고, 이어서 미국의 인류학자 샬린스의 업적을 재평가하면서 "샬린스의 재정식화에서 사건은 구조의 변형이며, 구조는 지나간 사건들의 누적적 산물이다"(199)고 주장했다. 우리는 브로델의 관점이 아니라 샬린스의 관점에서 사건과 구조를 이해할 필요가 있다.

국내에서도 사건과 구조를 대립시키는 브로델의 주장에 대해서는 일찍부터 강력한 비판이 제기되었다. 대표적인 예로 신용하의 주장을 제시할 수 있을 것이다. 그는 다음과 같이 브로델을 비판하고 자신의 이론적 대안을 제시했다.

> 브로델은 장기지속에서 구조를 발견하여 강조하였다. 그러나 필자의 생각으로는 시간의 장기성에서 발견되는 것은 오히려 '구조변동'이다. … 필자의 생각으로 역사는 본질상 변동하는 것을 포착하는 것이다. 부동의 역사란 있을 수 없다. 변동하지 않는 것은 역사가 아니다. 프랑스 아날르 학파가 구조변동을 등한시한 사실은 그들의 정치사에 대한 부정적 견해에까지 귀결되었다. … 우리가 관점을 바꾸어서 '구조변동'을 중시하는 경우에는 그 동태적 변동을 촉진하는 주체세력의 운동을 중시하게

되며, 따라서 운동사를 중시하게 된다. … 우리는 '구조변동'의 사회사를 강조함으로써 사건사에 대해서도 비슷한 사실을 지적할 수 있다. 우리는 사건들이 '구조변동'에 어떠한 관련이 있는가를 고찰함으로써 사건사를 구조변동사와 상호보완적인 것으로 다룰 수 있다(신용하, 1982: 570~572).

사실 브로델의 장기지속을 '부동의 역사'로 파악하는 것은 오해일 수 있다. 브로델이 장기지속으로 제시하는 것은 분명히 구조와 그 변동이기 때문이다. 그런데 신용하는 구조보다 그 변동을 강조하면서 주체와 사건에 주목했으며, 특히 그는 특정한 주체의 운동에 의해 역사의 변화가 이루어진다는 것을 강조하고자 했다.[5] '아날학파'의 구조사는 20세기 중반에 프랑스에서 확립되어 세계로 확산된 구조주의의 방법을 역사에 적용한 것이라고 할 수 있다. 그러나 구조주의는 확증할 수 없는 구조에 집착해서 거대한 사변에 빠질 위험을 안고 있다. 이런 점에서 주체와 사건을 강조하는 신용하의 주장은 의미를 갖는다.

구조와 사건을 올바로 이해하기 위해 우리는 주체에 대해 더욱 깊은 관심을 기울여야 한다. 구조주의는 말할 것도 없고 구조를 강조하는 쪽에서는 대체로 주체를 무시하는 경향을 보인다. 주체는 그저 구조의 표출이나 매개에 불과한 것으로 여겨지는 것이다. 브로델을 비판하며 구조사와 사건사의 상호보완성을 강조하는 학자들도 주체에 대해서는 대체로 침묵하고 있다. 그러나 사회와 역사는 자유의지를 가진 인간이라는 주체에 의해 형성되고 작

---

5 신용하(1937~)의 주장에는 민족주의와 민주주의를 향한 정치적 변화가 무엇보다 중요했던 1960~1980년대 한국의 현실이 짙게 반영되어 있다. 거꾸로 말해서 브로델의 주장에는 민족주의와 민주주의의 과제가 오래 전에 해결된 프랑스의 현실이 짙게 반영되어 있다. 이런 사회적 차이를 무시하고 두 사람의 주장을 단순히 비교하는 것은 잘못이다.

동되는 것이다.[6] 주체를 무시하는 것은 이론적으로 큰 문제를 안고 있으며 실천적으로 사회와 역사의 죄인들에게 면죄부를 발부하는 잘못까지 저지를 수 있다. 구조주의가 주체를 부정하는 것은 구조에만 초점을 맞추어서 주체를 보지 못하기 때문이다. 구조가 주체를 지운다면, 사건은 주체를 드러낸다. 이런 점에서도 구조사와 사건사는 상호보완적일 수 있다. 사실 구조이건, 사건이건, 궁극적으로 모두 주체의 소산이다. 따라서 주체를 배제한 구조와 사건의 논의는 공허하다. 주체를 부정하는 구조주의의 결함은 명백하다. 우리는 주체의 역할과 책임을 온당하게 인정하면서 구체적인 사건을 통해 구조를 파악해야 한다.

그리고 구조와 주체가 연결되는 공식적 응집점으로서 제도의 문제도 결코 간과해서는 안 될 것이다. 주체는 제도를 통해 활동하며, 구조는 제도에 의해 작동한다. 제도는 특정한 구조 속에서 다양한 주체에 의해 확립되며, 확립된 제도는 구조와 주체에 대해 커다란 강제력을 행사한다. 제도가 제대로 갖춰지지 않거나 제대로 작동하지 않으면 구조와 주체의 문제가 급속히 크게 악화되어 커다란 사고로 이어질 수 있다. 따라서 사건을 입체적으로 이해하기 위해서는 구조의 영향만이 아니라 주체와 제도에도 주목해야 한다. 구조적 사건사는 이렇듯 구조, 주체, 제도라는 세 요소를 통한 사건의 입체적 이해를 추구한다. 이제 이러한 구조적 사건사의 분석틀에 의거해서 와우아파트 붕괴사고와 삼풍백화점 붕괴사고에 대해 살펴보도록 하자.

---

6 자유의지는 구조와 주체의 논의에 앞서서 신과 인간의 논의에서 뜨거운 논제였다. 그리고 그것은 과학의 발달과 함께 결정론의 핵심적 논제가 되었다. 현대 과학철학의 중요한 설명에 따르면, 결정론은 자유의지를 부정하는 것이 아니며, 사실 자유의지는 진화의 산물이다(Dennett, 2003).

3. 와우아파트 붕괴사고

와우아파트는 서울 서대문구 창전동 산2번지에 건설된 '와우지구 시민아파트'를 가리킨다. 이 아파트 단지가 건설된 곳이 '와우산臥牛山'[7]이었기에 와우아파트로 이름을 붙였다. 모두 5층 높이의 16개 동으로 이루어진 와우아파트는 1969년 6월 26일에 착공되어 12월 26일에 준공되었다. 그리고 불과 3개월 여 뒤인 1970년 4월 8일 오전 6시 반 무렵에 와우아파트 15동이 붕괴했다. 이 사고로 말미암아 아파트 입주자 15가구 70명 가운데 32명이

사진 1 와우아파트 시찰

사진 2 와우아파트 붕괴

7　'강남'의 서초구에는 '우면산'이 있다. 예술의 전당 뒤에 있는 산이 바로 그 산이다. '와우산'은 '누워 있는 소의 모습'이고, '우면산'은 '소가 자고 있는 모습'으로 둘 다 소가 누워 있는 모습을 뜻한다. 소가 대단히 중요했던 전근대 농업사회의 특징이 두 산의 이름에 담겨 있는 것이다. '와우산'의 정상에는 작은 군 부대가 있고, '우면산'의 정상에는 큰 미사일 부대가 있다. '우면산'에서는 2011년 7월 25일~28일의 호우로 대규모 산사태가 발생해서 18명이 사망하는 참사가 일어났다. 당시 서초구청장은 한나라당 진익철이었고, 서울시장은 한나라당 오세훈이었다. 춘천에서도 호우로 소양강댐 근처 민박촌에서 큰 산사태가 발생, 한 집을 덮쳐서 숙박하던 인하대생 10명이 사망했다. 이 대학생들은 방학을 맞아 근처 초등학교에서 발명 캠프를 진행하고 있었다. 당시 춘천시장은 한나라당 이광준이었다.

그림 1 와우아파트 사고현장 위치도   그림 2 와우아파트 도괴된 방향

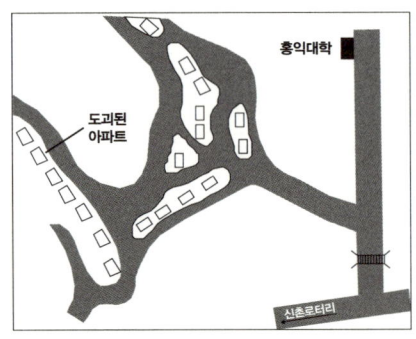 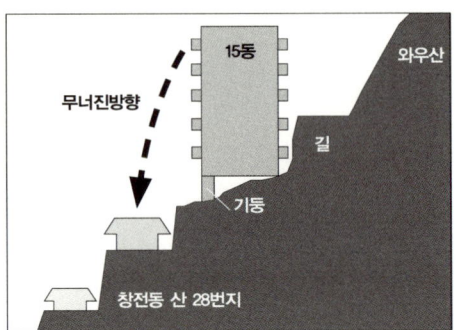

사망했고 38명이 부상했으며, 아파트가 붕괴하면서 그 아래에 있던 판자집 한 채가 깔려서 1명이 사망했고 2명이 부상했다(서울특별시, 1996ㄱ).

사진 1에서 보듯이 와우아파트의 준공식에는 당시 권력을 장악하고 있던 독재자 박정희-육영수 부부가 참석해서 시찰했을 정도로 와우아파트는 서울시의 큰 '업적'이었다. 그러나 사진 2에서 보듯이 100년을 버텨야 할 콘크리트 건물이 불과 100일 정도밖에 버티지 못하고 폭삭 무너지면서 와우아파트는 서울시의 큰 '치욕'이 되고 말았다.

그림 1에서 보듯이 와우산은 홍익대의 뒤쪽에 있는 산이며, 와우아파트는 바로 이 산에 건설되었다.[8] 그림 2에서 보듯이 와우아파트의 붕괴는 건물을 지탱해야 할 기둥이 무너지면서 건물이 앞으로 무너지는 식으로 일어났다.[9] 이 때문에 건물이 무너지면서 아래에 있던 집이 한 채 깔려서 추가피해가 발생했던 것이다. 기술적인 면에서 사고의 원인은 "① 처음부터 지중량地中梁 없이 시공되었으며 ② 기둥 하나에 19㎜ 철근 70개씩이 들어가도록 되어 있었는데 5개 정도씩밖에 쓰지 않았으며 ③ 콘크리트의 시멘트 배합이 사양서

---

8 지금 이곳은 '와우공원'으로 조성되어 있으며, 와우아파트의 진입로가 남아 있다.

9 이 때문에 와우아파트 붕괴사고는 와우아파트 도괴사고로 불리기도 한다. '붕괴 崩壞가 그 자리에서 무너지는 것을 뜻한다면, '도괴倒壞'는 앞으로 또는 뒤로 넘어져서 무너지는 것을 뜻한다.

대로 되지 않았다. ④ 시 기술조사반의 조사에 의하면 와우시민아파트 15동의 설계상 건물 하중荷重은 1㎡당 280kg인데 도괴된 15동의 실제하중은 900여kg으로 1㎡당 600kg 이상 초과되어 있었다" 등의 네 가지로 요약되었다(서울특별시, 1996ㄱ). 또한 70도 경사의 산비탈에 아파트를 건립하면서 아파트 뒷쪽만을 암반 위에 얹었을 뿐이고 아파트 무게의 3/4을 차지하는 앞쪽에 단지 30×7㎝의 기둥 7개만 박아서 기초를 삼았으며, 그나마 7개의 기둥도 암반이 아닌 부토敷土 위에 세웠다는 것도 대단히 중요한 기술적 원인이었다(《위키백과》, '와우아파트').

이제 구조적 사건사의 관점에서 와우아파트 붕괴사고에 대해 살펴보도록 하자. 먼저 구조의 면에서 와우아파트 붕괴사고는 어떻게 이해되어야 하는가? 이 문제는 박정희 정권의 성격과 밀접히 연관되어 있다. 박정희 정권은 군사반란으로 집권했기 때문에 정치적 정당성이 극히 취약했다.[10] 이렇듯 취약한 정치적 정당성을 박정희 정권은 경제의 급속한 고성장으로 보완하고자 했다. 이를 위해 박정희 정권은 노동과 자연에 대한 강력한 이중의 착취를 강행했다. 이런 점에서 박정희 독재는 군사독재일 뿐만 아니라 개발독재였다(이병천 엮음, 2003). 폭력을 통해 급속한 고성장을 이루고자 한 박정희 정권의 개발독재는 와우아파트 붕괴사고를 규정한 가장 강력한 구조였다. 박정희 개발독재는 서울을 자신의 능력을 과시하기 위한 거대한 정치적 선전장으로 만들었다(홍성태, 2005). 그 결과 당시 서울의 곳곳에 형성되어 있던 빈민주거지역은 급속히 해체되어야 할 대상으로 간주되었다. 이에 따라 김현옥 시장은 1968년 12월 3일 대대적인 시민아파트 건립계획을 발표했다.

---

10 여기에 덧붙여서 박정희는 일본군 장교 출신이자 남로당에 연루된 적이 있다는 심각한 정치적 문제를 안고 있었다. 2009년 2월 대법원은 박정희가 일제 시대 일본군으로서 독립군 토벌에 참가했다는 내용의 책에 대해 무죄를 확정했고, 2017년 1월 박정희가 일왕에게 충성 혈서를 쓴 사실을 확정했다. 박정희는 대표적인 부일 매국 범죄자였던 것이다.

그 핵심은 1969년부터 3년 동안 무려 2천동의 시민아파트를 건립한다는 것이었다. 와우아파트 붕괴사고는 이렇듯 무모한 계획을 강행한 박정희 개발독재의 구조적 규정 속에서 일어났던 것이다.

와우아파트 붕괴사고의 주체는 결정자, 시공자, 관리자, 입주자 등으로 나누어 살펴볼 수 있다. 가장 큰 책임을 져야 하는 결정자는 바로 김현옥 시장이었다. 그는 '불도저'라는 별명이 붙었을 정도로 많은 개발 사업을 강력히 밀어붙인 사람이었다. 아파트를 건립하는 것은 결코 쉬운 일이 아니다. 지질을 조사하고 지반을 다지는 것부터 확실하게 하지 않는다면 아파트는 가장 위험한 주거시설이 되고 만다.[11] 그러나 김현옥 시장은 이런 기초를 무시하고 대규모 아파트 건립계획을 강행했다. 그 결과 와우아파트 붕괴사고가 일어나고 말았던 것이다.[12] 그리고 시공자는 대룡건설(대표 장익수)과 하도급업자(박영배)였으며, 관리자는 마포구청 담당자(현장감독이었던 마포구청의 건축기사보 이성종, 마포구청 건축과장 조성두 등)이었다. 결정자, 시공자, 관리자가 와우아파트 붕괴사고의 직접적인 세 주체를 이루는 것이다. 그런데 여기서 입주자에도 크게 주목할 필요가 있다. 입주자가 임의로 설계를 변경해서 시공을 하는 바람에 사실상 문제가 더 커졌던 것이다. 일부 입주자가 임의로 바닥의 하중을 크게 늘리는 구들장을 갖다가 설치한 것은 그 좋은 예이다. 그리고 본래 시민아파트는 영세민을 입주대상자로 상정해서 하중을 가볍게 설

---

11 이와 관련해서 2010년 1월에 발생한 아이티의 지진은 큰 시사를 준다. 22만 명이 넘는 사람들이 죽었을 것으로 추정된 아이티의 지진은 단지 지진이 강했기 때문에 피해가 컸던 것이 아니라 부실한 콘크리트 건물이 많았기 때문에 피해가 컸던 것이다.

12 김현옥은 1926년에 출생해서 1997년에 사망했다. 그는 1962년에 준장으로 예편해서 부산시장을 지냈고, 1966년에 서울시장에 임명되었다. 김현옥은 강력한 추진력 때문에 박정희에 의해 서울시장으로 발탁되었다. 이런 점에서 보자면 김현옥보다 더 큰 책임은 박정희에게 있다고 할 수 있다. 김현옥은 와우아파트 붕괴사고로 서울시장에서 물러나게 되었으나 이듬해인 1971년에 내무부장관으로 '영전'한 것은 이 때문이었을 것이다.

계했으나, 15가구의 입주자 중에서 원래의 입주대상자는 불과 2가구였으며, 13가구는 입주권을 사서 입주한 중산층이어서 연탄도 100여장씩 들여놓고 피아노와 같은 무거운 가구도 갖고 있었다. 여기서 설계의 문제에 주의를 돌릴 필요가 있다. 시민아파트는 서울시가 작성한 표준설계도에 따라 건립되었다. 그런데 서울시는 사실상 값싸고 빠르게 시민아파트를 건립하기위해 영세민이라서 하중을 무겁게 할 필요가 없다는 이유를 내세워서 극히위험한 아파트를 설계했던 것이다.[13]

제도의 면에서 중요한 것은 필요한 제도들이 갖춰지는 것뿐만 아니라 이제도들이 제대로 시행되는 것이다. 그러나 와우아파트 붕괴사고 당시는 건축 관련 제도들이 여러 면에서 불비한 상황이었고, 또한 그나마 있는 제도들도 제대로 시행되지 않고 있었다. 여기서 개발독재의 구조적 규정에 다시 주의할 필요가 있을 것이다. 독재체제에서는 독재자의 의지와 판단이 제도보다 훨씬 더 중요하다. 대규모 시민아파트의 급속한 건립은 강력한 독재자인박정희의 의지에 따른 무모한 사업이었다. 박정희가 판잣집의 정리를 김현옥에게 지시했던 것이다. 그러나 제도는 말할 것도 없고 자원이 부족한 상황에서 엄청난 대규모 아파트의 건립을 강행해서 부패와 부실이 만연하게 된것은 너무나 당연한 결과였다. 독재는 제도와 실행의 괴리를 키우고 부패와부실의 만연을 조장한다. 시민아파트라는 그럴 듯해 보인 새로운 주택정책은 무모한 개발독재의 소산이었으며, 결국 무모한 개발독재의 문제를 더욱

---

13 김현옥은 시민아파트에 대해 다음과 같이 회고했다. "60년대 말 서울의 판잣집은 기어이 해결해야 할 과제였습니다. 도심·외곽 할 것 없이 들어찬 판자촌은 한마디로 서울의 행정을 마비시킬 정도였으니까요. 내 발상은 간단했습니다. 쓰러질 듯 누워 있는 판잣집을 번듯하게 일으켜 세우자는 게 그것이었습니다. 바로아파트지요"(〈위키백과〉, '김현옥'). 그가 무모하게 건립한 시민아파트는 정말로'판잣집을 번듯하게 일으켜 세운 것'이었으며, 이 때문에 판잣집보다 훨씬 더 위험한 주거시설이었다.

더 악화시키는 촉매가 되고 말았다. 당시에 있었던 미흡한 제도라도 제대로 지켰더라면 와우아파트 붕괴사고는 일어나지 않았을 것이다. 그러나 독재는 본질적으로 제도를 무시하는 체제이다. 와우아파트 붕괴사고는 이 사실을 처참하게 입증했다. 그 뒤에 부랴부랴 추진된 전체적인 안전진단의 결과는 이러한 독재의 문제를 더욱 명확하게 보여준다.

와우아파트 사건 이후 서울시는 건축구조를 전공하는 권위자들로 시민 아파트 안전진단반을 편성하여 그동안에 지어졌던 전 시민아파트의 안전도를 점검했다. 그 결과 총 대상 405동 중 안전성을 보강해야 할 동수가 349동이며 그 중 크게 보강해야 할 곳이 20동, 중보강이 72동, 소보강이 257동으로 밝혀졌으므로 서울시는 15억 8,680여만원의 예산을 투입하여 1·2차로 나누어 보강하였다(1개 동은 철거). 1970년 4월 7일 신임 양택식 시장에게 임명장을 수여하는 자리에서 박정희대통령은 김시장에 의해서 추진되었던 시민아파트 계획은 전면 백지화하고 앞으로 건립하지 말 것을 명령한다. 그러나 서울시의 입장에서는 일시에 중단할 수는 없었다. 와우사건 이전에 이미 공약해 둔 것도 있고 또 건립준비 중에 있는 것도 있어 1970년에도 용산구 산천지구 등에 모두 12개의 시민아파트를 더 건립하였다. 여하튼 1968년에 최초로 건립한 금화지구 18동, 1969·1970년 건립분(철거분 제외)을 합쳐 1970년말 현재로 서울시 내에는 모두 447개 동 17,300가구분의 시민아파트가 남아 있었다. 그 중에서 적지 않은 부분이 보강되었으나 1971년 이후는 보강보다 철거하는 편이 보다 타당하다는 진단이 내려진 것은 철거해 가기 시작한다. 1977년 말에 서울시 주택관리과에서 조사한 바에 의하면 1971~1977년 간에 모두 101동이 철거되었고 철거에 소요된 비용이 447동 건립비에 거의 맞먹는 50억 700만원이 소요되었다(서울특별시, 1996ㄱ).

4. 삼풍백화점 붕괴사고

삼풍백화점은 서울 서초구 서초동 1675-3번지에 건립되었다. 길 건너편에는 서울중앙법원이 있고, 뒤에는 삼풍아파트와 삼호가든아파트가 있는 자리였다. 삼풍백화점은 1987년 9월에 착공되어 1989년 12월 1일에 개장되었으나 실제 준공일은 1990년 7월 27일이다. 준공을 승인받기도 전에 개장해서 영업했던 것이다. 삼풍백화점은 규모 면에서 전국 제1의 백화점이었으며, 매출 면에서는 전국 제2의 백화점이었다. 삼풍백화점은 지상 5층과 지하 4층인 2개 동의 건물로 이루어졌는데, 북쪽이 A동이었고 남쪽이 B동이었으며 두 건물은 중앙홀로 연결되어 있었다.[14] 준공을 승인받기도 전에 개장해서 영업했던 것은 대단히 놀라운 사실이지만, 이보다 더 놀라운 것은 본래 지상 4층의 일반상가로 허가받았으나 건축과정에서 지상 5층의 백화점으로 바뀌었다는 사실이다. 삼풍백화점은 이렇게 이상한 설계변경과 용도변경을 통해 건립되었으나 당시 최고의 '명품 백화점'으로 이름을 날리게 되었다.[15]

---

14 A동은 '명품 백화점'이었고, B동은 '스포츠 시설'이었다. 최고급 명품과 최고급 시설을 즐기던 '상류층' 사람들이 날벼락을 맞았던 것이다. 1970년대 헐리우드의 재난영화 '타워링 인페르노'나 '포세이돈 어드벤처'에서 묘사되었던 것처럼, 상류층도 현대 사회의 위험에서 결코 자유롭지 않다는 사실을 삼풍백화점은 처절하게 증명했다. 이런 점에서 울리히 벡은 현대 사회의 위험은 계급의 차이를 넘어선다고 지적했다(Beck, 1992).

15 이런 점에서 삼풍백화점은 이른바 '명품'의 허상을 적나라하게 보여주는 세계적 사례라고 할 수 있을 것이다.

사진 3 삼풍백화점 전면 사진 4 삼풍백화면 옥상의 전단현상

　사진 3에서 볼 수 있듯이 삼풍백화점은 롯데월드보다도 큰 규모여서 사람들의 눈길을 끌었지만 온통 분홍색으로 칠한 겉모습은 더욱 더 많은 사람들의 눈길을 끌었다. 이렇듯 화사한 겉모습을 하고 있었으나 그 속은 처음부터 큰 문제를 안고 있었다. 무리한 용도변경과 설계변경을 강행한 결과로 삼풍백화점의 속은 겉과 달리 극히 취약한 상태에 있었던 것이다. 사진 4는 무너지기 얼마 전의 옥상을 찍은 것으로 기둥이 옥상을 뚫고 올라오는 전단현상이 진행된 것을 보여준다. 결국 삼풍백화점은 1995년 6월 29일 5시 55분 무렵에 붕괴하고 말았다.[16] 개장한 뒤로 5년 6개월 정도만에, 준공을 승인받은 뒤로 만 5년을 한 달 남겨 놓고, 삼풍백화점은 붕괴해 버렸다. 붕괴하는 데 걸린 시간은 불과 20초 정도였다. 기술적 원인은 콘크리트 부실, 기둥 부실, 옥상 냉각탑 과다 설치, 5층 온돌 설치 등으로 복잡하지만, 사회적 원인은 결국 더 많은 돈을 노린 '부패와 부실의 먹이사슬'이 작동한 결과로 간략하게 요약할 수 있다. 부패로 말미암아 어떤 제재도 받지 않고 부실이 진행될 수 있었고, 그 결과 단일의 사고로는 최대의 인명피해를 낳은 사고가 일어났던 것이다.

16　지진과 같은 자연재해나 폭발과 같은 인공재난이 있었던 것이 아니라 그냥 아무 일도 없이 스스로 무너져 버렸다. 삼풍백화점 붕괴사고의 무서운 점은 여기에 있다. 가장 화사하고 안전한 곳으로 보였던 '상류층'의 공간이 사실은 가장 부실하고 위험한 곳이었던 것이다.

사진 5 삼풍백화점 A동의 붕괴 　　　　　사진 6 삼풍백화점의 완전한 붕괴

출처: ⓒ연합뉴스

　사진 5와 사진 6에서 볼 수 있듯이, 처음에 붕괴한 것은 A동이었고, 얼마 뒤에 취약한 상태가 된 B동도 결국 붕괴하고 말았다. 사망자는 502명이고, 부상자는 937명이었다.[17] 재산피해는 총 2,700억원 정도로 추산되었다. 그러나 막대한 인명피해에 비추어 보자면 이러한 재산피해의 추산은 사실상 의미가 없는 것이라고 할 수 있다. 삼풍백화점 붕괴사고는 한국전쟁 이후 최대의 인명피해를 낳은 사건이었으며, '단일 면적(4,154평)에서의 인명피해는 전쟁과 테러를 제외하고는 세계 최대의 피해'이기도 했다(이광윤, 2002). 불과 8개월 전인 1994년 10월의 성수대교 붕괴사고에 이어서 벌어진 더욱 더 큰 참사에 질린 사람들은 PC통신에 헌법 제1조의 '대한민국은 민주공화국이다'는 문구를 '대한망국은 사고공화국이다'로 바꿔야 한다는 글을 올리기도 했다(이재민·이근영, 1995).

17　처음에 사망자는 501명으로 발표되었다. 그러나 뒤에 서울시는 502명으로 최종확인했다. 이 중에서 31명은 결국 신원을 확인하지 못했다. 시체들이 대부분 거대한 콘크리트 더미에 짓눌려 으깨졌기 때문이었다(서울시, 1996ㄴ). 당시에 전문가로서 현장수습에 참여했던 박홍신 한국시설안전관리공단 본부장은 현장에는 신발들이 어지럽게 널려 있었는데 다가가 보니 신발 안에는 발목 아래로 잘린 발이 들어 있었고 발목 위의 신체는 모두 짓눌려 부서져서 널려 있는 상태였다고 말했다. 덧붙여서 그는 이렇듯 참혹한 현장의 모습과 한여름에 시체들이 썩는 냄새 때문에 한동안 밥을 먹을 수 없었고, 이 때문에 급성 당뇨병에 걸리기도 했었다고 말했다(2005년 4월 19일 '삼풍사고 10년 교훈과 과제' 연구진의 연구회의에서 나눈 대담).

이제 구조적 사건사의 관점에서 삼풍백화점 붕괴사고에 대해 살펴보도록 하자. 구조의 면에서 삼풍백화점 붕괴사고는 개발독재의 가장 중요한 구조적 유산인 '박정희 체계'의 산물이라고 할 수 있다. 박정희 정권의 개발독재를 통해 형성된 '박정희 체계'는 개발주의와 성장주의를 동력으로 해서 작동하는 사회체계를 뜻한다. 수단과 방법을 가리지 않고 더 많은 돈을 버는 것을 '성공'으로 여기는 이 체계 속에서 편법과 불법은 잘못이 아니라 능력으로 여겨졌다.[18] 삼풍백화점의 이준 회장은 박정희의 개발독재와 깊이 연관된 인물로서 '박정희 체계'가 요구하는 능력을 잘 갖추고 있었다. 이준 회장이 삼풍백화점의 건립을 추진하던 1987년은 '6월 항쟁'을 통해 민주화가 시작된 해이기는 했지만 '박정희 체계'로 확립된 개발독재의 위세는 여전히 막강했으며 이준 회장은 이 상황을 적극 활용했다. 사실 '민주화 20년'의 시간이 지난 현재에도 '박정희 체계'는 여전히 강력한 위세를 떨치고 있다. 이준 회장과 같은 자들로 하여금 더 많은 돈을 벌기 위해 편법과 불법을 적극적으로 저지르도록 조장하는 구조가 여전히 강력하게 확립되어 작동하고 있는 것이다. 그 결과 여러 제도들의 개선이 이루어졌다고 해도 여전히 건설에서의 부실과 부패의 문제는 대단히 심각한 상황에 있다(김헌동, 2005; 홍성태, 2007).

삼풍백화점 붕괴사고의 주체는 결정자, 시공자, 관리자로 나누어 살펴볼 수 있다. 먼저 결정자는 건축주인 이준 회장이다. 그는 본래 4층 높이의 일

---

18 이런 점에서 투기를 능력이라고 주장한 이명박은 '박정희 체계'의 대표적인 사례라고 할 수 있다. 자본주의의 면에서 '박정희 체계'는 이른바 '천민 자본주의'에 해당된다. 자본주의는 본래 돈을 중심에 두는 '돈 사회'이다. '천민 자본주의'는 그 방법과 목표가 모두 돈으로 정당화되는 후진적 자본주의를 뜻한다. 그런데 우리말에서 '돈 사회'란 '미친 사회'라는 의미도 지닌다. 이런 점에서 '천민 자본주의'는 '대단히 심각하게 미친 사회'라고 할 수 있다. 그러나 이러한 '천민 자본주의'의 위력은 대단해서 MBC와 한국사회학회의 2008년 조사에 따르면 행복의 조건으로 전체 응답자의 32.3%가 돈을 꼽아서 1위를 차지했다.

반상가로 허가받은 건물을 5층 높이의 백화점으로 바꾸기로 결정하고 일을 추진했다. 이준 회장은 자기가 원하는 대로 설계변경과 용도변경을 결정했던 것이며, 이를 위해 서초구청과 서울시청의 담당 공무원들에게 뇌물을 주었다. 심지어 이준 회장은 붕괴가 심각하게 진행되고 있는 것을 확인한 붕괴 50분 전까지도 위험을 알리는 방송을 하지 않고 자기들만 대피하는 극도로 철면피한 면모를 보였다.[19] 설계와 감리는 우원건축이 맡았고, 시공자는 우성건설이었다. 그런데 시공을 하던 중에 이준 회장의 부당한 증축 요구를 우성건설이 받아들이지 않자 이준 회장은 우성건설과의 계약을 해지해서 시공을 중단하도록 하고 자신이 소유하고 있던 삼풍건설산업에서 시공을 계속해서 마치도록 했다. 그러나 대법원은 우성건설에게도 시공사로서의 책임을 물었다. 관리자로는 이충우와 황철민 등 뇌물을 받고 설계변경과 부실시공을 허용한 전직 서초구청장들이 처벌을 받았으나, 사실 그 내용은 징역 10개월에 추징금 300만원의 대단히 가벼운 처벌이었다. 나아가 대법원은 구청의 담당 공무원들에 대해서는 무죄를 선고했다. 대단히 기이한 판결이라고 하지 않을 수 없다. 무려 502명이 황당한 죽음을 맞고 937명이 상처를 입은 초대형 참사였으나, 뇌물을 받고 이 참사를 조장한 관리자들은 큰 처벌을 받지 않았고 심지어 영전하기도 했다.[20]

---

19 붕괴 당시에 삼풍백화점에는 무려 1500명 정도의 사람들이 있었던 것으로 추산되었다. 이준 회장이 50분 전에라도 적절히 대처했더라면 아무도 죽거나 다치지 않았을 것이다. 그러나 그는 에어컨 때문에 문제가 악화되고 있다는 것을 확인하고는 그저 에어컨을 끄고 계속 영업을 하게 했다. 에어컨을 껐기 때문에 내부가 너무 더워져서 견디지 못하고 일찍 나와서 천행으로 목숨을 건진 사람들도 일부 있었다. 이준 회장은 그야말로 '돈의 노예'라고 불러야 마땅할 행태를 보였던 것이다. 법적으로 따지자면 그는 당연히 '살인죄'로 처벌했어야 하지만 검찰은 그저 '과실치사'로 기소했을 뿐이었다. 그 결과 이준 회장은 불과 7년 6개월의 옥살이를 하고 만기출소해서 사망했다.

20 이에 대해서는 2003년 11월에 '신강균의 사실은'에서 이상호 기자가 추적보도

제도의 면에서 삼풍백화점 붕괴사고는 큰 변화를 가져왔다(안홍섭, 2006; 박홍신, 2006). 예컨대 삼풍백화점 붕괴사고를 계기로 처음으로 '재난관리법'이 제정되어 재난관리체계가 정립되었다. 또한 건축법의 경우에도 건축물의 이상에 대해 설계자, 시공자, 감리자에게 더욱 엄하게 처벌할 수 있도록 규정을 강화했다. 그러나 이런 제도의 개선에 앞서서 우리가 주목해야 할 것은 제도가 없어서 삼풍백화점 붕괴사고라는 대참사가 빚어진 것이 아니라는 사실이다. 설계, 시공, 감리, 관리의 모든 과정에 걸쳐서 문제를 검토하고 처벌할 수 있는 제도는 이미 마련되어 있었다. 문제는 이런 제도들이 단 하나도 제대로 작동하지 않았다는 사실이다. 이준 회장의 뇌물을 받고 담당 공무원들은 모든 잘못을 사실상 묵인했다. 제도를 만드는 것도 중요하지만 그것이 제대로 작동하도록 하는 것은 더욱 중요하다는 사실을 삼풍백화점 붕괴사고는 처절하게 증명했다. 그러나 성장주의와 개발주의를 동력으로 하는 '박정희 체계'가 개혁되지 않는 한, 제도와 현실이 따로 작동하는 '따로국밥 현상' 또는 '이중질서 문제'는 좀처럼 개선되지 않는다는 사실을 우리는 아래의 기사에서 여전히 쉽게 확인할 수 있다. 이것은 이른바 '안전불감증'의 문제로 설명될 수 없다. 문제는 '안전불감증'을 조장하는 제도와 구조가 개혁되지 않는 데에 있다. '박정희 체계'라는 구조의 개혁과 그에 따른 제도의 실질화가 무엇보다 중요한 과제인 것이다.

> 서울시내 잠실1수영장과 세종호텔 등 225곳의 안전진단 결과, 위험성이 높은 것으로 판정 받고 단성사와 서울대병원 등의 불법 증·개축 및 용도변경 사례가 끊이지 않는 등 안전 불감증이 만연하고 있어 논란이 되고 있다. 국회 국토해양위원회 소속 한나라당 장광근 사무총장은 13일 국정감사에서 이같은 사실을 지적하며, "삼풍백화점 붕괴사건이 아직
>
> ─────
> 했다. 참으로 '죽은 사람만 억울하다'는 말이 빈말이 아니라는 것을 보여주는 사실이 아닐 수 없었다. '박정희 체계'는 이런 식으로 개혁되지 않고 있다.

도 생생한데 호텔이나 대형쇼핑상가 같은 다중이 이용하는 시설에서 불법 증·개축과 용도변경 사례가 빈발하고 있다."고 불법행위자들에 대한 강력한 조치를 촉구하고 나섰다.

장 사무총장에 따르면 서울시가 관리감독하고 있는 주요시설물에 대한 안전진단 결과 잠실1수영장, 중부시장 등 210개 시설물이 D급 판정을 받았으며, 홍제시장 등 15개 시설물이 E급 판정을 받은 것으로 나타났다. D급은 주요 부재의 진전된 노후화 등으로 긴급 보수가 필요한 상태를 말하며, E급은 안전성 위험으로 당장 사용을 금지해야 하는 상태를 지칭한다. 서울시내 D급 판정 시설물 중 민간시설물은 203곳, 공공시설물은 7곳으로 나타났고, E급 판정 시설물은 15곳 모두 민간시설물로 나타났다. 특히 E급 판정을 받은 15곳은 아파트가 5곳, 일반건축물이 7곳, 판매시설 2곳, 공사장 1곳으로 나타나 관리가 절실한 상황이다. … 또 대형백화점과 호텔 등의 불법 증·개축 용도변경에 대한 지적도 나왔다. 2006년부터 2009년 8월말까지 '시설물의안전관리에관한특별법' 대상인 서울시내 다중이용시설물 가운데 증·개축 및 용도변경은 17곳에 18건으로 호텔 1건, 병원 2건, 종교시설 2건, 식당 1건 등이 포함돼 있다. 용산구 한강로에 있는 용성비즈텔은 지상 2~3층 근생 및 판매시설을 업무시설로 무단 용도변경했고, 19층에 6㎡를 무단 증축했다. 이밖에도 최근 (주)진로가 지하 1~5층과 18층 판매시설을 문화 및 집회시설로 사용했으며, 지난해엔 논현동 엘크루가 8층 일반음식점을 업무시설로, 종로구 국일관이 지하 2층 외부피난계단부분의 무허가 건축물 축조, 서울대학병원 신본관 13층 의료시설의 근린생활시설 무단용도변경 등이 적발됐다(『시민일보』(2009. 10. 13.)).

5. '사고사회'의 문제

　와우아파트 붕괴사고와 삼풍백화점 붕괴사고는 어떻게 연관되어 있는가? 두 사고의 연관을 우리는 사회학의 관점에서 어떻게 해석해야 할 것인가? 두 사고에서 우리는 어떤 사회적 교훈을 얻고 실천해야 할 것인가? 이런 복잡한 질문들에 대한 답을 찾기 위해 먼저 사고와 사건, 사고와 위험, 붕괴사고의 유형 등에 대해 간략히 살펴보고 두 대형 붕괴사고의 연관과 그 사회적 의미에 대해 살펴보도록 하자.

　우선 사고와 사건은 어떻게 구분되는가? 사고(事故, accident)는 대체로 '사람에게 피해를 입히는 뜻밖의 사건'을 뜻한다. 여기서 알 수 있듯이 사고는 크게 두 가지 내용에 의해 정의된다. 하나는 '피해를 입히는 것'이고, 다른 하나는 '뜻밖의 사건'이라는 것이다. 사고는 그것이 영향을 미치는 범위에 따라 사회적 사고와 개인적 사고, 큰 사고와 작은 사고 등으로 구분될 수 있다. 이에 비해 사건(事件, event)은 일반적으로 '사람들의 관심을 끈 뜻밖의 일'로 정의된다. 따라서 사건은 사람들의 관심을 끈 정도에 따라 사회적 사건과 개인적 사건, 큰 사건과 작은 사건 등으로 구분될 수 있다.[21]

　한편 사고와 위험은 어떻게 구분되는가? 사고는 '건강과 생명, 재산 등에 피해를 입히는 예기치 않은 일'을 뜻한다. 이에 비해 위험은 '사고가 일어날 가능성'을 뜻한다. 따라서 위험에 대한 관심은 결국 사고를 막기 위한 관심이다. 사고에 대한 대응은 크게 사전예방과 사후대책으로 나뉘는 데, 위험에 대한 인식은 사고의 사전예방을 강화한다. 위험에 대한 인식이 불충분하거나 사전예방을 제대로 하지 않는 사회에서는 커다란 사고가 빈발하게 된다.

21　영어로는 '큰 사건'을 an event라 하고, '사소한 사건'을 an incident라 하며, '그냥 일'을 an affair라고 한다. 사건사는 'event history'의 번역이므로 결국 그것은 '사회적으로 큰 영향을 미친 큰 사건의 역사'를 뜻한다.

우리는 이런 사회를 '사고사회'라고 부를 수 있다. 빈발하는 각종 대형사고들에 비추어 보았을 때, 우리는 한국을 이런 '사고사회'로 파악할 수 있을 것이다.[22]

또한 위험과 사고의 객관적 존재뿐만 아니라 그 주관적 인식도 대단히 중요하다. 위험과 사고에 대한 사람들의 주관적 인식이 낮은 곳에서는 결국 정책의 변화가 일어나기 어렵기 때문이다. 위험에 대한 인식은 사람들을 불안하게 만든다. 위험에 대한 인식이 높은데도 사고가 빈발한다면 사람들은 더욱 더 불안해지지 않을 수 없게 된다. 위험사회는 불안사회의 성격을 가지기 쉬우며, 사고사회는 불안사회가 되지 않을 수 없다. 위험이 줄어들기는커녕 사고가 갈수록 빈발하는 곳에서는 심리적 불안뿐만 아니라 사회적 불신도 커진다. 불안사회는 불신사회이다.

표 1 위험, 사고, 불신의 연관

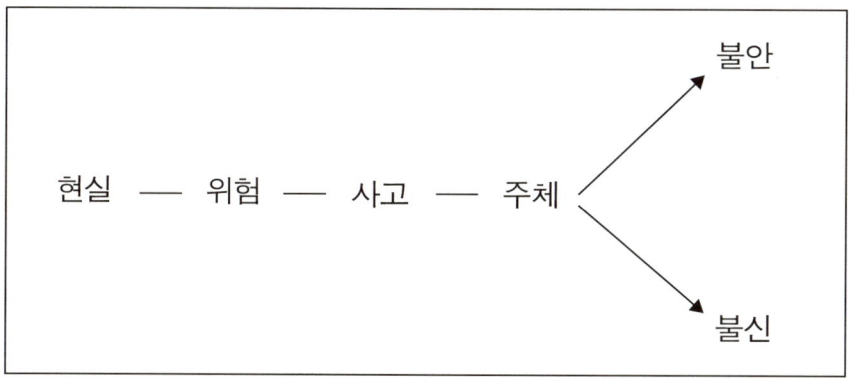

<hr>

[22] 경기도 이천의 냉동창고에서 2008년 1월과 12월에 대형 화재가 잇따라 발생해서 각각 40명과 6명이 사망했다. 두 화재는 위험에 적극 대처해서 사고를 방지해야 할 책임이 있는 사업자와 관리자에 대한 처벌이 미약한 데서 비롯된 동일한 유형의 사고였다. 이렇듯 사실상 사고를 방치하고 있기 때문에 일어나지 않을 사고가 빈발하는 '사고사회'가 되는 것이다.

붕괴사고의 유형은 크게 건조물 붕괴와 시스템 붕괴로 나눌 수 있다.[23] 건조물 붕괴는 건물과 시설의 붕괴로 크게 나뉜다. 그리고 시스템 붕괴는 물리적 시스템과 제도적 시스템의 붕괴로 크게 나뉜다. 전자의 예로는 정보시스템의 붕괴를 들 수 있으며, 후자의 예로는 각종 제도의 붕괴를 들 수 있다. 가장 흔하고 강력한 영향을 미치는 것은 건조물 붕괴이다. 정보시스템에서 잘 알 수 있듯이 시스템의 붕괴는 갈수록 중요해지고 있지만 건조물 붕괴처럼 대중적으로 강력한 영향을 미치지는 못한다. 그것은 건조물 붕괴가 강력한 시각적 효과를 지니고 있기 때문이다.

붕괴는 말 그대로 무너져서 원래의 상태를 유지하지 못하는 것을 뜻한다. 그 원인은 자연적인 것과 인위적인 것으로 크게 나눌 수 있다. 여기서 더 중요한 것은 인위적인 것이며, 자연적인 것도 인위적인 것에 의해 더욱 악화되고 있다. 붕괴사고의 인위적인 원인은 다시 기술적인 것과 사회적인 것으로 크게 나눌 수 있다. 그런데 여기서 우리는 기술적인 것보다 사회적인 것에 더 큰 주의를 기울일 필요가 있다. 기술적인 것은 불가피한 것일 수 있지만 사회적인 것은 그렇지 않기 때문이다. 사실 와우아파트 붕괴사고와 삼풍백화점 붕괴사고는 모두 부패와 부실이라는 단순한 사회문제에서 비롯되었다.

대형 붕괴사고를 올바로 이해하기 위해서는 역사-구조적 관점에 입각해서 살펴볼 필요가 있다. 오랜 역사를 통해 형성된 구조가 대형 붕괴사고의 바탕에서 작용하고 있는 것이다. 예컨대 대형 붕괴사고의 핵심적 원인인 행정부패는 이미 성호 이익도 1740년에 발간된 『성호사설』의 여러 글에서 지

---

23 물론 더욱 크고 무서운 것은 지진과 산사태 등 자연의 붕괴이다. 2008년 5월 12일에 발생한 중국의 쓰촨성 지진에서는 87,150명의 사람들이 죽었고, 2010년 1월 12일에 발생한 아이티 지진에서는 22만 명이 넘는 사람들이 죽은 것으로 확인되었다. 〈위키백과〉의 '2008년 쓰촨 대지진', '2010년 아이티 지진'을 참고. 2010년 아이티 지진은 2000년대 이후 '최악의 지진'으로 꼽힌다.

적했을 정도로 그 뿌리가 대단히 깊다.[24] 그것이 전혀 개선되지 않은 채 오히려 개발독재 시대에 더욱 개악되었고, 여기에 강력한 위력을 가진 현대 기술이 결합되면서 끔찍한 대형 붕괴사고가 빚어졌던 것이다. 우리는 부패를 조장하고 그것을 동력으로 하는 구조 속에서 살고 있는 것이다. 따라서 우리가 이루어야 하는 과제는 훨씬 더 크고 깊은 것이다. 이러한 사실은 다음과 같이 요약할 수 있다.

> 1990년대의 '사고공화국'을 이해하기 위해서는 1960년대 이래로 한국 사회가 겪은 변화에 주목할 필요가 있다. 1960년대부터 한국 사회는 큰 위험을 내포하고 있는 현대 기술을 본격적으로 이용하게 되었으나 성장제일주의를 강력히 밀어붙이는 독재체제 아래에서 그것을 체계적으로 관리할 수 있는 사회체계를 세울 수 없었던 것이다. 그 대신에 '부패와 부실의 먹이사슬'이 만연하면서 위험이 사고로 쉽게 발현하는 '사고공화국'이 되었다. 이런 점에서 1990년대에 그 실체를 적나라하게 드러낸 '사고공화국'은 1960년대부터 1980년대까지 이어진 '폭압적 근대화'의 역사적 산물이다(홍성태, 2007: 123).

와우아파트 붕괴사고는 독재권력이 결정적 주체였으며 빈곤사회에서 극심한 주거난에 표피적으로 대응해서 정치적 정당성을 확보하고자 했던 개발독재 정책의 결과였다. 이에 비해 삼풍백화점 붕괴사고는 기업이 결정적 주체였으며 소비사회의 상황에서 개발독재의 사회적 유산을 적극 활용해서 더

---

24 예컨대 '논뇌유論賂遺'에서는 "뇌물을 주는 것은 우리나라의 오랜 병증이다. 국폐와 민곤이 모두 이에 연유한다. 조정에서 금하지 않을 뿐더러 가르치는 실정이다"(이익, 1740: 73)고 했고, '논괄전論括田'에서는 "중국인은 항상 '조선은 인정있는 나라다'고 한다. 여기서 인정이란 뇌물을 말한다. … 우리나라 사람이 한없이 뇌물을 좋아함은 법이 그렇도록 시킨 것이다(83)"고 했다. 이익은 정부가 오히려 부패를 조장해서 나라가 혼란스러워지고 백성이 괴로워진다고 지적했다.

많은 돈을 벌기 위해 발악했던 결과였다. 양자는 대형 붕괴사고라는 점에서 같지만 그 주체, 배경, 목표의 면에서 커다란 차이를 갖고 있다. 그러나 무엇보다 중요한 것은 붕괴사고의 원인이다. 이 점에서 양자는 '부패와 부실의 먹이사슬'이라는 동일한 원인을 갖고 있다. 부패에 의해 부실이 빚어졌고, 그 결과 제도들은 사실상 무력화되고 말았다. 요컨대 와우아파트 붕괴사고와 삼풍백화점 붕괴사고는 권력이 주도했는가와 기업이 주도했는가의 차이는 있지만 부패사고라는 점에서 본질적으로 같은 사고였던 것이다.[25]

　이렇듯 부패가 삶의 지혜로까지 확립되고 만연해서 다양한 대형 사고가 발생할 가능성이 크기 때문에 한국 사회는 '사고사회'로 규정될 수 있다. 우리는 '위험사회'로서 현대 사회를 기술의 위험성과 사회의 위험성이라는 두 기준으로 유형화할 수 있다. '사고사회'는 위험한 기술과 부실한 사회가 결합된 악성 위험사회이다(홍성태, 2009). 와우아파트 붕괴사고와 삼풍백화점 붕괴사고는 여전히 과거지사가 아니다. 제도는 크게 개선되었지만 한국 사회는 여전히 '이중질서' 상태에 있다. 독재는 제도와 현실이 따로 작동하는 '이중질서'를 조장한다. 박정희 정권의 개발독재는 이러한 '이중질서'의 문제를 '박정희 체계'라고 부를 수 있는 강력한 체계로까지 확립했다. 거대한 부패에서 동력을 얻는 '이중질서'는 강력한 구조로서 이 사회를 여전히 규정하고 있다.

25　여기서 우리의 역사와 관련해서 부패가 확산된 사회적 원인에 대해 생각해 볼 필요가 있다. 나는 특히 두가지 원인을 제시해 보고자 한다. 하나는 정부 차원에서 부패를 방치하거나 조장했다는 것이고, 다른 하나는 '난민사회'의 상황에서 시민들이 부패를 삶의 지혜로 적극 활용했다는 것이다. 전자는 사실 이익 선생이 지적했을 정도로 뿌리 깊은 문제이며, 후자는 식민·전쟁·독재의 시대를 거치며 형성된 것이다. 우리의 근대사에서 실로 수백만 명의 사람들이 부당한 권력에 의해 삽시간에 자기의 땅에서 쫓겨난 난민이 되어 혹독한 생존경쟁을 벌이면서 부패가 강력한 삶의 지혜로 확립되고 정치부패와 행정부패가 더욱 악화되었던 것이다.

6. 맺음말

1970년 4월 8일에 발생한 와우아파트 붕괴사고는 박정희 정권의 개발독재가 내적으로 극히 심각한 문제를 안고 있다는 사실을 잘 보여주었다. 그로부터 25년이 지난 뒤인 1995년 6월 29일에 발생한 삼풍백화점 붕괴사고는 소비사회 한국이 내적으로 극히 취약한 상태에 있다는 사실을 처참하게 입증해 주었다. 더욱 중요한 것은 와우아파트 붕괴사고에서 드러난 문제가 삼풍백화점 붕괴사고에서도 사실상 고스란히 재연되었다는 사실이다. 두 대형 붕괴사고는 모두 부패에 의한 부실공사의 필연적 결과였던 것이다. 두 사고는 개발독재의 문제가 하나의 사회체계로 구조화되었다는 사실을 보여준다. 우리는 그것을 형성자의 이름을 따서 '박정희 체계'로 부를 수 있다.

사고의 발생이라는 직접적인 문제에 초점을 맞추었을 때 '박정희 체계'의 가장 큰 문제는 '사고사회'의 형성으로 파악할 수 있다. 삼풍백화점 붕괴사고로부터 15년이 지난 지금 '박정희 체계'의 핵심적 특징인 '사고사회'의 문제는 해소되었는가? 아무래도 그렇게 보기는 어려울 것 같다. 붕괴사고는 물론이고 화재사고, 기름유출사고, 폭발사고 등 대형 사고들이 계속 발생하고 있으며, 그 원인도 부패에서 비롯된 부실시공이나 부실 관리인 경우가 대부분이기 때문이다. 끊임없이 발생하는 대형 사고라는 사건들을 통해 우리는 이 사회의 구조적 특징과 문제를 구체적으로 실감하고 확인할 수 있다. 그리고 민주화라는 중대한 정치적 변화에도 불구하고 사회체계는 쉽게 변하지 않는다는 사실도 생생히 확인할 수 있다.

오늘날 한국에서 '사고사회'의 문제는 토건국가의 문제에서 가장 강력한 형태로 나타난다. 토건국가는 비대한 토건업의 유지를 위해 막대한 혈세를 탕진하고 소중한 국토를 파괴하는 기형적인 개발국가를 뜻한다(홍성태 엮음, 2005). 이 나라에서는 매년 50조원 이상의 혈세가 토건업에 소요되고 있다. 그 결과 새만금 개발사업, 한탄강댐 건설사업, 경인운하 건설사업, 한강 르

네상스 사업, 한강잇기사업, 그리고 '4대강 살리기' 사업과 같은 전혀 필요 없고 파괴적인 토건사업들이 끊임없이 벌어지고 있다. 토건국가의 개혁은 이 나라의 '진정한 선진화'를 위한 초미의 과제가 아닐 수 없다. 토건국가를 개혁하면, 이 나라는 복지국가는 물론이고 생태사회를 향해 한 걸음 더 나아 갈 수 있게 될 것이다.[26]

우리는 과연 '사고사회'에서 벗어날 수 있을까? 이를 위해서는 제도의 개혁뿐만 아니라 제도의 올바른 운영을 가로막는 구조와 주체의 개혁이 함께 이루어져야 한다. '4대강 살리기' 사업은 구조, 주체, 제도가 모두 큰 문제를 안고 있다는 사실을 다시금 생생히 확인해 주었다. 나아가 '4대강 살리기' 사업은 이미 심각한 부패의 징후를 드러냈으며, 이에 따라 곳곳에서 커다란 부실의 결과를 빚을 것으로 예상되고 있다. 더욱이 '4대강 살리기' 사업은 부패와 부실의 문제가 없이 제대로 추진된다고 하더라도 그 자체로 완전히 잘못된 파괴와 탕진의 토건사업이다. 대형 붕괴사고를 통해 처절히 드러난 '사고사회'의 문제는 지금 여기에서 더욱 악화되고 있다.

---

26 이런 점에서 우리는 무엇보다 '4대강 살리기' 사업의 문제에 주의하지 않으면 안 된다. 이 사업의 실체는 '4대강 죽이기'이자 '대운하 살리기'이기 때문이다. 2010년에서 2012년까지 불과 3년 동안 30조 원 이상의 막대한 혈세를 퍼부어서 주요한 강들을 모두 대대적으로 파괴해서 '대운하'의 기반을 건설하는 것이 바로 '4대강 살리기' 사업이다(박창근, 2009). 운하는 시대착오적인 운송수단이지만 이명박 대통령은 '4대강 살리기'로 이름을 바꿔서 극구 운하를 강행하고 있는 것이다(김정욱, 2010). 강은 우리의 생명줄이므로 강의 파괴는 그 무엇과도 비교할 수 없는 거대한 문제를 낳을 수밖에 없다. 이런 점에서 '4대강 살리기'는 토건국가의 극단화이자 '사고사회'의 극단화에 해당되는 잘못된 사업이다(홍성태, 2010).

참고문헌

김정욱(2010), 『나는 반대한다』, 느린걸음

김헌동(2005), 『대한민국은 부동산공화국이다?』, 궁리

박창근(2009), '녹색성장 정책과 4대강 살리기 사업의 문제', 『경제와 사회』 83
　　　　호/2009년 가을호

박홍신(2006), '삼풍백화점의 붕괴사고로 인한 제도적 장치의 개선성과와 향후 개
　　　　선방안', 홍성태 외(2006), 『삼풍사고 10년 교훈과 과제』, 보문당

서울특별시(1996), '와우아파트 도괴사건', 『서울600년사』

_____(1996), 『삼풍백화점 붕괴사고 백서』

신용하(1982), '한국사회사의 대상과 '이론'의 문제', 신용하 편(1982), 『사회사와
　　　　사회학』, 창작과비평사

안홍섭(2006), '삼풍백화점 붕괴사고의 원인에 대한 재조명', 홍성태 외(2006), 『삼
　　　　풍사고 10년 교훈과 과제』, 보문당

유인호(1973), '경제성장과 환경파괴', 『창작과 비평』 1973년 가을호

이광윤(2002), '꽃다운 청춘을 앗아간 7년 전 삼풍백화점 붕괴', 〈오마이뉴스〉
　　　　2002.6.27.

이병천 엮음(2003), 『개발독재와 박정희 시대』, 창비

이익(1740), 이익성 역(1972), 『성호잡저』, 삼성문화문고

이재민·이근영(1995), '"백화점마저" 사고공화국 개탄/삼풍백화점 붕괴참사 PC통
　　　　신 반응', 〈한겨레신문〉 1995/6/30

홍성태(2005), 『생태문화도시 서울을 찾아서』, 현실문화

_____ (2007), 『대한민국 위험사회』, 당대

_____ (2009), 『민주화의 민주화』, 현실문화

_____ (2010), 『생명의 강을 위하여』, 현실문화

_____ 외(2006), 『삼풍사고 10년 교훈과 과제』, 보문당

_____ 엮음(2005), 『개발공사와 토건국가』, 한울

Beck, Ulich(1992), 홍성태 옮김(1997), 『위험사회』, 새물결

Conze, Werner(1970), 한상진 역(1982), '사회사', 신용하 편(1982), 『사회사와 사회학』, 창작과비평사

Dennett, Daniel(2003), 이한음 옮김(2009), 『자유는 진화한다』, 동녘

Dosse, François(1987), 김복래 옮김(1997), 『조각난 역사 – 아날학파의 신화에 대한 새로운 해부』, 푸른역사

Braudel, Fernand(1958), 김영범 역(1982), '역사학과 사회학', 신용하 편(1982), 『사회사와 사회학』, 창작과비평사

Ladurie, Emmanuel Le Roy(1973), 김영범 역(1982), '사회사에서의 사건과 장기지속-슈앙당을 중심으로', 신용하 편(1982), 『사회사와 사회학』, 창작과비평사

Sewell JR., William(2005), *Logics of History-Social Theory and Social Transformation*, The University of Chicago Press

2장
'군사적 성장주의'와 성수대교의 붕괴

1. 박정희와 '군사적 성장주의'

지난 100년 사이에 서울은 급격한 '퇴락'을 경험하였다. 일제는 식민통치를 위해 서울을 조직적으로 파괴하였다. 일제의 '근대화'는 서울의 오랜 역사와 문화를 파괴하는 과정이었다. 진정한 해방은 일제의 침략으로 말미암은 역사의 단절과 왜곡을 철저히 바로잡는 것이어야 했다. 그를 위한 과제는 크게 인적, 제도적, 그리고 공간적 차원의 것으로 나누어 볼 수 있다. 그러나 불행하게도 우리는 어떤 과제도 제대로 달성하지 못했다. 친일파는 청산되기는커녕 오히려 새로운 지배층이 되었고,[27] 일제가 이식해 놓은 각종 군국주의적 제도들은 우리 사회의 기본적 틀이 되었고, 박정희(다카키 마사오)의 '군사적 성장주의'는 일제의 개발정책보다 더욱 가혹하게 전 국토를 파괴하게 되었다.

---

27 일제의 군사학교를 두 군데나 우수한 성적으로 졸업한 박정희(1917~1979)가 대표적인 예이다. 우리는 그의 일본명인 '다카키 마사오'(高木正雄)를 꼭 기억해야 한다. 그는 일제가 공인한 '우수 일본인'이었기 때문이다.

서울의 '퇴락'은 600년의 역사와 어울리지 않는 이상스런 것들이 도심에 가득 들어차는 모습으로 나타났다. 대표적인 예로는 일제가 지은 총독부와 경성부, 박정희가 지은 세운상가와 청계고가도로를 들 수 있다. 일제와 박정희 통치의 유사성, 아니 일제의 자식으로서 박정희의 면모를 여기서 잘 살펴볼 수 있다. 이 건물들과 구조물은 모두 커다란 몸집으로 위세를 과시하는, 다시 말해서 그 기능에 앞서서 정치적 선전물의 성격을 크게 갖는다. 차이가 있다면, 그 아비는 천년만년 통치할 욕심에 아주 튼튼하고 미적 형식을 갖추어 건물을 지은 반면에, 그 자식은 취약한 정치적 정당성을 보완할 필요에 쫓겨 튼튼하지 않고 볼품은 더욱 더 없는 건물과 구조물을 세웠다는 것이다.

　　일제와 박정희에 의해 집중적으로 저질러진 서울의 파괴는 당연히 그 역사와 문화의 파괴로 이어지는 것이었다. 물론 그것은 언제나 '개발'을 내걸고 이루어졌다. 요컨대 그것은 '파괴적 개발'이었다. 일제로부터 시작된 이러한 '파괴적 개발'로서 한국의 근대화는 박정희에 의해 한층 더 강력하게 추진되었다. 그는 일제의 군사학교에서 배운 '하면 된다'는 군사주의의 정신으로 이런 식의 근대화를 밀어 붙였다. 그의 능력과 의도를 믿지 않는 국민들의 눈을 속이기 위해 그는 사람들의 눈에 금방 띄는 거대한 건물과 구조물을 여기저기에 열심히 바쁘게 세웠다. '군사적 성장주의'란 이처럼 일제의 군사주의를 바탕으로 정치적 목적을 위해 외형적 성장을 추구하는 박정희식 근대화 노선을 가리킨다.

　　'군사적 성장주의'는 사람들의 눈을 속이는 데 커다란 성공을 거두었다. 무엇보다 그는 끊임없이 대규모 공사를 벌임으로써 많은 사람들을 자신이 지배하는 거대한 '공모관계' 속으로 끌어들일 수 있었다. 이런 사람들이 자발적으로 나서서 그를 우상화하고 신격화하는 것은 너무나도 당연한 일이다. 박정희의 지배는 곧 자신들의 지배를 뜻하기 때문이다. 그러나 '군사적 성장주의'는 박정희로 대표되는 그 '공모관계'의 이익을 위해 엄청난 사회적 댓가를 요구했다. 외형적 성장을 추구하는 가운데 한없이 커진 공간적 위험이 이러한 사실을 잘 보여준다. 세운상가와 청계고가도로는 그 대표적인 예로 자주 거론되지만, 그것을 극단적인 방식으로 보여준 것이 바로 '성수대교 붕괴사건'이다.

이 끔찍한 사건은 어쩌다가 일어날 수도 있는 하나의 불행한 '사고'가 아니라, 박정희식 근대화 노선의 본질적 문제점을 분명하게 드러내 보여준 필연적 '사건'으로 이해되어야 한다. 이런 점에서 이 사건에 대한 관심은 일제와 독재로 점철된 우리의 불행한 20세기에 대한 역사적 관심으로 이어져야 한다. 그리고 그 불행한 역사를 바로잡지 않는 한, '사건'은 계속된다는 숙연한 자각으로 이어져야 한다.

2. 성수대교의 건설

한강에는 많은 다리들이 놓여 있다. 성수대교는 그 중에서 11번째로 놓인 다리이다. 1977년 4월에 건설되기 시작해서 1979년 10월에 완공된 이 다리는 박정희 통치 기간에 한강에 놓인 마지막 다리이기도 하다. 이 다리의 기본사항은 다음의 표 2와 같다.

표 2 성수대교의 기본사항

위치	성동구 성수동 ~강남구 압구정동	공사기간	1977년 4월 9일 ~1979년 10월 15일
설계자	대한컨설턴트	시공자	동아건설
공사비	11,580,000,000원	최대경간장(m)	120
연장(m)	1,160.8	구조형식	Gerber Truss교
폭원(m)	19.40(4차로)	설계하중	DB24(1등교)

자료: http://user.chollian.net/~sy15/SungSu.htm, http://www.gikim.com/main/bridge.htm

성수대교는 강북의 뚝섬과 강남의 압구정동을 연결해 준다. 이 다리의 기능적인 목표는 강남 지역의 개발에 맞추어 서울 동부권의 균형적인 발전을 도모하는 것이다. 실제로 성수대교는 이와 관련하여 중요한 구실을 하고 있다. 강변북로와 동부간선도로가 건설되면서 성수대교의 이러한 기능은 더욱 중요해졌다.

중랑천이 한강과 만나는 지점과 강남의 신흥 번화가를 연결하는 중요한 기능을 하는 성수대교가 불과 15년의 세월만에 무너져 앉으리라고 생각한 사람은 아무도 없었을 것이다. 더욱이 성수대교는 단순히 기능적 요건만을 추구한 다리가 아니었다. 성수대교 이전에 한강에 놓인 모든 다리들은 사람과 물자가 이동하는 기능에만 촛점을 맞추고 건설되었다. 이와 달리 성수대교는 한강에 놓이는 최초의 미학적 다리로 건설되었다. 이것은 세 가지 방식으로 실현되었는데, 첫째는 다리의 구조로 거버 트러스 형식을 취한 것이고, 둘째는 다리 사이의 간격을 아주 길게 한 것이고, 셋째는 다리의 남북단에 강변도로와 연결되는 입체교차로를 건설한 것이다. 이런 점에서 성수대교는 '새로운 형식의 현대식 교량'으로서 '국내 교량사의 중대한 전환점'으로 소개되었다.

분명히 성수대교는 다리의 형식에서 하나의 '전환점'이었다.[28] 그리고 그 전환은 분명히 의미있는 전환이었다. 무릇 모든 건설에는 자연의 파괴가 따르게 마련이고, 그런 만큼 인공의 산물이 파괴된 자연을 어느 정도라도 대체할 수 있도록 하기 위해서는 세심한 주의와 노력이 필요한 법이다. 그러나

---

28 성수대교는 공화당 실세였던 구자춘이 서울시장으로 재직하던 시절에 건설되기 시작해서 정상천이 서울시장으로 재직하던 때에 완공되었다. 뒤에 알려진 바에 따르면, 구자춘은 안보 목적을 강조해서 성수대교를 잠수교 식의 이중교로 만들 셈이었다고 한다. 성산대교에 '허리굽은 새우 모양의 철판을 '멋내기'로 갖다 붙이도록 한 사람도 구자춘이었다('다리:하/79년 완공 성수대교부터 조형미 고려', 〈서울신문〉 1994.2.17.).

'군사적 성장주의'는 이런 점을 완전히 무시하고 오직 '외형적 실적주의'만을 강력하게 추구한다. 이런 식의 개발은 기필코 '파괴적 개발'이 되지 않을 수 없다. 이 경우에 개발은 군사작전을 펼치는 것과 비슷하다. 요컨대 전략적 목표를 세운 뒤에는 수단과 방법을 가리지 않고 가장 빠른 시간 내에 그 목표를 달성하는 것이다. 이런 식의 개발에서 아름다움이란 늘상 '사치'로 여겨지게 마련이다. 이런 점에서 성수대교가 이룬 '전환'은 분명히 의미있는 것이었다. 그것은 '파괴적 개발'과는 다른 관점, 그 당시 이미 우리에게 절실해진 '미학적 개발'의 관점을 제시해 주었기 때문이다.

그러나 성수대교의 전환은 대단히 형식적인 것이었다. '미학적 개발'은 단순히 보기에 그럴싸한 다리의 건설로 이룰 수 있는 것이 아니다. 불행하게도 성수대교가 이룬 전환은 이 정도에 머무르는 것이었다. 이런 정도라면 '미학적 개발'은 단지 '파괴적 개발'이 외형을 바꾼 것에 그칠 뿐이다. 아름다운 것은 튼튼한 것이기도 하다. 그것은 자연과 조화를 이루고 사회와 융합을 이루기 때문이다. 이렇게 되기 위해서는 다리를 만들고 보살피는 과정 자체가 다른 것으로 바뀌지 않으면 안되었다. 성수대교는 똑같은 틀로 찍어낸 꼴만 다른 다리였다. 이 다리는 분명히 더 나은 것을 추구한 노력의 산물이었지만, 결국 이 낡은 틀의 제물이 되고 말 운명이었다. 꼴을 바꾼다고 틀이 바뀌는 것은 아니라는 단순한 사실을, 꼴보다는 틀을 바꾸는 것이 더 중요하다는 단순한 사실을 우리는 잊지 말아야 한다.

여기서 성수대교를 건설한 동아건설의 운명을 미리 살펴보는 것도 유익할 것이다. 동아건설은 성수대교의 붕괴에 따라 기부금 형식으로 서울시에 450억원을 지불하기로 했다. 그러나 동아건설은 이 약속을 제대로 이행하지 않았다. 오히려 동아건설은 서울시와 붕괴의 책임을 둘러싸고 법적 공방을 벌였다. 2000년 7월 21일 서울지법 민사합의 12부(재판장 정장오 부장판사)는 서울시가 동아건설을 상대로 낸 구상금 미 손해배상 청구소송에서 다리 붕괴에 양쪽이 1 대 2의 책임이 있으며, 동아건설은 서울시에 191억원을 배상해야 한다는 원고 일부승소 판결을 내렸다.[29] 그리고 마침내 2001년 3월, 동아건설은 이번에는 법원으로부터 사실상 파산선고를 받았다. '리비아 대수로 건설'의 영광이 '성수대교 붕괴사건'의 참담한 실패를 거쳐 기업의 완전한 몰락으로 이어진 셈이다.

3. 성수대교의 붕괴

1994년은 조선의 태조 이성계가 서울을 새로운 도읍으로 정한지 600년이 되는 해였다. 태조는 600년 전인 1394년 9월 27일(음력 8월 24일)에 도읍을 개경에서 한양으로 옮기기로 결정했다. 서울의 거리들은 이 사실을 알리는 각종 현수막이며 안내판으로 어지러울 지경이었다. '정도 600년'[30]을 맞

---

29 재판부는 "성수대교 붕괴사고의 가장 주된 원인은 사고가 난 10번 교각 부분의 콘크리트상판을 받치고 있는 트러스의 용접결함"이므로 "다리 설치와 트러스트 제작을 맡은 동아건설이 기량이 떨어지는 외부 용접공에게 일을 맡기는 등 제작과 시공상의 하자를 낸 책임이 인정된다"고 밝혔다. 또한 재판부는 "공상의 감독을 소홀히 고 무게 초과차량 단속, 녹 제거 작업 등을 제대로 하지 않은 서울시에도 3분의 1만큼 사고발생 책임이 있다" 밝혔다(《한겨레》 2000.7.22.).

30 조선이 한양을 도읍으로 정하기 훨씬 전에 한양 부근이 백제의 도읍이었다는 사실을 기억하는 사람들에게 '정도 600년'이라는 표현은 영 마뜩치 않은 것이었다. 이들은 '백제를 말살하는 정도 600년'이라고 주장한다. 백제의 시조인 온조가 하남으로 추정되는 위례성을 도읍으로 정한 것은 기원전 18년이기 때문이다. 이 '서울 정도 2000년'론은 풍납토성으로 대표되는 백제의 유적을 발굴하는 역사적 과제로 연결된다(김태식(2000), '백제 말살 서울정도 600주년', http://my.netian.com/~greatkan/history2/history2-2-51.htm). 이왕 서울의 역사와 문화를 되찾고자 한다면, 분명히 백제로부터 시작하는 편이 옳을 것이다. 서울역사편찬연구원은 2012년부터 『서울 2천년사』를 발간하기

이해서 축하하는 것이니 사실 거리는 좀더 어지러워도 좋았을 것이다. 그러나 서울은 '정도 600년'의 역사를 느끼기 어려운 곳이 되어 버렸고, 그런만큼 '정도 600년'을 축하하는 행사들은 그저 관 주도의 의례적 행사였을 뿐이었다.

1994년 10월 21일 금요일, 서울은 아직 '정도 600년'을 축하하는 들뜬 분위기에서 벗어나지 못한 상태였다. 오전 7시 38분, 멀쩡해 보이던 성수대교가 무너져 내려앉았다. 참으로 기가 막힌 일이 발생했던 것이다. 이 참담한 사건의 기본사항은 다음의 표 3과 같다.

하루에도 수만명의 사람들이 건너다니는 한강 다리가 무너지다니, 방송을 통해 이 소식을 접한 시민들은 처음에는 잘 믿어지지 않았을 것이다. 아니 아마도 믿고 싶지 않았을 것이다. 마른 하늘의 날벼락 식으로 봉변을 당한 사람들의 소식을 접하고 시민들은 황당하고도 처참한 기분에 빠지지 않을 수 없었다.

성수대교를 자주 이용하던 사람들은 그 아슬아슬함에 숨이 막히고 토할 것 같은 현기증을 느끼기도 했다.[31] 많은 사람들이 졸지에 희생자가 된 사람들을 위로하면서도 자신은 무사하다는 사실에 안도하는 이율배반의 처지에 빠져들었다.

시작해서 2017년 1월에 전체 40권으로 완간했다.

31 필자도 그런 사람들 중의 한 명이었다. 당시 서울 노원구 월계동에서 살고 있어서, 서울대 근처에서 밤 늦게 택시를 타고 집으로 돌아올 때면, 늘상 성수대교를 건너서 왔기 때문이다. 그 다리가 무너졌다는 소식을 아침 출근길 전철에서 듣게 되었다. 당시 필자는 성북역과 용산역을 오가는 지상철을 타고 출근했는데, 그 열차에서는 응봉역과 이촌역 구간을 오갈 때 창밖으로 성수대교가 보인다. 그날 창밖으로는 이가 빠진 듯 다리의 한 부분이 무너져 내린 성수대교가 보였다.

표 3 성수대교 붕괴사건

항목		내용
사건일시		1994. 10. 21.(금) 오전 7시 38분
피해정도		사망 32명 , 부상 17명
사건내용		1994. 10. 21.(금) 7시 38분 성수대교 1,160m 중 제10번, 11번 교각 사이 상부 트러스 48m가 붕괴하여, 차량 6대가 한강으로 추락하는 사고로 사망 32명, 부상 17명의 피해가 발생함.
사건원인	제도적 원인	정부의 표준품셈 및 설계적용 자재, 노임단가가 현실과 맞지 않아서 실행공사비 추가 비용은 조잡 또는 저질 건설재 사용으로 적자의 충당이 불가피한 것으로 보이며, 공사감독이 매 공정을 제대로 점검하지 못하거나 전문성이 낮아지는 실정임에도 공사 준공시 구조물의 안전도를 평가하는 제도가 없어 부실부분에 대한 확인이 미흡하였음.
	기술적 원인	• 수개월만에 국내 최초의 신공법 교량을 완벽하게 설계하는 것은 그 당시 수준으로서는 무리였음. 교량의 상부 구조가 여유도가 없는 구조로 계획되어 수직재 파단시 붕괴의 사전 예고가 전혀 이루어질 수 없었고, 수직재와 핀플레이트 용접의 시공성을 충분히 고려하지 않은 구조로 설계된 점을 조사팀은 지적하고 있음. • 국내 최초의 용접교량으로 용접전문기술자 부족(이 시기에는 해외 송출이 많았다.), 경험부족, 기능공의 미숙련, 책임감 결여 및 용접의 중요성 인식부족 등 시공능력이 전반적으로 부족하고, 특수교량을 일반교량 건설과 같이 실적위주로 2년 6개월(1977년 4월~1979년 10월)간의 무리한 준공 계획으로 인하여 완벽한 시공관리가 결여됨. • 설계하중 이상의 과하중이 구조물에 미치는 악영향에 대한 인식이 부족하여 과적차량의 단속을 소홀히함으로써 불량하게 제작된 부재단면의 균열진전을 더욱 가속화시켰으며, 설계기준 연도의 교통량보다 실제 많은 양의 교통량이 증가되었음.

항목		내용
사건 원인	기술적 원인	• 안전점검시 노출된 결함이 전체 구조체계에 미치는 영향을 평가하기 위한 구조해석의 과정도 없었고 관리자들의 강교량에 대한 전문지식이 부족하여 단편적인 보수공사만 시행하였음. 즉 붕괴시점 훨씬 이전부터 오랫동안 피로 균열의 진전이 그대로 위험하게 방치되었음이 조사결과 확인되었고, 경직된 유지관리조직 및 예산운영체계로 인하여 효율적인 유지관리 업무 수행이 곤란하였음.

자료: http://www.cn.co.kr/data/Fm173-01/S173-14-a01.htm

당연한 소리겠지만 같은 문제가 되풀이되는 것을 막으려면 문제의 원인을 정확히 파악하고 대책을 세우는 것이 중요하다. '소 잃고 외양간 고치기'는 절대 바보 같은 짓이 아니다. 소를 계속 길러야 한다면 당연하게도 소를 잃은 뒤라도 외양간을 철저히 고쳐야 한다. 그런 점에서 성수대교와 같은 실패 사례를 철저히 연구하는 작업은 대단히 중요하다. '한국건설정보시스템'에서 작성한 앞의 표 3도 그런 연구의 한 결과일 것이다.

그런데 이 표는 문제를 가지고 있는 것으로 보인다. 그것은 내용의 문제라기보다는 '관점의 문제'이다. 이 표에서는 사고의 원인을 제도적 원인과 기술적 원인으로 나누고 있다. 그런데 필자가 보기에 기술적 원인은 오히려 제도적 원인에 더 가까운 것으로 보인다. 여기서 제기된 네가지 기술적 원인은 모두 기술 자체의 문제라기보다는 기술을 이용하고 관리하는 방식의 문제로 보는 편이 더 옳지 않을까? 국내의 부족한 기술력에도 불구하고 신공법을 강행하고, 그나마 무리한 준공계획에 맞추어 군사작전을 펴듯이 공사를 강행하고, 미래의 교통수요를 적절히 예상하지 못하고,[32] 문제를 평가하고 감

---

32 적절하게 예상했더라면, 아마도 공기는 더욱 늘어나야 했을 것이다. 공기를 단축하기 위해서, 다시 말해서 주어진 준공일자를 맞추기 위해서, 미래의 교통수요에 대한 예측은 그저 적당한 수준에 맞추어야 했을 것이다. 박정희에 의해

시할 수 있는 장치가 전혀 없었던 것 등은 분명히 기술적 원인이 아니라 제도적 원인으로 보아야 할 것이다.

이런 관점에서 표 3의 내용을 다시 해석하자면, '성수대교 붕괴사건'은 훨씬 더 심각한 원인에서 비롯된 것으로 파악된다. 요컨대 그것은 기술적 보완으로 해결될 수 있는 것이 아니라 더욱 치밀한 사회적 변화를 통해 비로소 관리될 수 있는 것이다. '고도위험체계'나 '위험사회'에 대한 사회학적 논의들이 잘 보여주듯이, 현대 사회는 거대한 위험을 구조적으로 생산하는 동시에 그러한 위험에 의존하여 존속하는 사회이다(Perrow, 1984; Beck, 1992; 홍성태, 2000ㄱ). 우리가 지금과 같은 삶의 방식을 근본적으로 바꾸지 않는 한, 우리는 언제나 재앙적인 사고가 발생할 가능성을 안고 살아갈 수밖에 없다. 고작해야 보험회사들이 안전한 삶에 대한 우리의 희망을 대신해 줄 수밖에 없는 것이다.

오늘날과 같은 '위험사회'의 상황에서 국가가 국민의 생명을 보호하는 구실을 제대로 하려면, 마치 야누스처럼 생산력인 동시에 살상력인 기술을 이용하고 관리하는 제도를 꼼꼼하게 수립하고 철저하게 운영해야 한다. 우리의 경우는 그런 제도 자체가 아직도 여러모로 갖추어져 있지 않고, 있더라도 극히 심각한 부실과 부패의 사슬 속에서 형식적으로 운영되고 있다는 것이 큰 문제이다. 이런 점을 강조해서 '한국적 위험사회'를 운운하는 사람들도 있다. 그러나 여기서 '한국적'이라는 것이 '부실과 부패의 사슬'을 가리키는 것이라면, 그것은 사실 아무것도 가리키지 않는 것과 마찬가지다. '부실

이미 이러한 방식으로 경부고속도로가 건설되지 않았던가? 경부고속도로 건설은 최고통치자가 몸소 시범을 보인 '군사적 성장주의'의 모범사례이다. 이후 주요한 공사가 모두 이 예를 따라야 했던 것은 다시 말할 필요가 없을 것이다. 극히 잘못된 건설방법인 '경부고속도로 건설방법'이 각종 공사의 모범이 된 나라에 과연 어떤 미래가 있을 수 있겠는가? 이것만으로도 박정희는 '민족과 역사의 죄인'이다.

과 부패의 사슬'은 심지어 사회가 가장 체계적으로 조직되어 있다는 독일에서도 발견되는 문제이기 때문이다.[33]

만일 '한국적'인 것이 있다면, 그것은 문화적인 것으로 이해되어야 한다. 그리고 그것은 근 100년에 걸쳐 진행된 일제와 전쟁과 독재의 억압사·파괴사가 우리의 세계관과 심성에 미친 역사문화적 영향으로 이해되어야 한다. 뒤틀어진 역사는 우리로 하여금 결코 정상적이라 할 수 없는 것을 정상적인 것으로 받아들이고 살아가도록 만들었다(홍성태, 2000ㄴ). 대표적인 예로 '군사적 성장주의'가 조장한 '파괴적 개발'과 '외형적 실적주의'를 당연한 것으로 받아들이는 태도를 들 수 있다. 이런 점에서 우리의 잘못된 근대사를 바로잡는 것보다 더 중요한 '외양간 고치기'는 없다. 그리고 이 문화적이고 역사적인 과제는 결국 뒤틀어진 정치를 바로잡는 것으로 나아가야 한다. 뒤틀어진 정치야말로 뒤틀어진 문화와 뒤틀어진 역사의 모태이기 때문이다.

사실 1990년대에 들어와 잇따라 발생한 대형 사고들을 보면서, 많은 사람들이 그 원인으로 '한국적' 특수성을 거론했다. '빨리빨리'와 '대충대충'은 문화적인 면에서 '한국적' 특수성을 설명하는 상징어가 되었다. 그러나 이러한 설명은 너무나 표피적이다. 그리고 자학적이기도 하다.

그럴 듯하지만 잘못된 설명이다.[34] 이런 생각은 흔히 '민족성'에 관한 논의

---

33 독일 통일의 위업을 이루었다고 자랑하던 독일의 전 수상 헬무트 콜을 둘러싼 1999년의 뇌물 스캔들은 이런 사실을 잘 보여준다. 똥이 있으면 구데기가 꾀게 마련이다. 그러나 독일은 세계 10위의 청렴국이고, 한국은 세계 50위의 부패국이다. 독일과 한국의 차이는 부패도로 대표되는 사회 질에서 가장 크게 나타난다. 독일과 한국을 비교할 때 무엇보다 이 차이에 주의해야 한다.

34 예컨대 '빨리빨리' 문화는 오늘날 지구화의 가장 중요한 한 양상이라고 할 수 있다. 시중에 널려 있는 '느림'에 관한 그 많은 책들이 이러한 상황을 잘 보여주는 좋은 예이다. 그리고 일부의 논자들이 지적하듯이 우리에게는 세계적인 기록문화가 있으며, 또한 천년이 넘는 세월이 흘러도 원형대로 남아 있는 목조 건축물이 있다. '빨리빨리'나 '대충대충'이 이른바 '한국적' 특수성을 구성한다

로 연결되곤 한다.[35] 물론 이런 논의는 잘못된 것이다. 그것은 거의 우생학적인 논의와 같은 것이라고 해도 좋을 것이다. 이런 논의가 대상으로 하고 있는 문제들은 모두 역사적 결과들이다. 그것을 어떤 초월적 원인으로 보는 것은 내용뿐만 아니라 방법 자체가 잘못된 것이다.

이런 문제를 잠시 접어두고 '그래도 삶은 계속된다'는 관점에서 보자면, 성수대교 붕괴사건은 우리의 잘못된 제도를 돌아보고 고칠 수 있는 계기를 제공했다는 점에서 중요하다. 필요한 제도를 만들고 잘못된 제도를 고치는 당연한 일을 하는 데 그처럼 많은 사람들의 목숨이 필요했던 것이다. 이 점에서 성수대교 붕괴사건은, 세상은 결코 윤리의 명령대로 움직이지 않는다는 것을 다시 한번 확인하는 계기이기도 했다. 성수대교 이전에 다리는 그저 놓는 것으로 끝날 뿐, 유지·보수·관리의 대상이 아니었다. 성수대교 붕괴사건은 이런 상황을 바꾸어 놓았다. 다리는 놓는 것만큼이나 지속적으로 관리되어야 한다는 당연한 사실이 이 사건을 통해서 비로소 제도적으로 확립되었다. 그러나 그것이 정치를 개혁하는 데까지 나아가지 못했다는 점에 우리는 주의해야 한다.

성수대교의 건설이 다리의 형식에서 하나의 전환점이었다면, 성수대교의 붕괴는 다리의 관리에서 하나의 전환점이었다. 전자는 단순히 불충분한 전환에 머물렀으나, 후자는 참으로 커다란 불행을 수반한 전환이었다. 이런 불행을 막기 위해서는 제도의 개혁이 반드시 필요하며, 다시 그것을 위해서는 정치의 개혁이 반드시 요구된다는 사실이야말로 성수대교의 붕괴가 우리에게 주는 가장 중요한 교훈이다.

고 해도, 이런 예들에서 알 수 있듯이 그것은 그렇게 오래된 일이 아니다.

35 거듭되는 사고를 접하고 리영희 선생조차 시름에 겨워 이런 류의 탄식을 내뱉았다. "우리 민족성은 너무나 '경박한' 것 같다. 일을 급히 서둘러 서툴게 한다는 졸속의 차원이 아니라, 기본 성향 자체가 경박하지 않은가 하는 두려움이다"(리영희, 1998: 121).

4. 성수대교의 재건

　무너진 성수대교를 다시 세우는 데에는 2년이 넘는 시간이 걸렸다. 재건 공사는 1995년 4월에 시작되어 1997년 8월 15일에 공식적으로 완료되었다. 이 공사에는 780억원의 돈이 들었다. 시간은 처음과 비슷하게 걸렸으나,[36] 비용은 처음의 116억보다 훨씬 많이 들어간 것이다.[37] 이렇게 많은 돈을 들여 성수대교는 전보다 훨씬 더 예쁜 다리로 다시 태어났다. 그러나 그 기능에는 여전히 문제가 많아서 1998년부터 성수대교는 다시 확장공사에 들어갔다. 통행량에 비해 도로는 턱없이 좁고 강변북로나 올림픽대로와도 연결되어 있지 않았기 때문이었다. 확장공사는 2002년까지 진행될 계획이었으나 2004년 9월에나 끝났으며, 두 번의 건설비보다 더 많은 1300억원이 들었다(전상봉, 2014).

　서울시는 '성수대교 붕괴사건'이 워낙에 황당한 사건이었던 만큼 성수대교의 재건에 상당히 주의를 기울였고 재건된 성수대교에 상당한 자부심을 느끼는 것으로 보였다. '성수대교 붕괴사건'이 "우리 사회의 부실 관행에 경종을 울린 비극적인 사건이었으며, 건설기술인에게는 반성의 계기가 되기도 하였다"는 서울시의 자평에 대해서는 더 보탤 말이 없다. 그러나 '사고 이후 새롭게 복구된 성수대교는 종전과 모양은 비슷하지만 내용은 완전히 다른 실질적으로는 새 교량'이라는 새로운 성수대교에 대한 서울시의 자평은 썩 미덥지가 않다.

36　그런데 왜 하필 재건공사의 완료일이 '광복절'일까? 이것도 역시 정치적 계산에 따라 설정된 날짜가 아닐까?

37　〈연합뉴스〉 2000년 7월 21일치 보도에 따르면, 서울시는 재건비 780억원 외에 희생자 배상금 및 위로금 72억원, 사고조사비 8억원 등 모두 860억원 이상을 지출했다. 그러나 〈경향신문〉 2000년 9월 27일치 보도에 따르면, 서울시는 재건에 971억원, 특별위로금과 철거 및 교통대책 수립 등에 3백억원 이상을 써서 모두 1천2백71억원을 지출했다.

여기서 중요한 것은 '새 교량'의 의미이다. 재건에 들인 돈과 시간, 그리고 무엇보다 희생자들을 생각하면, 성수대교의 재건은 결코 쉽게 완료될 수 없다. 그것은 단순히 기술적인 의미에서 다리를 재건하는 것으로 끝날 수 있는 과제가 결코 아닐 것이다.

서울시에서 성수대교의 재건을 '새 교량'의 건설이라고 설명한 근거는 다음의 표 4와 같다. 이 자료에 따르면 성수대교의 재건은 확실히 단순한 '복구'에 그친 것은 아니었다. 기술적 문제와 제도적 문제가 모두 크게 보완된 것으로 보이기 때문이다. 성수대교가 이전보다 훨씬 예쁜 다리로 다시 태어날 수 있었던 것은 그 재건이 단순한 '복구'를 넘어설 수 있었기 때문일 것이다. 그러나 빨간색으로 예쁘게 치장한 성수대교는 어딘가 여전히 석연치 않다. 눈에 잘 띄지 않는 파란색을 눈에 잘 띄는 빨간색으로 칠하고, 밤에는 밝은 조명까지 밝혀서 아름답게 보이게 되었지만, 오히려 저 현혹적인 모습에 절대 속아서는 안된다는 생각이 필자를 사로잡는다. 그 까닭은 '군사적 성장주의'의 문제가 철저히 비판되지도, 따라서 철저히 극복되지도 않은 것으로 생각되기 때문이다. 아름다움은 안전함 위에서 피어나야 할 꽃이다. 안전함에 대한 관심을 호도하기 위한 아름다움은 조화일 뿐이다.

앞에서 살펴본 표 2를 작성한 '한국건설정보시스템'은 '성수대교 붕괴사건'의 '교훈 및 대책'을 다음과 같이 제시하였다(http://www.cn.co.kr/data/Fm173-01/S173-14-a01.htm).

□ 성수대교 사고는 용접불량 등 공사 및 유지관리 부실, 그리고 규정 이상의 중차량 통행 단속 소홀 등이 직접적 원인으로 발생하였으나,

□ 그 배경에는 경제성장 주도기에 행정편의 또는 실적위주의 제반 사회 구조적인 문제와 공학적 논리가 소외되는 사회환경이 간접적인 원인으로 작용되었음이 명백하고,

표 4 신성수대교의 특징

항목	내용
구조적 차이	• Gerber형 구조의 취약부인 Suspended Span의 지점부에 사재를 보강하여 횡방향 하중에 저항토록 함. • 직경 6m의 하부기초가 분리되어 있던 것을 타원형으로 묶어 보강하였으며 강바닥 밑의 암반까지 굴착하여 물을 막고 육안으로 확인하면서 콘크리트 기초를 시공. • 낙교사고가 발생했던 트러스의 연결방법은 핀구조에 받침구조를 추가 설치하여 이중 안전장치를 함으로써 앞으로는 어떠한 경우에도 낙교되지 않도록 하였음. • 강교에 사용되는 철판의 두께를 기존 교량보다 30%정도 두껍게 하였고, 트러스 교량 상판을 콘크리트가 아닌 철판을 사용하여 교량 자체무게를 줄여서 그만큼 통과할 수 있는 차량의 무게를 증가시켜 종전의 32.4톤까지 허용되던 2등교에서 43.2톤까지 통행 가능한 1등교로 교량성능을 향상시킴.
정밀· 정교한 시공	• 외국인 감리단이 강교 제작공장 및 공사현장에 각각 상주하면서 시공절차 및 품질보증계획을 사전검토·승인후 매 단계마다 철저한 확인하에 공사를 진행하였음. • 용접 등 주요작업에 동원되는 기능공은 일정한 검증절차를 거쳐 높은 수준의 작업능력을 갖춘 경우에만 투입하였고, 모든 작업결과는 초음파 검사 및 방사선 검사 등을 거쳐 완벽하게 시공되었는지 여부를 확인하였음. • 모든 강교제작은 강재제작 기술과 경험을 보유한 현대중공업과 현대철구 공장에서 컴퓨터와 자동용접기 등 첨단장비를 사용하여 정밀하게 제작하고 현장에서는 조립작업만 실시하였으며 현장조립시 필요한 일부용접도 작업장에 이동식 가건물을 지어 공장과 동일한 작업조건을 갖추고 자동 용접기를 사용하여 실시하였음.
유지관리	• 효과적인 유지관리를 위해 점검 작업이 용이하도록 종·횡방향의 점검통로를 설치하였으며, 강재가 녹스는 것을 방지하기 위하여 도장의 내구연한이 훨씬 긴 아연과 우레탄을 주성분으로 하는 중방식 도장을 실시. • 차량통행 개시 전 초기계측을 실시하여 그 결과를 향후 교량거동 분석시 활용할 수 있게 하는 등 유지관리 수준도 대폭 향상시킴.

자료: http://www.metro.seoul.kr/kor/overview/bridge/bdg7.html

□ 특히 입찰제도, 심의제도, 예산편성 등 회계제도 및 기술인력 운영 등이 오히려 안전성 확보를 저해하는 요인으로 적용하는가 하면 국민의 안전 의식의 결여는 무리한 건설 계획을 부추기거나 그것이 관행인 것 같이 굳어지게 하였음.

□ 이러한 부실공사와 관리소홀 사례의 발생을 방지하기 위해서는 기술과 기준의 개발에 대한 연구 투자에 집중해야 할 때이며, 안전과 관련된 문제점의 해결원칙은 일시 교통통제 등의 조치로 이용의 불편과 많은 사회비용이 투자되더라도 단 한 사람의 희생도 있을 수 없는 인본주의의 시책추진이 절실하게 요구됨.

　재건된 성수대교가 과연 '새로운 교량'인가는 '인본주의의 시책'이 실제로 추진될 수 있도록 제도와 문화와 정치가 바뀌었는가를 통해 판단되어야 할 것이다. 서둘러 상처의 치유를 선언하고 무너진 다리를 예쁘게 치장하는 것은 이런 실질적 변화와 거리가 멀다. 성수대교의 재건은 무너진, 아니 무너질 수밖에 없었던 '군사적 성장주의'의 사회를 재건할 때 비로소 끝나는 과제이다. 아직 완료되지 않은 것을 완료되었다고 선언하는 것 자체가 '성수대교 붕괴사건'을 가져온 그 문제가 전혀 해결되지 않았음을 보여준다. 빨간 페인트와 화려한 조명으로 다리를 꾸미는 것도 의미있는 일일 수 있지만, 그것이 더욱 의미있는 일이 되기 위해서는 '군사적 성장주의' 자체를 종식시켜야만 한다.

　물론 '군사적 성장주의'의 극복은 생각보다 훨씬 더 어려울 것이다. 일제의 오랜 식민지배가 그렇듯이, 그것도 하나의 사회체계로 작동하면서 거대한 '사회적 공모관계'를 형성해 놓았기 때문이다. 이 점에서 '군사적 성장주의'의 극복은 친일파나 파시즘 청산과 마찬가지로 역사적 과제이다. 이것은 무너진 다리를 예쁘게 재건하는 식으로 달성할 수 있는 과제가 아니다. 만일 '군사적 성장주의'나 '폭압적 근대화'가 순수하게 폭력에만 의존하는 것이라면, 그것은 이미 오래 전에 완전히 무너져 흔적조차 찾지 못하게 되었을 것이다. 그것이 여전히 우리에게 현재적 문제일 정도로 강고한 위력을 발휘하는 까닭은, 박정희의 통치 하에서 형성된 거대한 '사회적 공모관계'가 여전히 강고한 위력을 발휘하고 있기 때문이다.

5. '군사적 성장주의'를 넘어서

필자는 이 글에서 '성수대교 붕괴사건'을 가져온 사회적 원인을 '군사적 성장주의'에서 찾아보고자 했다. 이것은 일찍이 박정희가 일본의 군사학교에서 온몸으로 익힌 군국주의적 정신을 바탕으로 외형적 결과를 가장 중요한 목표로 추구하는 개발방식을 뜻한다. 이 점에서 '군사적 성장주의'에 바탕을 둔 개발은 자연과 사회를 체계적으로 파괴하는 '파괴적 개발'일 수밖에 없으며, 이런 식의 개발을 성공적으로 달성해서 이루어지는 근대화는 결국 '폭압적 근대화'일 수밖에 없다(홍성태, 2000ㄱ: 55~57, 249~253).

사회를 바꾸는 일은 무섭고도 어려운 일이다. 첫 단추를 잘 끼우는 것은 정말로 중요하다. 어떤 사회체계가 형성되어 초기의 위협을 극복하고 안정되면, 그것은 점차 그 구성원들에 의해 자동적으로 재생산되기 때문이다. 각자가 자기 이익을 추구하는 방식으로 전체 체계를 지속적으로 재생산하는 것이다. 박정희는 폭력을 이용하여 '군사적 성장주의'를 이 사회의 지배체계

사진 7 성수대교: 붕괴

사진 8 성수대교: 재건

로 확립시켰다. 오랜 세월 동안 많은 사람들이 그에 대항해 싸워왔으나, 그 싸움의 의미에 걸맞는 성과를 우리는 아직도 충분하게 거두지 못하고 있다.

민주주의적 변화는 더디고 어렵게 일어난다. 여전히 과거의 낡은 틀이 완전히 사라지지 않았다는 것은 그 틀이 주조한 삶의 방식과 인성대로 살아가는 사람들이 이 사회에 널려 있다는 것을 뜻한다. 그리고 커다란 변화를 가져오기에 충분할 정도로 제도와 문화와 정치의 개혁이 이루어지지 않고 있다는 것을 뜻한다. 변화는 언제나 우리가 원하는 대로 빠르고 쉽게 이루어지지 않는다. 성수대교가 무너지고 삼풍백화점이 무너져도 여전히 끊이지 않고 있는 이른바 '안전사고'는 이런 사실을 잘 보여준다.

한 일간지에서 성수대교 붕괴 5주년을 맞아 유관기관·단체를 통해 1989~1998년까지의 '안전사고' 통계를 집계했다(《경향신문》 1999.10.22.).

> 조사 기간 동안 각종 안전사고로 15만 900여명이 숨지고 4백 35만여명이 부상당했다. 베트남전에서 사망한 한국군 4,960명의 30배에 이르며, 이런 식이라면 10년마다 김천, 서산, 정읍 정도의 1개 도시 전체 인구가 없어지는 셈이다. 그 경제 손실은 무려 143조원 정도로 추산되었다. 1998년만 해도 1만 2,300여명이 사망하고 39만 5,000여명이 다쳤으며 경제손실은 20조원에 이르렀다. 올해 정부예산 88조5천억원의 4분의 1에 가까운 돈이 사고비용으로 날아간 것이다. 이처럼 사고가 잦고 피해규모도 큰 것은 지난 30년간 성장위주의 경제정책으로 인해 안전관리에 소홀하고 안전의식이 낮기 때문인 것으로 분석된다. 우리나라의 안전수준은 사망만인율(1만명당 사망자 비율)의 국제비교에서 극명하게 드러난다. 국제도로교통안전협회(PRI)의 1998년 통계에 따르면 우리나라 교통사고 사망만인율은 11.1로 세계 42개국 중 33위를 차지했다. 또 지난 해 우리나라의 산업재해 사망만인율은 2.92인 데 비해 영국 0.11, 일본 0.30, 독일 0.33, 미국 0.49 등으로 최소 6배 이상 차이가 났으며, 안전수준은 이들 국가보다 20년 이상 뒤진 것으로 평가되고 있다.

'군사적 성장주의'는 노동을 전투로 여긴다. 전투에서 죽거나 다치는 사람들은 늘 있게 마련이다. 그럼에도 불구하고 명령이 떨어지면 전투원은 목표를 향해 돌진해야 한다. '군사적 성장주의'는 이런 비정상적인 상황을 정상적인 것으로 만든다. 이제 더 이상 이런 상황을 정상적인 것으로 받아들여서는 안된다. '군사적 성장주의'를 창안하고 주도한 자들은 이제 마땅한 역사의 심판을 받아야 한다.

'군사적 성장주의'가 우리를 얼마나 비인간적인 상황으로 내몰았는가에 대해 다른 예를 통해 살펴보자. 앞의 통계를 집계한 〈경향신문〉 특별취재팀의 연속된 기획기사이다.

> 성수대교 붕괴사고 후인 94년 10월말 당시 남재희 노동부장관이 중국을 방문했을 때의 일이다. 리보융李伯勇 중국 노동부장관이 '성수대교 사고가 터졌는데 노동부장관이 어떻게 자리를 비우고 올 수 있느냐'고 묻자 남장관은 '사고는 서울시장 책임소관'이라고 대답했다. 이에 리장관은 '중국에서는 안전사고가 노동자 교육의 미흡에서 생기고 노동자의 생명을 뺏는 것으로 인식하기 때문에 안전사고에 관한 모든 책임소관은 노동부로 돼 있다'고 말했다고 당시 남장관을 수행했던 노동부 관계자가 전했다(〈경향신문〉 1999.10.29.).

'안전사고'가 끊이지 않는 데에는 여러 가지 이유들이 있지만, 국가적 차원에서 우리는 이 에피소드의 교훈을 깊이 새겨야 한다고 생각한다. 무엇보다 정치가 바로서야 한다. 정치는 공익의 관점에서 수많은 사적 이해관계들을 조정하고, 한 사회를 전체로서 유지하기 위한 집합활동이다. 요컨대 정치는 권력을 쥐고 다른 사회 성원들을 멋대로 희롱하는 행위가 아니라는 뜻이다.

불행하게도 '군사적 성장주의'는 정치에 대한 개념을 완전히 바꾸어 놓았다. 민주주의를 파쇼의 시혜물로 바꾸어 놓고, 시민을 파쇼의 말을 충실히 따르는 '착한 양'으로 바꾸어 놓았다. '군사적 성장주의'에 대한 싸움은 이러한 정치의 왜곡을 바로잡는 것, 다시 말해서 근대화의 정치적 정수를 명실상부하게 실현하는 싸움의 한복판에 자리잡고 있다. 오늘날 우리는 누구나 시민으로서 태어나지만 시민으로서 살아가지는 않는다. 시민답게 사는 것은 결코 쉽지 않은 과제이다. 시민으로 태어난다고 해서 누구나 시민으로 사는 것은 아니다. '군사적 성장주의'와 '폭압적 근대화'를 끝장내는 것, '파괴적 개발'을 넘어서 '생태적 개발'을 실현하는 것, 이런 역사적 과제를 제대로 실현하기 위해서는 우리 자신이 시민다운 안목과 여유와 용기를 가지고 살아야 한다.

1999년 8월에 '성수대교 붕괴사건'에서 딸을 잃고 괴로워하던 아버지가 '성수대교 희생영령 위령비' 옆에서 독극물을 마시고 자살한 사건이 발생했다(《한겨레》 1999.8.24). 비극은 계속된다. 성수대교를 예쁘게 치장하는 식으로는 이 비극의 막을 내릴 수 없다. 시민으로 태어나 시민으로 살기 위한 우리의 노력은 여전히 절실하기만 하다.

표 5 한강다리(준공년도의 순)

이름	용도	위치	준공년도	비고
한강철교	철도	이촌동-노량진동	1900년 7월	최초의 한강다리
한강대교	도로	이촌동-본동	1917년 10월	최초의 한강 인도교
광진교	도로	광장동-천호동	1936년 10월	
양화대교	도로	합정동-당산동	1965년 1월(구교) 1981년 2월(신교) 2009~2011년	제2 한강교 4대강 사업 일환으로 개조
한남대교	도로	한남동-신사동	1969년 12월	제3한강교, 강남 개발 시작
마포대교	도로	마포동-여의도동	1970년 5월(구교) 2000년 7월(신교)	처음 이름은 서울대교
잠실대교	도로	자양동-잠실동	1972년 7월	
영동대교	도로	성수동-잠실동	1973년 11월	
잠수교	도로	서빙고로-반포동	1976년 7월	홍수 시 잠수
반포대교	도로	서빙고로-반포동	1982년 6월	잠수교와 복층교
천호대교	도로	광장동-천호동	1976년 7월	강동 개발 촉진
성수대교	도로	성수동-압구정동	1979년 10월 1997년 8월(복구)	붕괴로 재시공
성산대교	도로	망원동-양화동	1980년 6월	
잠실철도교	도로+전철	구의동-신천동	1980년 11월	지하철 2호선과 겸용교
원효대교	도로	원효로4가-여의도동	1981년 1월0	민자건설
당산철도	전철	합정동-당산동	1983년 12월 1999년 11월	철거 재시공
동호대교	도로+전철	옥수동-압구정동	1984년 6월	지하철 3호선 통과
동작대교	도로+전철	이촌동-동작동	1984년 12월	지하철 4호선 통과
올림픽대교	도로	구의동-풍납동	1990년 6월	콘크리트 사장교
강동대교	도로	강일동-구리시	1991년 12월	
신행주대교	도로	개화동-고양시	1995년 5월	제2교는 2000년 12월
서강대교	도로	신정동-여의도동	1996년 12월	닐슨 아치교

이름	용도	위치	준공년도	비고
청담대교	도로+전철	노유동-청담동	1999년 12월	복층교, 지하철 7호선
방화대교	도로	방화동-고양시	2000년 1월1	
가양대교	도로	상암동-가양동	2002년 5월	국내 최장 경간
마곡철교	전철	마곡동-고양시	2010년 12월	
구리암 사대교	도로	암사동-구리시	2014년 11	
월드컵대교		상암동-양평동	2020년 완공예정	

참고자료

리영희(1998), 『스핑크스의 코』, 까치

전상봉(2014), "'성수대교 붕괴' 20년… 그때는 이럴 줄 몰랐다', 〈오마이뉴스〉 2014.10.20.

홍성태(2000ㄱ), 『위험사회를 넘어서』, 새길

_____ (2000ㄴ), '50년 전쟁체제의 사회적 결과: 비정상적인 것의 정상화', 『문화과학』 24호

Perrow, Charles(1984), *Normal Accidents: Living with High-Risk Technologies*, New York: Basic Books

Beck, Ulich(1992), 홍성태 옮김(1997), 『위험사회 – 새로운 근대(성)를 향하여』, 새물결

3장
삼풍백화점 붕괴 20년의 성찰

1. 머리말

1995년 6월 29일의 삼풍백화점 붕괴 사고는 거대한 분홍빛 건물이 갑자기 무너진 황당한 건축적 사건을 넘어서 한국 사회를 근본적으로 되돌아보게 한 중대한 사회적 사건이었다. 이 사고로 무려 502명의 사람들이 삽시간에 목숨을 잃었으며, 이 사고는 한국전쟁 이후 가장 많은 사람이 죽은 단일 사고였다. 삼풍백화점 붕괴사고를 통해 한국 사회의 안전에 대한 신뢰가 크게 약화됐고 당연히 나라 전반에 걸쳐 불안과 불신이 커졌다. 참혹한 사고는 불안 사회, 불신 사회의 문제를 낳는다.

삼풍백화점 붕괴 사고를 계기로 건설을 넘어서 재난에 관한 제도들의 개혁이 비로소 적극 추진됐다.[38] 그러나 2014년 4월 16일 진도 앞바다에서 세

---

[38] 건설에 관한 개혁은 삼풍백화점 붕괴 사고가 발생하기 8개월 전인 1994년 10월 21일에 발생한 성수대교 붕괴 사고를 계기로 1995년 1월 5일에 '시설물 안전관리에 관한 특별법'이 제정되는 것으로 본격 시작됐다. 그러나 재난에 대한 대응은 여전히 크게 미비한 상태였으며 삼풍백화점 붕괴 사고가 발생하고

월호가 침몰해서 304명이 목숨을 잃는 대참사가 발생했다. 선장은 승객들에게 '가만히 있으라'고 방송하고 도망쳤으며, 해경은 마이크로 퇴선 지도를 하지 않았고 배 안으로 들어가지도 않아서 단 한 명도 구조하지 못했다.[39] 이로써 삼풍백화점 붕괴 사고 이후 과연 재난에 관한 개혁이 제대로 이루어졌는가에 대한 크나큰 의문이 제기되었다.

우리는 비리 문제를 중심으로 삼풍백화점 붕괴 사고에 대해 살펴봐야 한다. 삼풍백화점 붕괴 사고가 일어났을 때 이것을 막기 위한 제도가 없었던 것이 아니었다. 비리에 의해 제도가 제대로 작동하지 않았던 것이 문제의 근원이었다.[40] 삼풍백화점 붕괴 사고 이후에도 비리에 관한 대책은 제대로 마련되지 않았으며, 1998년 2월 김대중 정부의 출범과 함께 비로소 본격적으로 추진되었다. 그러나 2008년 2월 이명박 정부의 출범 이후 비리 정책은 크게 퇴보했고, 이런 점에서 세월호 대참사는 예고된 것이었다고 할 수 있다.

사고가 일어난 뒤에 대책은 주로 해당 분야의 제도 미비를 중심으로 이루어진다. 그런데 이런 제도주의의 방식은 오래 전부터 많은 비판을 받았다. 제도만으로 문제가 해결되는 것이 아니며, 제도가 언제나 올바로 작동하는 것도 아니기 때문이다. 공적 제도가 아닌 비공식적 제도의 중요성을 강조하는 신제도주의도 제도주의의 방식을 확대해서 시행하는 문제를 안고 있다. 이에 대해 사회의 특성은 역사적으로 형성되는 것이며, 이 점을 올바로 인식해야 한다는 역사적 접근이 제시되었다(Putnam, 1990).

그 개혁을 서둘러서 1995년 7월 18일에 '재난관리법'이 제정되었다.

39 해경이 마이크로 승객들에게 퇴선을 지시하고 배 안으로 들어갔더라면 불과 6분여만에 모두 구조할 수 있었다는 전문가의 시뮬레이션 결과가 법정에서 발표되었다. '정부 '세월호 구조' 3번의 골든타임 날렸다', 〈한겨레〉 2014.10.6.

40 비리의 핵심은 부패이다. 오늘날 부패는 공직이라는 특수한 지위를 이용한 사적 이익의 추구를 넘어서 직무의 불공정하고 불성실한 이행도 포함된다(박순애, 2013: 7). 비리는 이처럼 확대된 부패를 뜻한다.

비리에 의한 여러 사고들이 참담하게 보여주듯이, 한국 사회의 개혁은 비리에 초점을 맞출 필요가 있다.[41] 다니엘 트레이스만은 비리 문제의 해결에서 민주화가 가장 실질적인 효과를 거둘 수 있으며, 민주화가 실효를 거두기 위해서는 수십 년이 걸린다는 것을 실증했다(Treisman, 2000). 한국에서는 오랜 독재를 거치며 공직 사회가 아예 '과두제'처럼 작동했기에 비리의 개혁이 더욱 더 어려울 것으로 전망된다(윤태범, 2013). 이 글은 이런 관점에서 삼풍백화점 붕괴 사고 이후 20년의 변화를 살펴보고, 한국 사회를 '비리-사고사회'로 파악해서 안전을 위한 과제를 제시하고자 한다.

2. 비리 사회의 문제

사회나 국가는 사람들이 자연의 위험과 인간의 폭력에 대응해서 안전하고 풍요롭게 살기 위해서 만든 것이다(Rousseau, 1762). 사회나 국가는 구성원들의 자유를 부분적으로 제약하는 대신에 구성원들에게 안전과 복리를 보장해야 한다. 그러나 비리가 만연한 사회나 국가는 대다수 사람들의 자유를 강력히 제약하고 안전과 복리를 제대로 제공하지 않는다. 안전은 직접적인 생존의 유지로 이어지는 것이기 때문에 안전의 보장은 복리의 전제이며, 이런 점에서 안전의 확보는 사회나 국가의 가장 근원적인 책임이다. 비리는 불법과 편법을 통한 이익의 사취를 넘어서 안전을 위협하는 것이라는 점에서 근원적인 사회 문제·범죄로 다루어야 한다.

삼풍백화점 붕괴는 단순히 멀쩡해 보이는 대형 건물이 갑자기 무너진 건

---

41 한국 경제를 지배하는 주체인 '재벌'도 실은 가장 강력한 비리의 주체이다. '재벌'은 지분을 훨씬 뛰어넘는 경제력을 행사하고 그것으로 정치력도 발휘하는 초법적 존재, 즉 비리적 존재이기 때문이다.

물 붕괴 사고가 아니다. 그것은 사회가 비리에 의해 오랫동안 부식되어 결국 무너져 버린 무참한 '사회 붕괴 사고'이다. 그리고 그것은 비리를 척결해야 할 정부가 오히려 비리의 주체가 되어 일어난 참담한 '정부 실패 사고'이다.[42] 이 사고는 한국 사회에서 돈을 최고로 여기고 사람들을 무시하는 '돈 사회'의 문제가 참으로 극심한 상태에 이르러 있다는 것을 처절히 입증했다. 한국 사회는 사회적 자본이 아니라 사회적 비리가 축적된 사회이다. 우리는 삼풍백화점 붕괴 사고를 사회와 국가의 기본에 비추어서 깊이 성찰하고 문제를 철저히 개혁해야 한다(홍성태, 2000, 2007ㄱ, 2014ㄱ).

이런 점에서 사람을 무시하는 한국 사회의 폭력성에 대한 김진균의 지적은 삼풍백화점 붕괴 사고와 관련해서도 적실하다. 역사-구조적인 접근[43]에

---

42 '비리非理'는 영어로 corruption부패, irregularity불규칙성, absurdity불합리성 등을 뜻한다. 인류의 역사는 합리의 진척 과정이었다. 비리가 없는 사회는 없지만, 그것이 만연되고 지배적인 비리 사회는 부정의와 불평등의 사회이며, 삼풍백화점 붕괴, 세월호 대참사 등과 같은 참담한 사고들도 계속 일어나는 사고 사회이고, 따라서 비리 사회는 결국 불안, 불신, 불행의 3불 사회이다. 경제적으로 보더라도 비리는 환경오염과 마찬가지로 외부 불경제에 해당되는 것으로 그것이 아주 심하면 결국 경제가 무너지고 만다. 비리는 경제도 망치는 중대한 사회 오염 범죄로서 엄단돼야 한다. 이른바 '선진국'은 모두 투명한 합리 사회이다. 한국 사회가 넘지 못하고 있는 '선진국의 문턱'은 안전과 경제의 양면에서 만연한 비리의 문제이다.

43 삼풍백화점 붕괴 사고 10년의 연구와 마찬가지로 이 연구도 '역사-구조적 접근'에 의거한다. 사고가 일어나면 흔히 기존의 제도를 검토하고 새로운 제도를 시행한다. 제도의 개선은 대단히 중요하다. 법률에 의해 작동되는 공식적 제도는 사회를 유지하고 작동하는 기본적인 동력이다. 그러나 제도주의 또는 제도론적 접근은 큰 한계를 갖고 있다. 제도의 실제적 작동은 사회에 따라 크게 달라지며, 사회의 차이는 역사에 의해 크게 규정되기 때문이다. 로버트 퍼트남의 20년에 걸친 이탈리아 지방자치 연구는 이 사실을 잘 보여주었다(Putnam, 1994). 퍼트남은 이 중요한 연구의 결론으로 사회적 자본의 중요성을 강조했는데, 이것은 대단히 일반적인 주장이며, 실제로 중요한 것은 사회적 자본을 어떻게 형성할 것인가이다. 그 기본은 비리의 척결이며, 한국과 같은 비리사회

서 보았을 때, 비리가 만연해서 좀처럼 척결되지 않는 데에는 거의 한 세기에 걸쳐 지속된 비인간적 일제 식민 지배와 독재 체제가 구조화한 사람을 존중하지 않는 폭력의 문제가 놓여 있다.

> 어떤 형태의 공동체를 오랫동안 유지해 온 사회에서는 그 공동체의 인적 토대를 유지하고 재생산하기 위하여 인명을 존중하고 귀중하게 하는 중심가치를 살려왔다. … 그런데 지금 우리는 왜 이렇게 인간을 폭력적으로 몰아내는 지경으로까지 내몰리고 있는가? (김진균, '사람을 귀중하게 받드는 것, 1998; 홍성태, 2014ㄴ: 282~283에서 재인용).

또한 역사-구조적인 접근에서 보았을 때, 삼풍백화점 붕괴 사고는 우발적인 사고가 아니라 폭력과 비리를 작동원리로 했던 개발독재의 문제가 쌓여서 폭발한 필연적인 사고였다. 삼풍백화점 붕괴 사고의 문제를 올바로 인식하고 철저히 개혁하는 것은 안전의 확보라는 점에서 뿐만 아니라 민주주의의 심화라는 점에서도 보편적인 사회·국가 발전의 과제이다. 그리고 민주주의의 심화는 일제 식민 지배와 독재 체제가 역사적 경로로 구조화한 폭력과 비리를 청산하고 안전을 확보하기 위한 근본적인 과제이다. 이와 관련해서 한국의 도시와 개발독재의 폭력에 대한 정기용의 지적에 귀 기울일 필요가 있다.

> 사실 그 동안 이 나라에서 도시를 만들어 온 힘은 오직 개발독재의 폭력이라고 해도 크게 지나치지 않을 것이다. 개발독재의 힘으로 만들어진 도심 속에서 사는 사람들이 체험할 수 있는 것은 개발의 폭력적인 힘밖에 없다. … 시민들도 결과적으로 개발독재가 추구한 '파괴적인 개발'에 동참하거나 소외되는 것밖에 다른 선택의 여지가 없는 삶을 살게 되는 것이다 (정기용, 2008: 171).

에서는 더욱 더 그렇다.

2014년 4월 16일에 일어난 세월호 대참사는 정부가 비리로 침몰을 유발하고 구조를 방기해서 배 안에 있던 304명을 모두 죽게 했다[44]는 점에서 삼풍백화점 붕괴의 연장선에 있는 것이면서 삼풍백화점 붕괴보다 훨씬 참담한 사건이었다. 이렇듯 삼풍백화점 붕괴는 여전히 계속되고 있는 사고이며, 안전 사회를 향한 길은 여전히 매우 어두운 상태이다.[45] 한국 사회의 진정한 선진화를 가로막는 가장 큰 문제인 비리 문제가 삼풍백화점 붕괴라는 거대한 실패에도 제대로 해결되지 못하고 오히려 악화되고 있다(부경복, 2011: 심형석, 2013). 박근혜-최순실 게이트는 이 사실을 너무나 생생히 입증해 주었다. 안전 사회를 향한 길을 환히 밝히기 위해 우리는 무엇을 해야 하는가?

3. 건설 비리의 현황

삼풍백화점 붕괴 사고의 직접적인 원인은 기술적인 것과 사회적인 것으로 나뉜다. 기술적인 직접 원인은 부실 설계·시공·관리이며, 사회적인 직접 원인은 이런 '총체적 부실'을 가능하게 만든 비리이다. 삼풍백화점 붕괴 20년의 성찰에서 우리가 무엇보다 먼저 주목해야 할 것은 사고의 진정한 원인인 비리의 문제이다. 삼풍백화점 붕괴 20년이 지나는 동안 건설 기술과 건설제도의 개선이 계속 이루어졌다. 그러나 그 진정한 원인인 건설 비리는 그렇지 않았다. 한국의 건설 비리는 어떤 상태에 있는가?

이와 관련해서 건설업 내부에서도 오래 전부터 심각한 비판이 제기되었

---

44 구조 과정에서 11명이 목숨을 잃어서 세월호 대참사의 희생자는 모두 315명이다.

45 2015년 5월 말에 발생한 '메르스 재앙'은 이 사실을 다시 확인해 주었다. 삼성 서울병원의 잘못을 포함한 박근혜 정부의 비리와 무능으로 메르스 감염은 '메르스 재앙'이 되고 말았다.

다. "건설 전 과정에서 검은 돈이 오가는 부패의 사슬이 근본적인 원인이었다. 삼풍백화점 사고는 이처럼 우리 사회의 총체적 부실과 병리현상이 빚은 재앙이었다"(김종훈, 2010: 82)는 것이다. 또한 삼풍백화점 붕괴 사고 이후에도 비리의 개혁이 제대로 이루어지지 않았기 때문에 "많은 사람들이 '한국 건설산업'하면 부정, 부패, 부실의 '3부'가 떠오른다고 말한다"는 것이다 (167). 이 건설업 경영자는 이런 인식 위에서 '한국 건설산업의 철저한 개혁과 자기 반성'을 촉구했다.[46]

국민권익위원회 통계에 따르면 한국에서 부패가 가장 심한 분야는 건설산업이라고 한다. 그 1차적인 책임은 당연히 업계 당사자에게 있지만, 건설 관련법이나 시스템의 문제가 근본적인 원인을 제공한다고 볼 수 있다. 규제가 지나치면 부패와 부조리가 따르게 마련이다. 건설 관련업체들의 전방위적인 로비, 도를 넘는 금품 공세, 이에 영합하는 일부 교수를 비롯한 심사위원 그룹 등의 행태가 개선될 여지가 보이지 않는다.[47] 수주를 위한 온갖 교묘한 수

---

46 니체는 "양심의 가책은 하나의 질병이다"라고 했다(Nietzsche, 1887). 성완종 사건은 '반성의 촉구'가 아무런 의미도 없는 것임을 잘 보여준다. 2015년 4월 9일 성완종 전 경남기업 회장은 엄청난 비리 혐의로 구속되기 직전에 자살했는데 그의 옷에서 불법 정치자금에 관한 메모가 발견됐다. 그는 2006~2012년에 걸쳐 김기춘, 허태열, 홍준표, 홍문종, 유정복, 부산시장, 이완구, 이병기 등에게 많은 돈을 건넨 것으로 메모해 두었다. 김기춘, 허태열, 이병기는 박근혜의 대통령 비서실장이었다. 경남기업은 '경남 아너스빌'로 유명한 대형 건설업체이다. 성완종의 메모는 한나라당-새누리당과 이명박-박근혜 정권의 정치비리에 대한 증언이자 막대한 '검은 돈'의 원천으로 지적되는 건설업의 비리에 대한 증언이다. 성완종이 건설업자가 아니었다면 그 많은 돈을 현금으로 마련해서 정치인들에게 줄 수 있었을까?

47 건설 비리에 관한 최근의 조사연구에서 직접 요인은 행태적 요인이 1위였고, 간접 요인은 제도적 요인이 1위였다(윤영선 외, 2014). 결국 행태적 요인이 제도적 요인보다 훨씬 더 중요한 비리의 요인이다. 비리 행태가 건설 제도를 유린하는 것이다. 이것은 건설 관련 제도의 개혁보다 비리 척결 제도의 개혁이 더욱 중요하다는 것을 보여준다.

법은 그 끝이 보이지 않는다. 대형 건설업체들 간의 담합도 끊이지 않는다. 그런 점에서 한국 건설산업에는 철저한 개혁과 자기반성이 필요하다. 이제부터는 건설업체들도 부조리와 부패구조에서 탈피해 기업의 사회적 책임을 다하는 데 적극 동참해야 할 것이다. 부패한 산업이 글로벌 스탠더드가 될 수는 없지 않은가?(171~172).

　삼풍백화점 붕괴 사고가 일어나고 20년이 지났어도 그 핵심 원인인 비리는 제대로 해결되지 않았으며, '세계 투명성기구'의 '국가별 부패지수'가 보여주듯이 한국의 비리는 2008년 이명박 정부의 출범 이후 계속 악화되었고, 건설 비리도 2008년 이명박 정부의 출범 이후 계속 악화되었다(황지태, 2012; 서원석, 2014). 건설업계에서도 오래 전부터 비리의 척결을 건설업의 선진화를 위한 가장 중요한 과제로 제시했으나 좀처럼 개혁되지 않고 있는 것이다(이상호·한미파슨스, 2003; 권오경·김종훈·이상호, 2007; 김종훈, 2005, 2008, 2009, 2010, 2014). 건설업계는 2012년 10월에 '새 정부의 건설정책 과제'로 20가지를 제안했는데, 그 중에 네 가지가 비리의 척결과 관련된 것이었다.

　그러나 이명박 정부에 이은 박근혜 정부에서도 문제는 해결되지 않았다. 심지어 "건설부패는 '건설 마피아(건설관료+마피아)'만큼이나 고질적이다. 한국에서 발생하는 부패의 절반 이상이 건설·건축분야에서 일어난다는 것은 공공연한 사실이다"라고 지적될 정도이다(김태완, 2014). 이에 따라 건설산업에 대한 이미지도 대단히 부정적인 상태에 있다(윤영선 외, 2014: 4).

　　□ 건설산업은 부실, 부정, 부패 등으로 인한 부정적인 이미지가 강한 산업으로 인식되고 있음.

　　□ 최근 〈건설경제신문〉이 실시한 설문조사 결과에 따르면 국민의 41.3%가 건설산업에 대하여 부정적 인식을 갖고 있으며, 그 주된 이유로는 부실공사, 대형사고(33.4%), 부정부패 (27.1%), 신뢰성 상실 (21.8%) 등이 꼽히고 있음.

□ 건설산업의 부패에 대한 부정적 인식은 비단 국내만의 문제가 아닌 것으로 국제투명성기구의 보고서에 의하면 건설산업은 19개 산업 부문 중 가장 부패한 분야로 조사됨.

비리 문제가 커지고 비판이 거세지자 박근혜 정부는 국무총리실을 중심으로 전면적인 '부정부패 척결계획'을 입안해서 발표했다(국무총리실 부패척결추진단, 2014; 국무조정실, 2014).

□ 부정·비리 환부 도려내기(5대 핵심분야 20개 유형 척결)
□ 부패구조의 제도적 차단(무관용 원칙, 투명성 제고, 평가·환류시스템 강화)
□ 반부패 의식개혁(공직사회 자정운동, 부패 고발·신고 활성화)

이에 따라 국토교통부도 2014년 8월 27일에 '부정 부패 뿌리뽑기 전방위 추진계획'을 발표했으며, 그 주요 내용은 다음과 같은 네 가지이다(국토교통부, 2014).

□ 산하기관에 대한 종합감사 시 5대 핵심 분야 비리를 중점 조사하기 위해 감사반을 집중 투입하고, 소속기관을 대상으로 지역 건설업자와의 유착여부 등을 특별 감찰한다.

□ 또한, 주요 건설공사 현장의 품질과 안전관리실태를 점검하고, 토착세력과의 유착에서 발생하는 부조리를 뿌리 뽑을 수 있도록 감찰을 실시할 계획이다.

□ 특히, 본부, 소속기관 및 산하기관을 대상으로 추석명절 떡값 명목의 금품·선물·향응수수, 복무기강 해이 행위에 대해서도 집중적인 감찰을 실시할 계획이다.

□ 내부고발자 보호제도를 더욱 강화하는 방향으로 국토교통부 공무원 행동강령을 개정하고, 반부패 의식 확산을 위한 순회 교육, 부실시공 방지교육 등 청렴교육도 강화한다.

이로써 건설 비리를 포함한 비리 문제가 제대로 개선될 것인가? 별로 그럴 것으로 보이지 않는다.[48] 우선 '김영란법'('비리척결법')의 제정과 공직윤리법의 개정이 어렵게 이루어졌으나 그 실효에 대해 큰 우려가 계속 제기되고 있다. 공직윤리법 개정의 핵심은 공무원의 이해충돌 방지를 강화해서 국가를 사유화해서 망치는 이른바 '관피아'(관료 마피아)의 문제를 해결하는 것이다. 그런데 사실 '김영란법'은 금품 수수 금지, 부정청탁 금지, 이행충돌 방지(관피아 금지)의 세 분야로 이루어져 있었으나 새누리당의 강력한 반대로 이해충돌 방지가 빠진 채 제정되었으며 새누리당은 다른 두 분야에 대해서도 공격을 계속했다. 또한 커다란 비리의 문제를 안고 있는 새누리당의 이완구가 국무총리에 임명되어 '부패와의 전쟁'을 추진하는 것에 대한 우려가 대단히 크게 제기됐다. 그 내용이 재탕일 뿐만 아니라 가장 거대한 비리 사업인 '4대강

---

48 성완종 전 새누리당 의원/전 경남기업 회장이 자살하기 전에 남긴 〈경향신문〉 증언과 메모는 두 가지 사실을 다시 입증했다. 비리사회 한국의 핵심에 토건 국가 한국이 자리잡고 있으며, 한나라-새누리와 이명박-박근혜는 그 주역이다. 이명박-박근혜 정부에서 건설 비리를 포함한 비리가 계속 늘어났을 뿐만 아니라 세월호 대참사에도 비리가 계속 늘어났고 건설 비리가 그 주역이었다('고속도로 터널공사 자재 빼돌려 195억 꿀꺽… 안전 비리 여전-정부, 7대 개선과제 추진', 〈서울신문〉 2015.4.8). 또한 이명박-박근혜 정부에서 이른바 '눈먼 돈'이 엄청나게 늘어났다. "국고보조사업은 국가가 특정 사업을 지원하기 위해 지방자치단체와 민간에 사업비 일부를 주는 것이다. 2006년 30조원 규모였으나 해마다 늘어 올해 2,056개 사업에 58조 4,239억원으로 불어났다. 9년 만에 2배 규모로 늘어난 셈이다. 국가예산의 15% 수준이다. 하지만 노인 요양시설 지원, 농가 축사시설 현대화, 문화재 보수 사업처럼 유형이 방대하고 관리 주체가 불분명하다 보니 온갖 비리가 나타났다. '눈먼 돈'이 돼서 '먼저 먹는 사람이 임자'가 된 것이다. 민간 사업자나 지방자치단체가 보조금을 부정하게 타 내거나 사업과 무관한 개인 용도로 쓰다가 사정당국에 적발되는 사건이 해마다 드러났다. 3년 연속 '세수 펑크'인 상황에서 재정이 계속 부적절하게 사용되고 있었던 것이다"('정부 예결산 58조 국고보조사업 메스… '원아웃 원인' 도입', 〈서울신문〉 2015.4.8).

사업'을 빼놓았기 때문이었다(아이엠피터, 2015).[49] 이 와중에 '국민안전처'도 뇌물에 찌들어 있다는 사실이 밝혀졌다[50](JTBC, 2015ㄱ, 2015ㄴ).

---

49 2014년 7월 8일 당시 국무총리 정원홍은 비리 척결에 대한 대국민 담화를 발표했으며, 2015년 3월 12일 당시 막 국무총리가 되었던 이완구는 대국민 담화에서 다시 비리 척결을 선포했다. 그런데 비리에 관한 여러 의혹들로 국무총리 부적격자로 지적됐던 이완구의 담화에 대해 비리의 주역이 비리의 척결을 선포했다는 비난과 비판이 강력히 제기됐다. 그런데 2014년 4월 9일 성완종 전 새누리당 의원/전 경남기업 회장이 박근혜-새누리당 정부 8명에게 거액의 뇌물을 줬다는 메모와 〈경향신문〉 증언을 남기고 자살했다('성완종 단독 인터뷰 – 김기춘 10만 달러·허태열 7억 줬다', 〈경향신문〉 2015.4.10). 숱한 비리 의혹에도 불구하고 박근혜-새누리당이 국무총리로 강행한 이완구는 성완종이 남긴 메모의 8명 중 한 명으로서 성완종의 증언을 강력히 부인했으나 계속 거짓말을 한 것이 드러났을 뿐만 아니라 부하가 주요 증인을 협박 회유하려 했다는 정황이 밝혀져서 4월 20일 밤에 국무총리 직을 사임하기로 발표했다. 결국 이완구는 2015년 7월 2일에 기소됐다. 성완종은 대아건설로 시작해서 2004년에 경남기업을 인수한 충청남도의 대표적인 건설업자로서 자유민주연합, 자유선진당(선진통일당), 한나라당, 새누리당 등 '보수' 정당의 주요 인사로 계속 활동했고, 2007년 12월 31일에 이명박의 대통령직 인수위원으로 임명되어 활발히 활동했고, 2012년에 자유선진당 의원으로 당선됐으나 자유선진당이 새누리당에 합당되어 새누리당 의원이 되었다가 2014년 6월에 선거법 위반으로 의원 직을 잃었다. 그런데 성완종은 수백억 원의 '비자금'을 만들었던 것으로 알려졌다. 성완종은 그 많은 검은 돈을 어떻게 만들어서 어떻게 썼을까? 성완종은 대표적인 건설업자로서 당연히 건설업을 통해 그 많은 검은 돈을 만들었을 것이다. 이런 점에서 성완종 사건은 정치 비리와 건설 비리의 깊은 연계를 다시금 확인해 준 중요한 사건이다. 2015년 7월 2일 검찰은 성완종이 제시한 8명 중 '친박' 6명(허태열, 김기춘, 이병기, 홍문종, 서병수, 유정복)은 무혐의 처분했고, '비박' 2명(홍준표, 이완구)는 불구속 기소로 성완종 수사를 끝냈다. '친박' 6명에 대해서는 기초조사조차 하지 않은 이 수사 결과('친박계 6명' 손도 못 대고 무혐의 처분..2명만 기소', JTBC 2015.7.2)는 나라를 망치는 극심한 비리의 의혹이 또 다시 유야무야된 것을 뜻한다.

50 나는 국민안전처의 신설이 제시되었을 때 비리가 척결되지 않은 상태에서 조직의 재편은 관피아의 이익을 키우고 말 뿐이라고 지적했다('국가안전처 신설은 관피아 이익 키울 것', 〈뉴스1〉 2014.5.14). 내 지적은 불과 반년도 되지 않아 사실로 드러났다. '검은돈 얼룩진 안전처? 무더기 수뢰 정황 포착', '안전처 공무원들, 김영란법 논의 떠들썩할 때도 뇌물', '국민안전처 '뇌물 고리'에

4. 1995∼2015년의 변화

　20년은 아기가 어른이 되는 긴 시간이다. 1995년∼2015년의 20년 동안 한국 사회는 어떻게 변했는가? 그 동안 한국 사회는 아기가 어른이 되듯이 성장했으나, 그만큼 사회의 질이 향상되고 성숙했는가? 한국 경제는 1960∼80년대에 빠른 성장을 기록했다. 한국의 고성장은 흔히 일본의 고성장에 비교되는 데, 후자가 극심한 공해를 낳았다면 전자는 참혹한 사고를 낳았다고 할 수 있다. 1955∼1972년에 걸친 일본의 고성장은 미나마타 병, 이타이이타이 병 등의 공해병으로 대표되는 극심한 공해 문제를 낳았다(홍성태, 2015). 이에 비해 1960∼80년대에 걸친 한국의 고성장은 1970년 3월의 와우아파트 붕괴 사고, 11월의 전태일 분신 항거, 1971년 12월의 대연각 호텔 화재 사고, 1979년 8월의 김경숙 사고사 사건, 10월의 부마 항쟁, 1980년 5월의 광주 학살, 1987년 6월의 민주항쟁 등을 낳았다. 그러나 이런 사고와 항거에도 문제가 제대로 해결되지 않은 결과로 1994년 10월의 성수대교 붕괴 사고, 1995년 6월의 삼풍백화점 붕괴 사고 등에 이어 2014년 4월의 세월호 침몰 대참사까지 참혹한 사고들이 계속 일어나고 있다. 고성장은 경제적으로 지속될 수 없을 뿐더러 더욱이 자연과 인권을 무시한 고성장은 바람직하지 않다. 1990년대에 한국은 고성장의 성과 위에서 민주화를 심화하고 좋은 사회를 이루어야 하는 과제를 안고 있었다. 그러나 그 과제는 결코 제대로 이루어지지 않았다.

　지난 20년 동안 한국의 인구는 4,460만여 명에서 5,060만여 명으로 600

관피아…척결 의지 어디에'(JTBC, 2015.4.8). 국민안전처 공무원들은 3월 19일에 가족들에게 뇌물을 받지 않겠다고 맹세하는 '청렴 서약서'를 집에 발송하는 행사를 벌이기도 했다(〈서울경제〉 2015.3.19). 2015년 5월 말에 발생한 '메르스 사태'에서도 국민안전처의 문제는 또 다시 확인됐다("메르스 모른다'는 안전처 장관.. 책임 회피 급급', 〈오마이뉴스〉 2015.6.24.).

만 명 정도 늘어났다. 그리고 **GDP**는 1995년 5,563억 달러에서 2013년 1조3,043억 달러로, 2014년 1조4,495억 달러(IMF, 2014)로 늘어났다. 지난 20년 동안 한국 경제는 계속 성장해서 한국은 세계 13위의 경제 대국이 되었다.[51]

표 6 1995～2015년의 변화

	1985	1995	2005	2013
인구(명)	40,448,486	44,608,726	47,278,951	*50,617,045
GDP(억 달러)	1,002	5,563	8,980	13,043
1인당 GDP(달러)	2,456.0	12,337.0	18,654.0	25,972.5
1인당 GNI(달러)	2,400.0	12,282.0	18,508.2	26,204.7
건설업(백만원)	16,875,652	83,644,492	142,621,781	216,883,642
건설 사고(명)		22,542	16,248	22,782
건설 기술	63 빌딩	삼성 종로타워	타워 팰리스	제2 롯데월드
건설 제도		시설물 안전관리 특별법	제1차 국가안전관리 기본계획	건축물 안전 강화 종합대책
건설 비리		삼풍백화점 붕괴	이천 창고 붕괴	4대강 사업비리
부패 지수 순위			세계 40위	세계 46위

자료: 통계청의 국가통계포털, Transparency International
주1: 2013년 항의 인구는 2015년 3월의 추계 인구.
주2: 63 빌딩은 1985년에 준공되어 2002년까지 한국 최고층 건물이었고, 타워 팰리스의 최고층은 73층으로 2004년에 준공되었고, 제2 롯데월드(롯데 월드타워)의 최고층은 123층으로 2009년에 착공되어 2017년 2월에 준공됐다.

---

51 1위 미국, 2위 중국, 7위 브라질, 9위 러시아, 10위 인도, 11위 캐나다, 12위 오스트레일리아 등의 나라들은 (아)대륙 국가들로서 사실 2위 일본, 3위 독일, 4위 프랑스, 5위 영국, 8위 이태리, 13위 한국 등의 나라들과 직접 비교되어서는 안 된다. 또한 일본, 독일, 프랑스, 영국, 이태리, 한국에서 한국이 가장 작은 나라이다.

한국의 국토 크기는 세계 109위이며, 인구 크기는 세계 27위(CIA, *the World Factbook*)이다. 한국은 지하자원을 별로 갖고 있지 않은 상당히 작은 나라이지만 구성원들이 크게 노력해서 세계적으로 손꼽히는 경제 대국이 되었다.[52] 그러나 오늘날 한국은 결코 세계적으로 손꼽히는 모범 국가가 아니다. 한국은 세계적으로 손꼽히는 '돈 많은 못 사는 나라'이다(홍성태, 2006). 10년째

52　이것은 결코 박정희의 성과가 아니다. 박정희는 수많은 국민들의 노력으로 이루어진 한국의 경제 성장을 무한한 폭력과 비리로 왜곡해서 한국 경제를 불평등과 반생태의 경제로 만들었다(유인호, 1978; 박현채, 1978). 1960년의 4.19 시민혁명으로 수립된 민주 정부가 계속 이어졌다면, 한국은 이미 1980년대에 서구식 복지국가가 되었을 것이다. 한국이 1990년대 이후에도 계속 경제 성장을 이룰 수 있었던 것은 박정희-전두환의 야만적인 군사독재에 굴하지 않고 민주화 운동이 계속 전개되어 결국 민주화가 이루어져서 독재의 작동 방식인 비리를 개선할 수 있었기 때문이다.

일본의 경제 재건기는 2차 세계대전에서 패전한 1945년 8월 이후 한국전쟁이 발발한 1950년 6월의 시기를 가리키며, 한국의 경제 재건기는 한국전쟁이 휴전된 1953년 7월부터 1956년 6월의 시기를 가리킨다. 1956년 6월에 생산량과 1인당 소비가 한국전쟁 이전의 수준을 웃돌게 되었다. 한국 경제의 재건에는 유엔의 도움이 컸다. 유엔은 1950년 10월과 12월에 유엔한국통일부흥위원단(UNCURK)과 유엔한국재건단(UNKRA)을 설치했다. 한국 경제는 1958년부터 재건기를 확실히 지나 새로운 개발기에 들어서게 되었다. 당시 이승만 정부는 '경제개발 3개년 계획'을 수립했으나 너무나 부패한 독재 정부라서 계획을 제대로 시행할 수 없었고 경제는 크게 어려워졌다. 그 결과 1960년에 4.19 시민혁명이 일어나서 비로소 민주주의와 경제의 정상화를 위한 길이 열렸으나 일제의 만주군 출신인 친일파 박정희를 대표로 한 1961년 5.16 군사반란으로 또 다시 독재와 경제의 비정상화가 강행되었다. 박정희 군사독재 시기의 경제 성장은 수많은 국민들의 헌신과 노력으로 이루어진 것이었으며, 박정희 군사독재는 그 결과를 비리의 만연과 재벌의 형성으로 이끌었다. 박정희 군사독재가 아니었다면 한국은 1970년대에 서구와 같은 민주주의와 복지국가를 이룩했을 것이다. 박정희 군사독재는 약간의 돈을 받고 일본 제국주의의 침략 범죄를 사면하는 잘못도 저질렀다(1965년 한일협정). 한일관계가 올바로 정립되지 못하고 계속 왜곡과 악화의 수렁에 빠져 있는 것도 박정희 군사독재의 산물인 것이다.

OECD 최고의 자살율은 이 사실을 명확히 보여준다.

이른바 '선진국'은 단순히 돈 많은 국가가 아니다. '선진국'은 자연과 인권을 존중하고 모든 구성원의 행복을 추구하는 국가를 뜻한다. 경제 성장은 이런 목적을 전제로 이루어져야 한다. 세계의 역사와 우리의 역사가 잘 보여주듯이, 반인권, 불평등, 반생태의 문제는 경제 성장이 이루어진다고 해서 결코 자동적으로 개선되지 않는다. 경제 성장이 민주주의를 이루게 한다는 근대화론의 설명은 틀린 것이다. 경제 성장이 이루어지면서 폭력과 비리의 독재에 맞서는 사람들이 늘어나게 되고, 다시 말해서 민주화 운동이 강화되어야 비로소 민주주의가 이루어지게 되는 것이다. 근대화론은 민주화 운동이라는 독립변수를 누락시켜서 경제 성장과 민주주의의 관계에 대한 의도된 환상을 유포시켰다. 민주주의는 정치 제도를 넘어서 좋은 사회를 뜻하며, 민주주의가 올바로 확립되어야 '선진국'이 된다(Dahl, 1983).

오늘날 한국은 세계적인 경제 대국이지만 결코 '선진국'은 아니다. 미국의 갤럽이 세계 143개국에서 수행한 행복감 조사는 이 사실을 잘 보여준다. 2015년 3월에 발표된 이 조사의 결과에서 한국인의 행복감은 이스라엘의 야만적인 억압과 폭력으로 지옥 상태에 있다고 평가되는 팔레스타인 사람들과 같은 수준으로 나타났다.[53]

---

53 2013년 2월에 박근혜 정부가 출범하면서 전면에 내건 것이 '국민 행복시대'였다는 점에서 이 결과는 더욱 더 주의 깊게 검토될 필요가 있다. 정당이나 정부가 내거는 구호는 사람들을 현혹하기 위한 '수사의 정치'인 경우가 많다. 박근혜 정부는 '국민 행복시대'를 내걸고 실제로는 '국민 불행시대'를 만들었다. 2013년 OECD의 행복지수에서 한국은 34개 국 중 33위에, 복지지수는 31위에 머물렀다(남상호, 2014). 이명박-박근혜 정부에서 계속 악화된 사회 불평등, 장시간 노동, 복지의 축소, 비리의 만연 등이 불행의 핵심 원인이다. 아리스토텔레스는 행복은 최고선이자 인생의 궁극적인 목적이라고 했으나(Aristoteles, B.C.350: 1권), 이명박-박근혜 비리정권 때 한국에서 행복은 너무나 어려운 것이 되었다.

미국 여론조사기관 갤럽이 유엔이 정한 '세계 행복의 날'(3월 20일)에 맞춰 143개국의 국민들을 대상으로 한 조사에서 한국인들의 행복감은 143개국 중 118위에 그쳤다.

19일(현지시간) 발표된 조사결과에서 한국인의 긍정적 경험지수positive experience index는 59점을 기록했다. 이는 지난해보다 4점이나 떨어진 점수로, 무려 24단계나 하락했다. 전체 평균 점수인 71점에도 12점이나 모자란다.

한국과 함께 59점을 기록한 국가들은 중동의 팔레스타인과 아프리카 가봉, 터키 동부에 있는 아르메니아다. 한국 바로 위에는 예멘이나 이라크, 루마니아 등의 나라가 있다.

이웃 국가인 일본과 중국은 각각 66점과 75점을 기록했다('우리나라 국민 행복지수, 143국 중 118위…최하위권', 〈노컷뉴스〉 2015.3.23.).

'돈 많은 못 사는 나라' 한국의 문제는 비리 세력의 포위 속에서 이루어진 '취약한 민주화'의 중요한 특징이다(홍성태, 2009). 정치의 민주화는 사회의 합리화를 이끌어서 국가의 선진화를 이루게 된다. 그러나 한국의 민주화는 비리 세력의 지배 속에서 이런 선순환이 제대로 이루어질 수 없었다. 그 결과 한국 사회는 불평등이 계속 악화되는 심각한 불평등 사회가 되었고, 각종 사고들이 계속 일어나는 불안전 사회가 되었으며, 다수의 구성원들이 행복하다고 느끼지 않는 불행한 사회가 되었다. 한국 사회는 성장이 아니라 성숙을 추구해야 하며, 그것은 사회 전반에서 민주화의 심화로 이루어질 수 있다. 그리고 그 핵심적 전제는 바로 비리의 척결이다. 비리사회 한국이 격차사회 한국, 사고사회 한국, 불행사회 한국의 가장 강력한 원천인 것이다. 비리를 척결하지 않고는 민주화도, 선진화도 불가능할 뿐이다.

지난 20년 동안 한국 경제는 큰 성장을 이루었다. 건설업의 규모도 1995년 83조 6,444.92억 원에서 2013년 216조 8,836.42억 원으로 크게 늘어났다. 그러나 그 이면에서는 토건국가로 잘 알려진 '정경민 유착'의 비리 구조가 맹렬히 작동하고 있으며(홍성태, 2011; 김재훈, 2012), 2008년 2월에 이명박 정부가 출범하고 건설 사고가 늘어나서 2013년에는 1995년의 수준이 되었다(통계청, 2015). 이와 관련해서 '부패 인식 지수'의 악화는 대단히 중요하다. 신뢰로 대표되는 사회적 자본은 사회의 유지와 운영에서 대단히 중요하다. 그러나 한국은 정부를 중심으로 사회 전반에 걸쳐 비리가 만연해서 신뢰가 아니라 '죄수의 딜레마'로 잘 나타나는 불신이 축적된 사회이다.[54] 퍼트남이 제시하듯이 이 문제는 역사 –구조적 접근을 통해 이해되어야 한다. 오랜 군사독재는 폭력과 비리의 사회체계를 만들었고, 이것이 여전히 강력한 위력을 떨치고 있는 것이다.[55]

---

54 이런 사실은 OECD 회원국들 중 최저 수준의 정부 신뢰도에서도 잘 나타난다. 2014년에 발표된 OECD의 '한 눈에 보는 사회상 2014'에서 한국 정부의 신뢰도는 24.8%로 꼴찌 수준을 보였다. OECD 평균은 42.6%로 훨씬 높았다(OECD, 2014).

55 여기서 잠금효과와 경로의존에 주의해야 한다. 오늘날 일반적인 자판으로 확립되어 있는 QWERT 자판은 사실 공학적으로 문제가 많지만 일반적인 자판으로 확립되어 있기에 안 쓸 도리가 없다. 초기에 만들어진 경로가 그 뒤의 변화를 규정하게 되는 것이다(David, 1989; Arthur, 1994). 이와 비슷하게 사회체계가 강고히 형성되면 대다수 사람들이 그것에 적응해서 살아가기 때문에 그것을 개혁하는 것이 대단히 어렵게 된다.

5. 졸속 성장의 붕괴

1995년 6월 29일 오후 5시 55분쯤, 삼풍백화점의 A동이 붕괴했다. 삼풍백화점은 서울 고등법원과 지방법원의 옆에 있는 최고급 백화점이었다. 이런 건물이 폭발이 있었던 것도 아닌데 폭삭 무너진 것을 보고 세계가 경악했다. 이 참담한 사고로 무려 502명이 콘크리트 더미에 깔려 무참히 죽었다. 삼풍백화점 붕괴 사고는 한국전쟁 이후 한반도에서 가장 많은 사람이 죽은 최대 사고이다. 이 사고는 'GNP 신앙'이라고 불린 개발독재의 무조건적 양적 성장 정책이 만연시킨 비리의 산물이었다. 이런 점에서 삼풍백화점 붕괴는 비리와 폭력에 의거해서 작동된 개발독재의 폭압적 근대화에 의한 '부실 성장' 또는 '졸속 성장'의 붕괴라는 역사적 의미를 지니는 사건이었다(유인호, 1973; 홍성태, 2000, 2007ㄴ, 2014ㄴ).

한국에서 건축과 도시에 관한 법률과 제도가 정비되기 시작한 것은 한국전쟁 뒤의 재건과정이었던 1950년대 중반부터이며, 그 성과는 1962년 1월의 '건축법'과 '도시계획법'으로 구체화되었다(한국 국토·도시계획학회, 2009). 1980년대에 들어와서 '산업안전보건법', '수도권 정비계획법', '건설기술관리법' 등이 계속 제정되었고, 1993년에는 국무총리의 '재해의 예방·수습에 관한 훈령'이 제정되었고, 1994년 10월의 성수대교 붕괴 직후에는 '시설물의 안전관리에 관한 특별법'도 제정되었다. 그러나 비리로 말미암아 이런 제도들이 모두 제대로 작동하지 않았으며, 그 결과 삼풍백화점 붕괴라는 세계적으로 예를 찾기 어려운 참담한 사고가 일어나고 말았다.

표 7 삼풍백화점 붕괴까지의 주요 경과

일자	내용
1961년 5월	5·16 군사반란
1962년 1월	'건축법', '도시계획법' 제정
1963년	이준, 중앙정부보에 근무하며 '동경산업' 설립
1965년 4월	'도시계획법' 시행령에 '도시 재개발' 첫 등장
1967년	'풍수해대책법' 제정 – 방재기본계획제도 확립 이준, '동경산업'을 '삼풍건설산업'으로 변경
1970년 4월 8일	와우아파트 붕괴(33명 사망)
1971년 12월	대연각 호텔 화재(163명 사망)
1974년 1974년 11월	이준, 서초동에 5만 7천평 부지 매입 대왕코너 2차 화재(88명 사망)
1976년 8월	반포·서초 아파트 지구 지정
1979년 10월	성수대교 준공
1980년 5월	전두환–노태우 5·17 군사 반란
1981년 12월	'산업안전보건법' 제정
1982년 12월	'수도권 정비 계획법' 제정
1986년 5월 11월	삼풍백화점 부지의 용도변경(아파트→상가) 삼풍백화점 분양
1987년 7월 9월 10월	삼풍랜드 근린상가 건축 허가 삼풍랜드 근린상가 착공 '건설기술관리법' 제정
1988년 11월	삼풍아파트 입주
1989년 1월 11월 12월	우성건설과 계약 파기, 삼풍건설이 계속 시공 1차 용도변경(근린상가→백화점)과 설계변경(5층 식당가) 삼풍백화점 가사용 승인 삼풍백화점 개관
1990년 7월	삼풍백화점 준공('수도권 정비계획법' 회피)

일자	내용
1993년 2월	문민정부 출범
9월	국무총리, '재해의 예방·수습에 관한 훈령'
10월	위도 페리 침몰(292명 사망)
1994년 8월	검찰, 원전 건설 비리 발표
10월 21일	성수대교 붕괴(32명 사망)
1995년 1월	'시설물의 안전관리에 관한 특별법' 제정
1995년 6월 29일	삼풍백화점 붕괴(502명 사망)

삼풍백화점의 붕괴는 설계, 시공, 감리, 관리 등 건설의 모든 과정에서 저질러진 '총체적 부실'의 결과로 밝혀졌다(서울지방검찰청, 1995; 서울시, 1996).[56] 이런 부실을 막기 위한 여러 제도들이 이미 마련되어 있었으나 비리

56 삼풍백화점 붕괴에 관한 공식적인 기초자료는 1995년 11월에 발표된 서울지방검찰청의 〈삼풍백화점 붕괴사건 수사 및 원인규명감정단 활동백서〉, 1996년 6월에 발표된 서울시의 〈삼풍백화점 붕괴사고 백서〉, 1996년 8월의 대법원 판결(대법원 1996.8.23, 선고, 96도1231, 판결)이다. 서울시 백서와 대법원 판결은 인터넷으로 확인할 수 있으나 검찰청 백서는 그렇지 않다. 세 자료 중에서 가장 기본적인 것은 수사를 담당한 주체인 검찰의 백서이다. 모든 국민이 잘 알고 대응해야 할 중대한 사고의 검찰 백서를 인터넷으로 공개하지 않는 것은 큰 문제가 아닐 수 없다. 삼풍백화점 붕괴 사고의 핵심 원인인 비리를 척결하기 위해서는 비리에 대한 엄정한 처벌과 자료의 완전한 공개가 이루어져야 한다. 한편 엉터리 백서가 작성되는 경우도 많다. 2008년 3월 『중앙일보』는 1993년 이후 발생한 대형 참사 20건의 백서 작성 여부와 그 내용에 대해 분석해서 보도했다. 이에 따르면 검찰의 성수대교 붕괴사고 백서와 삼풍백화점 붕괴사고 백서만이 요건을 제대로 갖춘 것으로 분석됐고 서울시의 삼풍백화점 붕괴사고 백서는 그렇지 않은 것으로 분석됐다('반성도 대책도 없는 '어물쩍 보고서' 수두룩-주요 재난사고 20건 백서 추적해 보니', 〈중앙일보〉 2008.3.3.). 그런데 당시에는 검찰의 삼풍백화점 붕괴사고 백서가 국가기록원의 홈페이지에서 공개됐다고 하니 그 뒤에 비공개로 전환된 것이다. 이 점에서도 이명박 정부는 정보공개 정책과 사고대응 정책의 후퇴를 실행했던 것이다.

로 인해 전혀 작동되지 않았다. 1986년의 부지 용도변경에서 1990년의 건물 준공허가까지 5년 동안 저질러진 여러 부실들이 비리에 의해 전혀 저지되지 않았던 것이다. 심지어 1994년 10월의 성수대교 붕괴 이후 전국의 모든 주요 시설과 건물들에 대해 안전점검을 행하게 되어 삼풍백화점에 대해서도 세 차례나 안전점검이 행해졌으나 아무런 문제가 없는 것으로 판정받았다. 비상상태에서 행해진 안전점검도 완전히 엉터리였던 것이다. 이렇듯 비리의 문제를 올바로 인식하지 않고서는 삼풍백화점의 붕괴를 올바로 이해할 수 없다.

6. 삼풍백화점 붕괴 10년

삼풍백화점 붕괴 사고는 한국의 사고사에서 최대 사고였고, 건설 분야의 위험을 가장 강력하게 드러낸 '건설 사고'였으며, 비리가 대규모 살상을 일으킬 수 있다는 것을 보여준 무서운 '비리 사고'였다. 거대한 최고급 백화점의 돌연한 붕괴는 우리가 살고 있는 한국 사회의 비정상성에 대해 깊은 반성을 촉구하는 중대한 사회적 계기가 되었다. 삼풍백화점 붕괴 사고는 대단히 많은 교훈과 과제를 한국 사회에 제시했다. 여기에 제대로 부응하는 것은 건설 분야를 넘어서 한국 사회 전반의 '진정한 선진화'를 위해 참으로 중요했다. 한국 사회는 삼풍백화점 붕괴 이후 10년 동안 올바로 개혁되었는가?

우리는 2004년에 삼풍백화점 붕괴 사고 10주년을 맞이해서 10년 동안 한국 사회가 삼풍백화점 붕괴 사고의 교훈과 과제에 제대로 부응했는가에 대해 연구했다. 그 결과 우리는 관련 제도의 개혁이 이루어지기는 했으나 실질적인 개혁이 제대로 이루어졌는가에 대해서는 회의적이라고 결론짓고, 구조, 제도, 문화 등의 면으로 나누어 한국 사회에서 적극 추구되어야 하는 여러 개혁 과제들을 제시했다(홍성태·안홍섭·박홍신, 2006). 10년 동안 재난 대책을 비롯해서 건설과 비리에 관한 여러 법률과 제도들이 계속 마련되었으나, 가장 근원적인 중요성을 갖는 비리의 척결을 위한 개선은 여전히 크게 미흡했다(건설교통부, 1995, 1996, 2000; 국무총리실, 2000; 국가재난관리시스템기획단, 2003).

표 8 삼풍백화점 붕괴 10년의 주요 경과

일시	내용
1995년 6월 29일	삼풍백화점 붕괴
7월 10일	건설교통부, 〈부실공사 방지 및 건축물 안전 확보 대책〉
18일	'재난관리법' 제정
19일	삼풍백화점을 특별재난지역으로 선포
12월	국무총리실 안전관리자문위원회, 〈安全管理 實態評價와 政策改善 方向〉
	건축법, 건설업법, 건설기술관리법 등 개정
1996년 2월	건설교통부, 〈건설산업 경쟁력 강화와 부실 방지대책〉
8월	대법원의 삼풍백화점 붕괴 사고 판결－공동 정범 인정
	이준 징역 7년 반, 이한상 징역 7년
	전 서초구청장 이충우, 황철민 징역 10개월 등
1998년 2월	국민의 정부 출범
6월	양재 시민의 숲 남쪽 끝에 '삼풍 참사 위령탑' 건립
2000년 9월	국무총리실 안전관리대책기획단, 〈안전관리 종합대책〉
12월	건설교통부, 〈건설공사 부실방지 종합대책〉
2001년 5월	감사원, 〈부실공사 관련 제도개선 백서〉
7월	'부패방지법' 제정
2002년 1월	'부재방지위원회' 출범
2003년 2월 18일	대구 지하철 방화 참사
8월	국가재난관리시스템기획단, 〈국가재난관리종합대책〉
2004년 3월	'재난 및 안전관리 기본법' 제정
6월 1일	소방방재청 개청
	삼풍백화점 터에 초고층 주상복합 '아크로비스타' 준공
12월	소방방재청, 〈제1차 국가안전관리 기본계획〉
2005년 6월	삼풍백화점 붕괴 10주년 심포지엄
10월	이천 GS 물류창고 공사장 붕괴(9명 사망)

'삼풍백화점 붕괴 10년의 교훈과 과제'에 관한 연구는 사회학(홍성태), 산업안전(안홍섭), 구조공학(박홍신)의 학제적 연구로 이루어져서 2005년 6월에 심포지움이 개최되었고 2006년 4월에 책으로 출간되었다. 당시 우리는 삼풍백화점 붕괴 사고의 원인을 물리적 차원을 넘어서 사회적, 공학적, 제도적 차원에서 복합적으로 인식하기 위해서, 여러 분야에서 이루어진 개혁들을 정리하고, 이루어져야 할 과제들을 제시하는 것에 초점을 맞췄다. 요컨대 10년 전의 '삼풍백화점 붕괴 10년의 교훈과 과제'에 관한 연구는 크게 사회적 원인과 대책, 기술적 원인과 대책, 제도적 원인과 대책으로 이루어졌다.[57]

7. 삼풍백화점 붕괴 20년

다시 10년의 세월이 지나 삼풍백화점 붕괴 사고 20주년을 맞게 되었다. 지난 10년 동안에도 관련 법과 제도의 개선이 계속 이루어졌으나 사람들이 목숨을 잃은 건설 사고들이 계속 일어났다. 삼풍백화점 붕괴 사고처럼 초대형 사고는 아니어도 중소형 사고들이 그치지 않은 것이다. 이런 상황에 대응해서 2012년 2월 1일에 '건설안전정보시스템'이 개통됐고,[58] 2013년에 〈건설 등 재해 취약 분야의 안전사고 방지방안〉이 발표됐다(국토해양부, 2012: 국민권익위, 2013). 그러나 2014년에도 2월 '코오롱 마우나 리조트 체육관 붕

---

57 그 주요 내용은 '1.삼풍 붕괴사고의 사회적 교훈과 과제'(홍성태), '2.삼풍백화점 붕괴사고의 원인에 대한 재조명'(안홍섭), 3.삼풍백화점의 붕괴사고로 인한 제도적 장치의 개선성과와 향후 개선방안'(박홍신) 등이다(홍성태·안홍섭·박홍신, 2006).

58 한국산업안전공단에서도 산업재해통계와 국내외 산업재해사례를 발표하고 있으며, 특히 건설업의 경우는 〈건설 중대 재해 사례와 대책〉이라는 보고서를 분기별로 발표하고 있다(한국산업안전공단, 2010, 2014).

괴', 5월 고양 종합터미널 화재, 10월 '판교 환풍구 붕괴', 12월 '제2 롯데월드 노동자 추락사' 등 사람들이 목숨을 잃은 건설 사고들이 계속 발생해서 대책들이 또 발표됐다(국토교통부, 2014; 고용노동부, 2015). 대체 무엇이 잘못된 것일까?

2008년 2월에 이명박 정부가 출범하고 재난 정책과 비리 정책이 크게 퇴보했다. 이명박 정부는 출범한 직후에 '국가청렴위'를 '국민권익위'로 개편해서 독립적 반부패 행정을 훼손했고, 국가재난관리체계를 개편해서 청와대의 지휘와 책임을 크게 약화시켰다. 이어서 2008년 5월에 광우병 위험이 큰 미국산 쇠고기의 전면수입을 강행해서 엄청난 국민적 저항을 일으켰고, 8월에 국민권익위가 주도한 '선박 연령 규제완화'는 결국 2014년 4월 16일 세월호 대참사의 시발점이 되었으며,[59] 2009년 11월에 강행한 이른바 '4대강 살리기 사업'은 이명박 정부가 비리와 부실의 문제를 해결하기는커녕 더욱 크게 악화시킨 사업으로 평가되었다(김정욱, 2010; 홍성태, 2010; 감사원, 2013). 다음의 표 9는 지난 2006~2010년의 주요 경과를 정리한 것이다.

---

[59] 2006년 해운업자들의 이익단체인 해운조합이 서울대 해양시스템연구소에 의뢰해서 선령규제 완화를 요구하는 보고서를 만들었고, 2008년 8월 국민권익위는 같은 내용을 국무회의에 보고해서 선령규제 완화를 추진했다. '재앙의 씨앗…선령 규제 완화', 〈뉴스타파〉 2014.4.24.; 〔무책임한 정부〕 '여객선 선령 완화' 권익위가 제안… "해난사고와 관계없다" - '해운업계 주장 담은 보고서' 2008년 국무회의 보고', 〈서울신문〉 2014.4.28.).

표 9 삼풍백화점 붕괴 20년의 주요 경과

일시	내용
2007년 12월	삼성 예인선의 태안 기름유출 사고
2008년 1월	이천 냉동창고 화재(40명 사망)
2월	숭례문 방화 소실 이명박 정부 출범 '국민권익위원회' 설치 국가재난관리체계 개편
12월	이천 물류창고 화재(8명 사망)
2009년 1월	용산 재개발 참사
3월	잠실 롯데 123층 건물 착공
8월	쌍용자동차 공장 농성 강제진압
11월	'4대강 살리기 사업' 착공
12월	중앙안전관리위원회, 〈제2차 국가안전관리 기본계획〉
2010년 11월	잠실 롯데 123층 건물 착공 (송파구의 건축허가)
2011년 12월	한강의 충주 중원지구에서 녹조 발생
2012년 6월	잠실 석촌호수 수위 저하 확인
2013년 1월	감사원, '4대강 사업은 총체적 부실' 발표
2월	박근혜 정부 출범
5월	검찰, 원진 비리 발표
2014년 2월	코오롱의 마우나 리조트 체육관 붕괴(10명 사망)
4월	세월호 대참사 발생(304명 사망)
5월	박근혜, 세월호 대참사 관련 개혁과제 발표 고양 종합터미널 화재(8명 사망)
10월	판교 환풍구 붕괴(16명 사망)
11월	국민안전처 신설

일시	내용
12월	검찰, '국가 주요 시설물의 안전진단 관련 수사 결과' 발표 국토교통부, 〈건축물 안전강화 종합대책〉
2015년 1월	의정부에서 '도시형 생활주택' 대봉그린아파트 화재(5명 사망) 고용노동부, 〈산업현장의 안전보건 혁신을 위한 종합계획〉
4월	성완종, 〈경향신문〉에 거대한 정치 비리에 관한 '증언' 남기고 자살
5월	삼풍백화점 붕괴 20주년

삼풍백화점 붕괴 사고 이후 관련 법률과 제도들이 계속 개선되었고 기업들의 행태도 크게 개선되었기 때문에 대형 건물의 대형 사고는 일어나지 않을 것이라는 관측이 있었다(국민권익위, 2013). 그러나 관리 부실이나 규제 완화[60]로 중소형 건물의 사고가 계속 일어났을 뿐만 아니라[61] 대형 건물의 붕괴나 폭발에 대한 우려도 여전히 큰 상태이다. 삼풍백화점 붕괴 사고의 가장 큰 교훈은 사고의 예방을 위해 최선을 다해야 한다는 것이다. 그러나 이 당연한 교훈이 여전히 잘 지켜지지 않고 있다. 분야가 다르기는 하지만 세월호 대참사는 우리가 여전히 삼풍백화점 붕괴 사고의 상황에 있다는 것을 여실히 보여주었다. '삼풍백화점 붕괴 20년 연구'는 과거가 아니라 현재와 미래를 향한 절박한 연구이다.

---

60 무분별한 규제 완화는 사실상 '비리의 합법화'이다. 비리는 불법과 편법을 넘어서 합법을 지향한다. 비리 세력은 규제 완화를 내걸고 '비리의 합법화'를 이루어 합법적으로 비리를 저지르고 이익을 사취하며 사고를 일으키고 사회에 막대한 피해를 입힌다. '비리의 합법화'는 이익의 사유화와 비용의 사회화를 이루는 가장 강력한 방식이다.

61 2015년 1월 10일 의정부에서 발생한 대봉그린아파트 화재 사고는 최소한의 주차 면적과 건물 이격도 확보하지 않고 10층 아파트를 지어서 피해가 커진 사고였다. 이명박 정부가 2009년에 주택법 개정을 통해 최소한의 안전장치조차 없애고 추진한 '도시형 생활주택'이 이 참혹한 사고의 제도적 원인이었다('MB 정부 도입 '도시형 생활주택' 화재 등 안전 사각지대', 〈연합뉴스〉 2015.1.11).

8. 비리와 사고를 넘어

삼풍백화점 붕괴 사고는 단순한 건물 붕괴 사고가 아니라 오랜 군사-개발 독재를 통해 형성된 비리와 부실의 먹이사슬에 의해 일어난 역사-구조적인 참사이다. 따라서 건설 제도와 건설 기술에 앞서서 우선 비리를 잘 살펴야 삼풍백화점 붕괴 사고를 올바로 이해할 수 있다. 한국 사회는 비리가 척결되지 않고 여전히 만연해서 비리에 의해 일어나지 않아야 할 사고가 빈발하는 '비리-사고사회'이다. 따라서 비리를 올바로 인식해야 '위험사회를 넘어 안전사회로' 나아가야 한다는 목표가 올바로 추구될 수 있다.

안전은 위험이 없는 상태가 아니라 위험에 올바로 대비해서 사고를 예방하는 것이다.[62] 한국 사회에서는 그 핵심이 바로 비리의 척결이다. 삼풍백화점 붕괴 20년의 교훈과 과제는 비리, 건설, 문화, 재난의 면에서 검토될 수 있으나, 비리를 기초로 전체를 파악해야 건설 안전의 증진과 안전 사회의 형성을 도모할 수 있는 길을 올바로 찾을 수 있다. 삼풍백화점 붕괴 사고는 거대한 사고, 즉 재난이었기에 우선 재난 대책이 서둘러 정비되었다. 재난 상태에 대응하는 것이 일차적인 과제였던 것이다. 그 본격적인 시작은 1995년 7월 18일에 제정된 '재난관리법'이었다.

그런데 '재난관리법'은 사실 재난에 대한 사후대응에 초점을 맞추고 있다. 재난의 발생을 전제로 그것을 어떻게 관리해서 피해를 줄일 것인가가 그 목표인 것이다. 그러나 당연히 사고에 대한 사후대응보다 사전예방이 더 근본적인 중요성을 가지며, 이를 위해서는 비리의 척결을 최우선 과제로 해서 분야별로 법률과 제도를 개선해야 한다.

---

62 이와 관련해서 우리는 위험과 사고를 명확히 구분해야 한다. 위험은 사고가 일어날 가능성이고 사고는 위험이 현실화된 것이다. 위험 대책은 사고의 발생을 막기 위한 것이고, 사고 대책은 사고의 피해를 줄이기 위한 것이다. 위험에 대한 관심은 사고를 막기 위한 관심이다.

건설 사고를 예방하기 위해서는 건설 분야[63]의 개혁이 제대로 이루어져야 하는 데, 그것은 1995년 12월의 건축법, 건설업법, 건설기술관리법 등의 개정으로 시작되었다. 건설 사고를 비롯한 산업재해의 면에서 한국은 OECD에서 가장 후진적인 국가에 속한다(국민권익위, 2013). 건설 사고의 예방을 위해 건설 분야의 개혁에서 가장 중요한 것은 이미 오래 전부터 제시되었으나 여전히 제대로 시행되지 않고 있는 '발주자 책임의 실질화'를 실행하는 것이다(최욱 외, 2005; 홍성호, 2005; 권오경·김종훈·권오경, 2007; 안홍섭 외, 2007; 김재윤 의원실, 2009). '발주자 책임의 실질화'는 당연히 '건축주 책임의 실질화', '원청자 책임의 실질화'를 포함한다. 건설업의 가장 큰 과제는 이 당연한 개혁을 이루는 것이다. 그렇지 않는 한, 건설업은 계속 가장 위험한 불신의 대상에 머물 것이다.

삼풍백화점 붕괴 사고에서 잘 드러났듯이 많은 건설 사고들이 비리에 의한 부실로 일어난다. 따라서 건설 사고를 막기 위해 건설 관련 기술과 제도에 대해 관심을 기울이는 것에 앞서 비리의 문제에 관심을 기울일 필요가 있다. 비리가 만연한 상태에서 이루어지는 건설 기술과 건설 제도의 개선은 모래 위에 집을 짓는 것일 뿐이다. 건설 사고를 예방하기 위한 각종 개선들이 잘 이루어지기 위해서는 사회 전체에서 위험·안전을 무시하는 태도를 고치도록 해야 한다. 그러나 흔히 말하는 '안전 불감증'은 사고의 원인을 개인에게 전가하는 사사화(私事化, privatization)의 문제를 안고 있다. 이런 점을 염두

---

63 건설construction은 건축architecture과 토목civil engineering을 아우르는 공식적인 용어이다. 요컨대 건설은 각종 시설을 만드는 것과 벽과 지붕이 있는 건물을 짓는 것을 모두 아우르는 것이다. 그런데 관련법에서 그 범위는 조금 다르다. '건설산업기본법'-"건설공사란 토목공사, 건축공사, 산업설비공사, 조경공사, 환경시설공사, 그 밖에 명칭에 관계없이 시설물을 설치·유지·보수하는공사(시설물을 설치하기 위한 부지조성공사를 포함한다) 및 기계설비나 그 밖의 구조물의 설치 및 해체공사 등을 말한다." 국세청의 '법령 용어 해설'-"세법은 건설업의 범위를 건축건설업, 토목건설업, 전문직별 공사업(미장공사업, 목공사업, 도장공사업 등) 및 주택신축판매업으로 규정하고 있으나 건설산업기본법에 의한 건설업의 범위는 이와는 다소 차이가 있다."

그림 3 비리, 사고, 문화의 연관

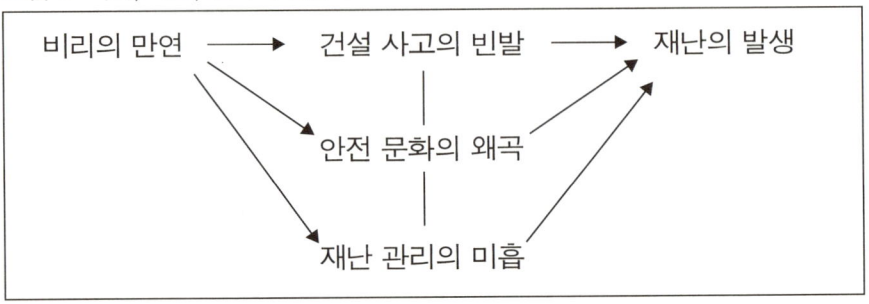

에 두고 안전 문화의 확산을 적극 추구해야 한다.

삼풍백화점 붕괴 사고와 관련된 법률과 제도는 상당히 많다. 그런데 비리가 만연한 곳에서는 표면의 공식적인 제도보다 이면의 비공식적인 관계가 더 중요하다.[64] 비리는 제도를 무력화하고 사회를 무너뜨린다. 비리 세력은 비리를 만연시켜 사람들을 위험에 빠트리고 이익을 취한다. 비리가 만연한 곳에서는 모든 제도가 비리의 원천으로 악용될 수 있다. 이런 점에서 제도의 형식적 개선보다 더 중요한 것은 그 실질적 운용이라는 것을 잊지 말아야 한다. 그리고 제도의 실질적 운용은 비리의 척결을 통해 비로소 이루어질 수 있다. 이런 점에서 사고를 막기 위해 가장 중요한 제도 개혁의 과제는 이른바 '김영란법'으로 불리는 '부패 척결법'의 올바른 제정과 운용이다. 삼풍백화점 붕괴 사고의 가장 중요한 교훈은 바로 이것이다.

한국 사회의 성숙을 위한 1차 과제는 비리의 척결이며, 그것은 무엇보다 구성원의 안전을 위한 것이다.[65] 비리가 만연한 곳에서 반인권, 불평등, 반생

---

64 모든 사회는 공식 질서와 비공식 질서의, 또는 표면 질서와 이면 질서의 '이중 질서'를 갖고 있다. 둘 사이의 간격이 좁을수록 합리화와 투명화가 진척된 합리 사회이다. 민주화는 투명화, 합리화, 선진화이고, 독재화는 부패화, 비리화, 후진화이다. 민주화는 인권을 존중하고, 독재화는 인권을 무시한다.

65 성완종의 '증언'은 이 사실을 다시금 명확히 보여주었다. 성완종은 가장 강력한 정치 세력인 새누리당이 가장 강력한 비리 세력으로서 권력을 전횡하며 정치와 경제를 주도하고 있다는 사실을 확인해 주었다.

태의 문제가 악화되는 것은 당연하며, 그 결과 사람들의 건강과 생명이 항상적으로 심각한 위협을 받게 되고, 나아가 경제도 불신의 확산과 비용의 증대로 큰 위기를 맞게 된다. 안전은 크게 사회적 안전, 물리적 안전, 생태적 안전으로 확보될 수 있다. 삼풍백화점 붕괴 20년을 맞아 한국의 현실을 돌아보자. 불안전의 문제가 개선되지 않고 오히려 세월호 대참사에서 잘 드러났듯이 명백히 악화되었다. 이명박-박근혜 비리정권에서 정부문제의 근원인 비리가 척결되기는커녕 오히려 더 만연해서 창궐했기 때문이다.[66] 부디 문제를 올바로 파악하고, 올바른 과제를 추구해야 할 것이다.

표 10 삼풍백화점 붕괴 사고 관련 법과 제도

비리 관련	• 미국식 부정금지법('김영란 법') • 미국식 공직자 윤리법 실질화 • 미국식 공익 제보자·내부고발자 보호 실질화 • 미국식 징벌적 손해배상제 시행 • 영국식 기업살인죄 시행 • 부패 방지 독립기구 신설(국민권익위 개혁)
건설 관련	• 건축기본법 • 건설산업기본법(1997년 7월 건설업법 폐지) • 건설기술진흥법(2014년 5월 건설기술관리법 폐지) • 시설물의 안전관리에 관한 특별법 • 주택법 • 하도급 거래 공정화에 관한 법률 • 소방법

66 토건국가는 건설 비리의 원천이며, 건설 비리는 비리사회의 동력이다. 토건국가는 건설업의 병적 과잉 상태를 조장해서 건설 비리를 계속 유지/악화하는 강력한 구조로 작동한다. 대체로 정치 세력은 토건국가를 통한 기업과의 유착과 지역 주민의 매수를 위해 토건국가를 개혁하려 하지 않는다. '4대강 사업'에서 잘 드러났듯이 토건국가를 주도하는 정치 세력은 새누리당이다. 건설 비리의 개혁을 핵심으로 하는 비리사회 한국의 개혁은 토건국가의 개혁을 요청하며, 이것은 관피아, 정피아, 법피아, 언피아, 학피아의 개혁을 요청하고, 궁극적으로 비리 세력을 추방하기 위한 정치 개혁을 요청한다.

문화 관련	• 안전 문화 진흥(재난 및 안전관리 기본법 제8장)
	• 안전 문화 운동(국민안전처)
	• 국가안전관리기본계획(국무총리)
재난 관련	• 대통령(헌법 34조, 35조, 69조)
	• 국무총리(중앙안전관리위원회, 국가안전관리기본계획)
	• 국민안전처(중앙재난안전대책본부–필요시 국무총리가 본부장)

참고자료

감사원(2013), '4대강 살리기 사업 주요시설물 품질 및 수질 관리실태'

건설교통부(1995), '부실공사 방지 및 건축물 안전확보대책'

_____ (1996), 〈건설산업 경쟁력 강화와 부실 방지대책〉

_____ (2000), 〈建設工事 不實防止綜合對策〉

고용노동부(2015), 〈산업현장의 안전보건 혁신을 위한 종합계획〉

국가재난관리시스템기획단(2003), 〈국가재난관리 종합대책〉

국무조정실(2014), '부정부패 척결 세부 추진계획', 2014.8.25

국무총리실 안전관리자문위원회(1995), 〈安全管理 實態評價와 政策改善方向〉,
        1995.12

국무총리실 안전관리대책기획단(2000), 〈안전관리 종합대책〉, 2000.9

국무총리실 부패척결추진단(2014), '부정부패 척결 추진계획', 2014.8.8

국민권익위(2013), 〈건설 등 재해 취약분야의 안전사고 방지방안〉

국토교통부(2012), '건설안전정보시스템'

_____ (2014ㄱ), '국토부, 부정부패 뿌리뽑기 전방위 추진', 2014.8.27

_____ (2014ㄴ), 〈건축물 안전강화 종합대책〉

권오경·김종훈·권오경(2007), 『일류 발주자가 일등 건설산업 만든다』, 보문당

김재훈(2012), '개발국가에서 복지국가로의 이행: 일본과 한국', 한국사회경제학회,
        〈2012년 경제학공동학술대회 한국사회경제학회 발표논문집〉

김제윤 의원실(2009), 〈건설산업재해 0%를 위한 정책제언 – 발주자 주도의 건설
        안전관리체계 도입방안〉

김종훈(2005), '건설 선진국의 혁신운동과 우리의 선택 – 싱가폴 건설산업의 혁신
        운동'

_____(2008), '대운하보다 건설 혁신운동이 더 필요하다', 〈조선일보〉 2008/1/18

_____(2009), "'부패 끊고 거품 빼면 반값 아파트도 가능'-'건설 판 바꾸자' 호소하
　　　　는 한미파슨스 김종훈 회장', 〈중앙선데이〉 제123호, 2009.7.18

_____(2010), 『우리는 천국으로 출근한다』, 21세기북스

_____(2014), 〈인터뷰〉"신뢰의 위기 봉착한 건설산업…'판' 뒤흔들 개혁 필요"-김
　　　　종훈 건설산업비전포럼 공동대표(현 한미글로벌 회장)', 〈건설경제〉
　　　　2014.1.7

김진균(1998), '사람을 귀중하게 받드는 것, 김진균(2003), 『21세기 진보운동의 기
　　　　획』, 문화과학사

김태완(2014), '대검 연구보고서로 본 건설 부패-부패한 건설 관피아, 어디까지 도
　　　　려낼까?', 〈월간 조선〉 2014년 8월호

남상호(2014), "국민복지 수준의 국제비교: 경제협력개발기구(OECD) 국가를 대
　　　　상으로', 2014 경제학 공동학술대회

박홍신·안홍섭·홍성태(2006), 『삼풍 사고 10년 교훈과 과제』, 보문당

박현채(1978), 『민중과 경제』, 정우사

부경복(2011), 『부패전쟁』, 프리스마

서울지방검찰청(1995), 〈삼풍백화점 붕괴사건 수사 및 원인규명감정단 활동백서〉

서울특별시(1996), 〈삼풍백화점 붕괴사고 백서〉

심형석(2013), 『어떻게 실패는 성공을 부르는가』, 커뮤니케이션북스

아이엠피터(2015), '재탕에 4대강 사업 빠진 '수상한 부정부패 척결', http://
　　　　impeter.tistory.com/2743

안홍섭 외(2007), 〈건설산업의 근원적 안전성 확보를 위한 안전관리자의 역할
　　　　과 선임 방법 연구〉, 국회 환경노동위원회

유인호(1973), '경제성장과 환경파괴', 『창작과 비평』 1973년 가을호

_____(1978), 『한국 경제의 실상과 허상』, 평민사

윤영선 외(2014), 〈건설산업의 부조리 사례 특성 및 요인에 관한 연구〉, 한국건설산업연구원

이상호·한미파슨스(2003), 『한국 건설산업 대해부』, 보성각

정기용(2008), 『서울 이야기』, 현실문화

최욱 외(2005), '안전사고 예방을 위한 건설공사 안전관리 제도의 발전방향', 〈시설안전〉 2005년 여름호

한국국토·도시계획학회(2009), 『한국 국토·도시계획학회 50년사』

한국산업안전보건공단(2010), 〈대형사고 예방을 위한 중대재해 사례집〉

_____(2014), 〈2014년 3분기 건설 중대재해 사례와 대책〉

홍성태(2000), 『위험사회를 넘어서』, 새길

_____(2006), 『현대 한국 사회의 문화적 형성』, 현실문화

_____(2007ㄱ), 『대한민국 위험사회』, 당대

_____(2007ㄴ), 『개발주의를 비판한다』, 당대

_____(2009), 『민주화의 민주화』, 현실문화

_____(2011), 『토건국가를 개혁하라』, 한울

_____(2014ㄱ), 『위험사회를 진단한다』, 아로파

_____(2014ㄴ), 『김진균 평전』, 진인진

_____(2014ㄷ), 『서울의 개혁』, 진인진

_____(2016), 『일본의 환경문제와 환경운동』

홍성태·안홍섭·박홍신(2006), 『삼풍 사고 10년 교훈과 과제』, 보문당

홍성호 외(2005), '효과적인 안전사고 예방을 위한 발주자 선도의 총체적 안전관리 제도', 〈한국안전학회지〉 20권 3호

황지태(2012), 〈건축-건설 분야 부패실태 조사-분석〉, 한국형사정책연구원

Aristoteles(B.C.350), 손명현 옮김(1978), 『니코마코스 윤리학』, 동서문화사

Arthur, Brian(1994), *Increasing Returns and Path Dependence in the Economy*, University of Michigan Press

CIA(2014), *the World Factbook*

Dahl, Robert(1983), 이만희 옮김(1990), 『다원 민주주의의 딜레마』, 인간사랑

David, Paul(1985), Clio and the Economics of QWERT, *The American Economic Review*, 75/2.

IMF(2014), *World Economic Outlook Databases*

Nietzsche, Friedrich(1887), 곽복록 옮김(1976), 『도덕의 계보』, 동서문화사

OECD(2014), '한 눈에 보는 사회상 2014'

Putnam, Robert(1994), 안청시 외 옮김(2000), 『사회적 자본과 민주주의』, 박영사

건설안전정보시스템, http://www.cosmis.or.kr/

산업재해통계, http://www.kosha.or.kr/board.do?menuId=554

산업재해사례, http://www.kosha.or.kr/board.do?menuId=541

4장
건설과 비리-사고 사회

1. 머리말

1995년 6월 29일의 삼풍백화점 붕괴사고는 화려한 외양을 뽐내던 커다란 건물이 갑자기 무너진 황당한 사건을 넘어서 한국 사회를 근본적으로 되돌아보게 한 중대한 사회적 계기였다(홍성태, 2007ㄱ). 이런 사고가 다시 일어나지 않도록 하기 위해서는 많은 개혁들이 이루어져야 했다. 그 중에서 가장 근본적인 것은 성장과 개발을 발전과 같은 것으로 여기는 오래된 잘못된 인식을 바로잡는 것이었다(홍성태, 2007ㄴ). 이런 관점에서 '위험사회'에 대한 관심이 빠르게 커졌다. 그러나 '위험사회'로는 한국 사회를 올바로 이해할 수 없으며, 한국 사회는 '위험사회'와는 다른 개혁의 과제를 안고 있다. 한국 사회는 '일반 위험사회'가 아닌 '악성 위험사회'이기 때문이다. 무엇보다 한국 사회는 이중의 절멸적 위험을 안고 있다.

첫째, 한국은 냉전 시대의 유산인 거대한 군사적 충돌의 위험을 안고 있다. 한국은 248km의 휴전선으로 나뉘어 있는 세계 유일의 분단국가이다. 휴전선의 남쪽과 북쪽의 2km 지대는 '비무장지대'로 설정되어 있는데, 사실

이곳은 세계 최고 수준의 '중무장지대'이다. '비무장지대'의 바로 바깥에는 수많은 대포와 미사일들이 배치되어 있다. 남한과 북한이 전쟁을 벌이면 핵폭탄을 비롯해서 온갖 폭탄들이 남한과 북한에 쏟아져서 한반도 전체가 아비규환의 지옥이 될 수 있다.[67] 이런 상태는 아니어도 남한과 북한은 군비에 너무나 많은 자원을 낭비하고 있다. 남한과 북한의 교류 증진을 통한 평화 공존은 사활의 과제이며, 통일을 이루기 위한 실질적으로 유일한 방도이다 (김진균·홍성태, 1996, 2007).

둘째, 한국은 현대 과학기술의 문제를 대표하는 핵발전소[68]의 폭발 위험을 안고 있다. 한국은 세계 5위의 핵발전국이며, 세계 최고의 핵발전소 밀집국이고, 세계 최악의 핵발전소 비리국이다. 2013년 현재 경남 고리, 월성, 경북 울진, 전남 영광 등 4개 지역에서 모두 23기의 핵발전소가 가동되고 있었다. 이 중에서 고리 1호기와 월성 1호기는 원자로의 설계수명 30년[69]을 넘긴 세계에서 가장 위험한 핵발전소이다. 이 때문에 여러 전문가들이 한국의 핵발전소가 세계에서 폭발 위험이 가장 크다고 지적하고 있다(김익중, 2013; GreenPeace, 2012). 핵발전은 가장 위험하고, 더럽고, 비싼 발전 방식이기 때문에 가능한 한 빨리 폐기해야 한다. 이것은 '위험사회'를 극복하기 위해 추구해야 하는 노력의 일차적 요청이다.

한국 사회는 극심한 체제적 위험에 시달리고 있는 유일한 사회이자 최후

---

67 한국전쟁에서 남한은 사망 52만여 명, 부상 94만여 명, 실종 43만여 명, 북한은 사망 70만여 명, 부상 182만여 명, 실종 80만여 명이었다. 남북한의 직접 피해자만 520만 명이 넘었던 것이다(〈위키백과〉, '한국전쟁').

68 영어로 핵폭탄은 atomic bomb으로 '원자 폭탄'이며, 원자력 발전소는 nuclear plant으로 '핵발전소'이다. 모두 원자의 핵분열을 이용한다는 점에서 핵폭탄과 핵발전소가 올바른 명칭이다.

69 원자로는 30년 동안 방사능에 시달리면 강철이 유리처럼 깨질 수 있는 '취성화 (脆性, brittleness)'가 심각하게 진행된 상태에 이른다. 다시 말해서 30년 동안 가동하면 원자로는 유리처럼 깨져 폭발하기 쉬운 상태가 되는 것이다.

의 사회이며, 핵발전으로 대표되는 강력한 기술적 위험에 시달리고 있는 30개 사회 중 하나이다.[70] 이와 함께 한국 사회는 세계 최저의 출산율과 세계 최고의 자살율로 살펴볼 수 있듯이[71] 세계 최고 수준의 사회적 위험에 시달리고 있기도 하다. 이렇듯 한국 사회는 그 기반에서 대단히 심각한 악성 위험사회이다. 세계 최악의 건물 붕괴 사고였던 삼풍백화점 붕괴 사고 이후에도 계속 빈발하고 있는 각종 건설 사고는 이런 사실을 잘 보여주는 중요한 사례이다. 한국 사회는 대체 어떤 사회인가? 위험사회의 관점에서 한국 사회는 어떻게 이해되어야 하는가? 그리고 한국 사회는 과연 어떻게 개혁되어야 하는가?

2. 현대 사회와 위험

현대 사회나 현대인이라는 말에서 잘 나타나듯이 지금 우리가 살아가고 있는 시대는 흔히 '현대'로 불린다. 그런데 '현대'는 어떤 시대인가? '근대modern'는 1769년의 제임스 와트의 증기기관 혁신으로 시작된 공업혁명과 1789년의 프랑스 대혁명으로 폭발한 민주혁명으로 대표된다. '현대contemporary'는 인류 역사의 거대한 비약이었던 '근대'의 양적 확대이자 질적 성숙의 시대라고 할 수 있는데, 일반적으로 2차 세계대전 이후의 시대를 가

---

70 2014년 5월 현재 30개국에서 435기의 원전을 가동하고 있었다(한국원자력산업회의, '세계 원전 현황', http://www.kaif.or.kr/pds/10.asp).

71 한국 사회가 세계 13위의 거대한 경제력에도 불구하고 세계 최저의 출산율과 세계 최고의 자살률을 보이는 이유는 여성에 대한 차별과 막대한 양육-교육비로 말미암아 아이를 낳아 기르기 어렵기 때문이며, 노동에 대한 차별과 비정규직의 확대 등으로 편안히 살아가기 어렵기 때문이다. 저출산과 고자살의 바탕에는 여성과 노동에 대한 차별이라는 저열한 사회 질의 문제가 놓여 있다.

리키며, 이 시대는 크게 다음과 같은 두 시기로 나누어진다.

1차 시기(1945~1990): 세계는 자유주의-자본주의와 통제주의-사회주의로 양분된 냉전체제가 되었으나, 기술의 발달로 엄청난 생산성의 증대와 무역의 성장이 이루어졌고, 그 결과 석유 위기로 대표되는 자원 위기와 지구 온난화로 대표되는 생태 위기가 나타났다(홍성태, 2004). 또한 이 시기에 자동차와 비행기의 이용이 대중화되어 물리적 이동성이 크게 향상되었으며, 텔레비전의 대중화로 지구 전역에서 정보의 확산이 촉진되어 이른바 '지구촌' 현상이 나타났다(McLuhan, 1964).

2차 시기(1991~현재): 1989~91년에 걸쳐 동구와 소련의 붕괴로 통제주의-사회주의 세계체제가 종식되어 냉전체제가 무너졌으며, 생태위기의 악화에 따라 1992년에 국제연합의 주도로 지속가능 발전이 제창되었고, 신자유주의의 본격화로 지구 전역에서 자유주의-자본주의의 지구화와 사회의 양극화가 강력히 추진되었다. 또한 냉전체제의 붕괴로 물리적 이동성이 더욱 강화되었으며, 인터넷과 휴대폰의 대중화로 문화의 '지구화' 현상이 더욱 널리 확산되었다(Robertson, 1992; Warnier, 1999).

현대를 주도한 국가는 바로 미국이었다. 미국은 정치, 경제, 문화, 기술 등 모든 면에서 현대를 주도한 초강대국이었다. 이런 점에서 현대 사회는 2차 세계대전 이후 미국 사회를 모범으로 해서 성립한 개념이었다(見田宗介, 1996). 이러한 현대 사회의 가장 큰 특징은 놀라운 기술의 발달에 따른 초유의 물질적 풍요로 제시되었다. 이른바 '풍요사회'의 형성이었다. 인류는 선사 시대 이래 궁핍에 시달렸다. 그런데 18세기 중반에 영국에서 시작된 공업혁명으로 인류는 마침내 궁핍에서 벗어날 수 있게 되었다. 그리고 2차 세계대전 이후 미국의 주도로 지구 전역에서 급격한 생산성의 향상과 서구에서 복지국가의 확대가 이루어졌다. 이렇게 해서 이룩된 물질적 풍요의 상태를 '풍요사회'라고 부르게 되었으며, 이것은 확실히 인류가 이룩한 놀라운 역사적 성과였다.[72] 이것이 현대의 핵심이었다.

그러나 '풍요사회'는 결코 자유와 평등이 올바로 구현된 사회가 아니었다. 그것은 '제3세계'에서 자연과 노동에 대한 이중의 착취를 기반으로 했으며(김진균, 1988), 또한 욕망을 부추기는 과도한 광고(Galbraith, 1958), 기호를 소비하게 하는 소비사회(Baudrillard, 1970), 규율화로 작동하는 권력(Foucault, 1975), 자본주의의 문화적 모순(Bell, 1976) 등의 문제들을 안고 있었다. 그런데 '풍요사회'의 가장 근본적인 문제는 자연의 파괴에 따른 '생태위기'[73]였다. 이 문제는 이미 1962년에 레이첼 카슨의 『고요한 봄』을 통해 충격적으로 제기되었지만 1979년 3월 미국의 '쓰리마일 섬 핵발전소 준폭발사고'를 통해 정말 충격적으로 나타났다. 이로부터 현대 사회의 위험과 사고에 대한 학문적, 사회적 관심이 커졌으며, 1986년 4월 소련의 '체르노빌 핵발전소 폭발사고'는 기존의 사회관을 크게 바꾸는 역사적 계기가 되었다.

1986년에 독일의 사회학자 울리히 벡은 『위험사회』를 출간해서 현대 사회가 단지 '풍요사회'인 것이 아니라 파국의 위험을 안고 있는 '위험사회'(risk society)라고 주장했다. 체르노빌 핵발전소의 폭발로 말미암아 유럽에 방사능 오염 공포가 몰아치던 당시의 상황에서 이 주장은 유럽에서 커다란 반향

---

72 미국은 민주주의와 풍요사회를 통해 인류의 발전을 주도했으나, 인디언에 대한 학살과 약탈에서 잘 드러났듯이, 세계 유일의 전쟁국가이자 세계 최악의 오염국가이기도 하다. 이런 미국의 문제를 직시하고 반대하고 개혁하는 것은 인류의 존속을 위한 역사적 과제이다(홍성태, 2003).

73 생태계는 생물과 비생물이 어우러져 이루어진 복잡한 체계를 뜻한다. 생태위기는 이 생태계가 유지되기 어려운 상태에 있는 것을 뜻하며, 생태파국이 될 경우 인간을 비롯한 수많은 생물들이 삽시간에 멸종할 수 있다. 그러나 생태위기는 전적으로 인간의 활동에 의한 것이기 때문에 인간의 활동을 조절해서 지연하거나 회피할 수 있다. 이를 위해 1992년부터 국제연합이 추진하고 있는 것이 바로 '지속가능 발전'이지만 아직까지 그 성과는 대단히 미미한 상태이다(홍성태, 2004).

을 일으키며 현대 사회를 보는 관점의 변화를 촉진했다. 이에 앞서 1984년에 미국의 사회학자 찰스 페로우는 『정상적 사고』를 출간해서 비슷한 주장을 제기했는데, 그는 핵발전소 폭발과 같은 고도 기술이 낳은 사고는 정상적이고 필연적인 것이라고 주장해서 사고에 관한 기존의 관점을 바꾸어 놓았다.[74] 한편 이런 주장들의 바탕에는 1957년에 미국의 사회학자 허버트 사이먼이 제시한 '제한된 합리성'이 놓여 있다. 사이먼은 우리가 인지능력의 한계와 외적 조건의 장애 때문에 '완전한 합리성'을 가질 수 없다고 설명했다(Simon, 1957).

'제한된 합리성'과 '정상적 사고'론에 근거해서 제기된 '위험사회'론은 현대 사회를 풍요와 위험의 양면에서 동시에 인식할 것을 촉구했다. 1986년 4월의 체르노빌 핵발전소 폭발사고는 그 강력한 근거였는데 인류는 그로부터 25년이 지난 2011년 3월에 또 다시 후쿠시마 핵발전소 폭발사고를 겪었다. 이런 점에서 '위험사회'론의 의의는 더욱 더 커졌다고 할 수 있다. 우리는 '위험사회'론이 제시하는 현대 사회의 무서운 양면성을 올바로 직시해야 한다. 그런데 '위험사회'론의 단순한 적용으로는 한국 사회를 결코 올바로 인식할 수 없다. 위험이 형성되고 관리되고 해소되는 것은 역사적 경로에 따라 다르게 나타나는 사회의 특성에 의해 규정되기 때문이다. 따라서 우리는 한국 사회의 특징을 올바로 이해하고 '위험사회'론의 개정을 추구해야 한다.

---

74 사실 이러한 기술의 문제에 대한 비판은 독일의 학자들이었던 막스 베버, 마르틴 하이데거, 테어도어 아도르노 등에 의해 20세기 초중반에 걸쳐 계속 제기되었다.

3. 사고사회 한국의 문제

현대 사회는 물자가 넘치는 풍요사회일 뿐만 아니라 위험이 넘치는 위험사회이기도 하다. 핵발전소 폭발 위험처럼 너무나 커다란 위험이 있고, 교통사고처럼 일상적으로 발생하는 위험도 있다. 이 위험은 자연의 산물이 아니라 사회의 산물이다. 실로 우리는 위험을 댓가로 치르고 풍요를 누리는 위험사회에서 살고 있다. 그런데 위험사회는 어떤 사회인가? 그것은 '후진 사회'인가? 그렇지 않다. 위험사회는 '선진 사회'를 가리킨다. 울리히 벡은 독일의 사회학자로서 독일을 대상으로 위험사회라는 개념을 제시했다. 독일과 같은 선진 사회가 위험사회인 것이다. 그렇다면 한국은 독일과 같은 선진 사회인가? 그렇지 않다. 한국은 독일과 비슷하면서도 크게 다른 사회이다(홍성태, 2014ㄱ).

한국과 독일은 경제력과 기술력은 비슷하지만[75] 사회 질은 크게 다르다. 사회 질은 무엇보다 먼저 비리의 정도로 평가될 수 있다.[76] 비리가 심한 곳에서는 아무리 그럴 듯한 제도가 있어도 실제로 작동하지 않으며 온갖 문제들이 생겨나기 때문이다. '국제투명성기구IT'에서 발표하는 '국가별 부패인식지수'(국가 청렴도 지수)는 각국의 비리에 대한 주요한 참고자료이다.[77] 2014

---

75 물론 경제력과 기술력에서 독일이 한국보다 앞서 있다. 예컨대 IMF 자료에 따르면, 2014년의 GDP 순위는 독일 4위, 한국 14위이다. 그러나 독일과 한국의 차이에서 훨씬 더 두드러지는 것은 사회 질이다.

76 사회 질은 노동권, 복지권, 여성권, 아동권, 환경권 등의 여러 권리 지표들을 통해 살펴볼 수 있다. 현대 사회는 대다수 구성원이 노동자인 '노동사회'이기 때문에 노동권은 사회 질의 근간을 이룬다. 노동권이 취약한 곳에서는 노동자의 비정규직화와 실업자화가 강행되기 쉬우며, 그 결과 사회 질이 계속 저하되어 이른바 국가 경쟁력도 계속 저하되게 된다.

77 비리irregularity는 제도를 제대로 만들지 않거나 운영하지 않는 것으로서 부패corruption를 포괄하는 개념이다. 부패는 특정인들이 결탁해서 법을 무력화하고 부당이익을 취하는 것으로서 비리의 핵심이다.

년 12월에 발표된 '2014년 국가별 부패인식지수'에 따르면 세계 175개국 중 한국은 55점으로 43위였고 독일은 79점으로 12위였다. 독일은 투명한 합리사회인 반면에 한국은 부패한 비리사회인 것이다. 따라서 독일에서는 좋은 제도가 만들어져서 잘 지켜지지만, 한국에서는 좋은 제도가 만들어지기 어렵고 잘 지켜지지 않는다.

이런 사회 질의 차이에 유의해서 살펴보면 한국은 독일과 아주 다른 위험 사회이다. 요컨대 독일은 '돈 많고 잘 사는 나라'로서 위험사회이고, 한국은 '돈 많고 못 사는 나라'로서 위험사회이다(홍성태, 2007ㄱ: 9~10). 한국은 경제력과 기술력에 비해 사회 질이 대단히 후진적인 상태에 있다.[78] 역사-구조적 관점에서 보았을 때, 이런 사회 질의 차이는 30년에 걸쳐 자행된 군사-개발독재의 '졸속적 근대화'에 의해 형성된 것으로서 사회구조와 일상생활의 양 면에서 강력히 확립됐다(홍성태, 2009). 이 점에서 민주화는 대단히 중요하다. 민주화는 단지 시민의 주권을 확립하는 정치적 변화일 뿐만 아니라 사회의 투명화와 합리화가 추진되는 사회적 변화이다. 수많은 사람들이 헌신하고 희생한 결과로 민주화가 전개되어 비리가 점차 개혁됐으나 이명박-박근혜 정부에서 민주화가 퇴행되며 다시 비리가 악화되었다.[79]

---

78 이것은 경제의 면에서도 대단히 위험하다. 비리는 경제도, 사회도 망치고 만다. OECD 평균 수준으로만 부패를 개선해도 4% 정도의 잠재 성장률을 이룰수 있다(현대경제연구원, 2012). OECD의 '한 눈으로 보는 세계상 2014'에서 한국 정부의 신뢰도는 불과 24.8%로서 OECD 꼴찌 수준이었으며, 세계경제포럼의 '2014년 국가경쟁력 평가'에서 한국 정부의 정책 결정 투명성은 144개 국들 중 133위였다(〈세계일보〉 2015.2.1). 정부의 비리와 무능이 이 나라를 망치는 주범이다.

79 독재는 법치를 내세운 인치로서 강력한 비리체제이다. 독재가 오래 지속될수록 독재형 사회, 즉 비리형 사회가 확립되기 쉽다. 민주화는 주권자인 시민들의 의견을 올바로 수렴하는 것으로 시작되며, 바로 이런 점에서 민주화는 사회의 투명화와 합리화를 수반하지 않을 수 없다. 그러나 한국의 민주화는 독재 세력, 즉 비리 세력에게 '포위된 민주화'였으며, 이 점에서 그것은 독재와

표 11 2014년 국가별 부패인식지수

순위	국가·지역	점수	순위	국가·지역	점수
1	덴마크	92	24	바하마	71
2	뉴질랜드	91	25	아랍 에미리트 연합국	70
3	핀란드	89	26	에스토니아	69
4	스웨덴	87	26	프랑스	69
5	노르웨이	86	26	카타르	69
5	스위스	86	29	세인트빈센트 그레나딘	67
7	싱가포르	84	30	부탄	65
8	네덜란드	83	31	보츠와나	63
9	룩셈부르크	82	31	키프로스	63
10	캐나다	81	31	포르투갈	63
11	오스트레일리아	80	31	푸에르토 리코	63
12	독일	79	35	폴란드	61
12	아이슬란드	79	35	대만	61
14	영국	78	37	이스라엘	60
15	벨기에	76	37	스페인	60
15	일본	76	39	도미니카	58
17	바베이도스	74	39	리투아니아	58
17	홍콩	74	39	슬로베니아	58
17	아일랜드	74	42	카보베르데	57
17	미국	74	43	한국(남한)	55
21	칠레	73	43	라트비아	55
21	우르과이	73	43	몰타	55
23	오스트리아	72	43	세이셸	55

출처: Transparency International(2014), Corruption Perception Index 2014[80]

비리의 문제를 제대로 해결하지 못한 '취약한 민주화'로 귀결되었다(홍성태, 2009).

80 2017년 1월에 발표된 '2016 부패인식지수'에서 한국의 순위는 52위로 추락했다. 박근혜-최순실 게이트가 포함될 '2017 부패인식지수'에서는 더욱 더 추락할 것이다.

여기서 우리는 '위험사회'론의 한계에 주목해야 한다. 울리히 벡은 '위험사회'의 기준을 명확히 제시하지 않았으며 핵발전소의 운영을 결정적인 지표로 제시했을 뿐이다. 그런데 한국과 독일은 핵발전소를 운영하고 있다는 점에서는 같지만 비리의 정도로 대표되는 사회 질에서는 크게 다르다. 독일과 한국을 같은 '위험사회'로 인식하는 것은 사실의 인식에서 큰 잘못을 범하는 것이며, 이렇게 해서는 문제의 해결에서도 역시 큰 잘못을 범할 수밖에 없다. 독일과 한국의 차이를 올바로 인식할 수 있도록 '위험사회'론을 개정해야 한다. 그 핵심은 기술의 수준과 사회의 상태를 함께 인식하는 것이다. 한국은 독일에 비해 고위험 기술과 저열한 사회가 결합된 '악성 위험사회'이다.

> 위험사회는 과학기술과 사회체계의 상태를 기준으로 네 가지로 유형화할 수 있다. 여기서 한국은 고위험 과학기술과 고위험 사회체계에 해당한다. 요컨대 가장 악성인 것이다. … 과학기술은 보편성을 강하게 갖지만 사회체계는 특수성을 강하게 갖는다. 이 때문에 같은 기술이라도 사회에 따라 위험의 정도가 다르게 나타난다. 따라서 과학기술에서 비롯되는 위험이라고 해도 그것이 사용되는 사회체계의 문제에 주목해야 한다. 서구에 비해 한국은 '후진적 위험사회'로 분류될 수 있는데, 그 핵심은 선진적 과학기술과 후진적 사회체계의 결합 또는 괴리에 있다(홍성태, 2007ㄱ: 11).

한국은 4대강 사업이나 핵발전소 비리에서 잘 드러나듯이 정부와 기업이 위험에 제대로 대비하는 것이 아니라 오히려 각종 비리를 적극 저질러 사고를 유발(추구)하기 때문에 '사고사회'(accident society)라고 불러야 한다.[81] 악성 위험사회＝사고사회의 원천은 비리이다. 정부와 기업이 겉으로는 위험과

---

81 이명박-박근혜 비리 정권 9년 동안 사고사회가 만들어졌다. 2017년 5월 10일에 출범한 문재인 정부가 추구하는 정상화는 무엇보다 비리의 척결로 사고를 막는 것이어야 한다.

사고에 대비한 여러 제도들을 만들어 놓았지만 속으로는 온갖 비리를 저지르며 제도들을 제대로 운영하지 않아서 온갖 사고가 계속 일어나는 것이다. '한국 투명성기구'는 '2014년도 국가별 부패인식지수'의 발표에 맞추어 발표한 성명에서 '국가 청렴도'의 계속적인 정체와 하락을 크게 우려하며 이에 대한 정부의 책임을 강력히 지적했다(한국 투명성기구, 2014). 한국은 일어나지 않아야 할 사고가 비리로 빈발하는 '비리-사고사회'이며 삼풍백화점 붕괴와 세월호 대참사는 이런 사실을 참혹히 입증해 준 역사적 사건이었다. 이 점을 올바로 인식하는 것이 무엇보다 중요하다.

4. 삼풍백화점의 붕괴와 비리

　1995년 6월 29일의 삼풍백화점 붕괴 사고는 한국의 사고사에서 최다 인명 피해를 기록한 사고로서 무려 502명의 사망자가 발생했다(서울특별시, 1996). 삼풍백화점의 붕괴는 말 그대로 '대참사'였다. 그것은 직접 눈으로 보고도 믿기 어려운 황당한 사건이었으며, 삽시간에 502명이 죽고 900여명이 다친 세계적인 대참사였다. 다음 날인 1995년 6월 30일 아침에 배포된 〈한겨레신문〉은 1면 전체를 '삼풍백화점 붕괴 대참사'라는 제목의 기사로 채웠다. 당시 〈한겨레신문〉은 '8백여명 사상'이라고 알렸지만 사실은 사망 502명, 부상 937명, 실종 6명 등 직접적인 피해자만 모두 1,445명에 이르렀다.

　삼풍백화점 붕괴의 직접적인 원인은 부실공사와 부실관리였으며, 그것은 실수나 나태가 아니라 비리를 통해 의도적으로 이루어졌다(서울지방검찰청, 1995: 78~83). 요컨대 삼풍백화점 붕괴는 '비리 사고'로서 '부패와 부실의 먹이사슬'이 작동해서 당시 한국에서 최고급 백화점으로 손꼽히던 건물이 붕괴해 버렸던 것이다(홍성태, 2000). 이런 점에서 이 사건은 1970년 4월

사진 9 삼풍백화점 붕괴 대참사

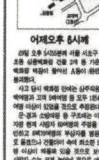

출처: 〈한겨레신문〉 1995.6. 30

8일의 와우아파트 붕괴 사고가 그대로 재연된 것이었다. 1969년 12월 26일에 김현옥 시장은 박정희 부부를 수행해서 거창하게 와우아파트의 준공식을 거행했다. 그러나 그때 이미 와우아파트는 비리와 부실로 붕괴하고 있는 상태였다. 그리고 33명의 사망자가 발생한 와우아파트 붕괴 사고로 대대적인 제도의 개혁과 인력의 쇄신이 이루어지는 것 같았으나 사실은 그렇지 않았다(홍성태, 2014ㄴ).

삼풍백화점은 박정희 독재의 연장인 전두환-노태우 독재의 그늘 속에서 와우아파트와 같은 거대한 비리와 부실의 건물로 건축되었다.[82] 서울지검의

---

82 삼풍백화점 부지의 용도변경(1986년)과 삼풍랜드 근린상가의 건축허가(1987년)는 전두환 독재 때에 이루어졌으며, 삼풍랜드 근린상가의 삼풍백화점으로의 용도변경(1989년), 삼풍백화점의 개관(1989년)과 준공(1990년)은 노태우 독재 때에 이루어졌다.

〈삼풍 백서〉에서 '감정단'은 다음과 같이 비리와 부실의 문제를 지적했다.

> 많은 인명과 재산피해를 야기시켰던 삼풍백화점의 붕괴사고는 한마디로
> 인재이며 이는 인간의 무지, 부주의 그리고 과욕에서 비롯되었다. …
> 삼풍백화점 건물은 1987년 7월에 착공하여 1989년 12월 1일 가사용
> 승인을 얻어 개점한 이후 5년 여간을 사용하였으며 그 구조시스템은 보
> 와 기둥으로 구성된 일반 뼈대구조(철근콘크리트 라멘조)와는 달리 보가 없
> 는 바닥 슬래브 판이 직접 기둥에 지지되는 플랫 슬래브 구조로, 한 기둥
> 지지 부의 붕괴가 전체 구조물의 붕괴로 이어지는 연쇄붕괴가 가능한 구
> 조이다. …
> 이 건물의 붕괴는 설계하자, 부실시공 및 유지관리 상의 과오 등이 장기
> 간에 걸쳐 복합적으로 상호작용하여 일어난 것으로 분석되었다(서울지
> 검, 1995: 362~369; 홍성태·안홍섭·박홍신, 2006: 159~160에서 재
> 인용).

1995년 11월 8일 서울지방검찰청은 삼풍백화점의 붕괴에 관한 '백서'를
발표했다. 검찰은 이 사고를 설계 결함, 부실시공, 유지관리의 과오 등의 여
러 부실 요인들이 5년여에 걸쳐 복합적으로 상호작용해서 일어난 '전형적인

그림 4 삼풍백화점의 구조-용도변경 비리

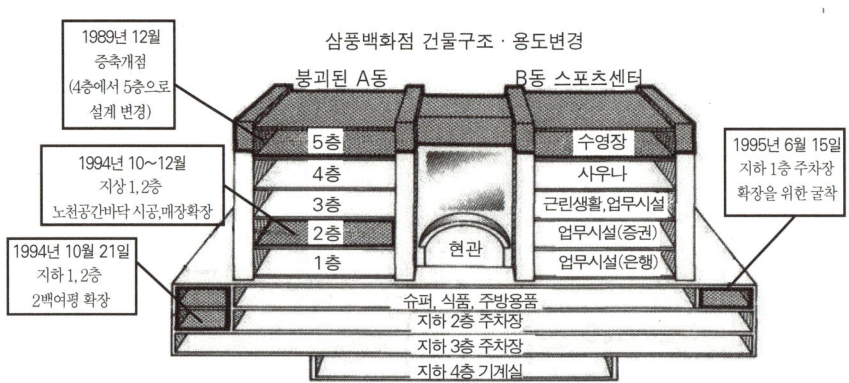

인재'로 결론지었다.[83] 요컨대 삼풍백화점은 4층 삼풍랜드 근린상가에서 돌연 5층 삼풍백화점으로 변경됐고, 다시 5층은 철골 외벽과 유리 지붕의 롤러스케이트장에서 콘크리트 구조와 슬라브의 식당가로 변경됐고, 붕괴된 A동 옥상에는 처음의 설계와 달리 만수 시 70~100톤의 냉각탑 3기를 비롯해서 모두 200톤이 넘는 시설을 설치했고, 건물의 내부는 기둥 간격, 기둥 철근, 슬라브 두께 등에서 모두 부실공사를 했다. 다시 말해서 삼풍백화점은 내부의 지탱력이 대단히 약하게 부실시공된 상태에서 옥상에 과하중을 크게 싣는 부실공사를 더하는 식으로 복합적인 부실시공을 해서 결국 무너졌던 것이다(정란, 1999).

이렇듯 부실시공이 가장 큰 원인이었지만 부실관리의 문제도 반드시 유의해야 한다. 가장 큰 문제는 엉터리 안전점검이었다. 삼풍백화점 붕괴 사고가 일어나기 불과 8개월 전에 성수대교 붕괴 사고가 일어났다. 이 사고로 각종 시설물과 건물들에 대한 대대적인 안전점검이 행해졌다. 삼풍백화점도 1994년 10월과 11월, 그리고 1995년 3월 등 세 차례에 걸쳐 안전점검을 받았으나 전혀 이상이 없는 것으로 판정되었다. 와우아파트의 붕괴처럼 삼풍백화점의 붕괴는 이미 진행되고 있었으나 세 차례의 안전점검은 그저 요식에 그쳤던 것이다.[84] 이런 부실시공과 부실관리는 물론이고 사건의 발단인

---

83 붕괴가 진행되고 있던 당일 오후 4시의 2차 긴급대책회의에서 구조기술사 이학수가 신공법으로 대처하면 된다고 말해서 이준을 안심시키고 사람들을 대피시키지 않게 한 것은 그야말로 치명적인 잘못이었다(서울지검, 1995: 83~90; 홍성태·안홍섭·박홍신, 2006: 150; '삼풍백화점 붕괴사고', 〈위키백과〉). 이학수는 삼풍백화점 붕괴 사고에서 수많은 인명피해를 일으킨 전문가이다. 그러나 이학수는 금고 10월형을 받았을 뿐이며 그 뒤에도 구조기술사로 활동했다.

84 '삼풍 겉치레 안전 진단', 〈매일경제〉 1995.7.1; '백화점 붕괴-안전 사각 겉핥기 점검, 법 있으나마나', 〈경향신문〉 1995.7.2.

부지의 용도변경도 모두 비리의 산물이었다.[85] 삼풍은 서울시와 서초구의 공무원들을 상대로 계속 뇌물을 주고 용도변경, 설계변경, 부실시공, 부실관리의 문제를 키워갔던 것이다.[86]

5. 삼풍백화점의 붕괴와 개혁

삼풍백화점의 붕괴는 한국 사회 전체에 큰 충격을 가져왔다. 불과 8개월 전에 일어난 성수대교 붕괴도 참담한 사건이었는데 삼풍백화점 붕괴는 물리적인 면으로나 희생자의 면으로나 그것보다 훨씬 더 큰 대참사였다. 이로부터 한국 사회 전체에 걸쳐 큰 반성의 움직임이 일어났다. 한국 사회를 지배하는 성장주의, 개발주의, 결과주의, 배금주의 등에 대한 비판과 반성이 촉

---

85 삼풍백화점의 부지는 1976년 8월에 '아파트 지구'로 정해졌다. 그런데 1986년 5월에 돌연 '지구 중심', 즉 아파트 단지의 상업지역으로 용도변경이 이루어졌다. 삼풍의 이준 회장이 직접 서울시와 건교부를 자주 드나들며 뇌물을 건넨 결과였을 것이나 이에 대해서는 전혀 수사되지 않았다.

86 검찰의 수사와 기소에 대해 초기부터 축소의 우려와 의혹이 컸다('수뢰 수사 일단락…아리송한 검찰', 〈경향신문〉 1995.7.16; "삼풍' 공무원 수사 사실상 매듭, 검은 유착 의혹 여전, '부실수사' 서둘러 봉합', 〈한겨레〉 1995.8.3; '검찰 수사 부실하다', 〈동아일보〉 1995.8.3). 검찰은 이준 회장, 이한상 사장, 이영길 시설이사, 이학수 구조기술사 등을 비롯해서 설계와 시공에 관련된 몇 명을 구속했고, 전 서초구청장 이충우, 황철민 등을 비롯해서 서초구와 서울시의 공무원들을 몇 명 구속했다. 가장 중요한 살인죄는 적용되지 않았고 업무상 과실치사, 뇌물공여, 뇌물수수, 수뢰후 부정처사, 업무상 횡령 등이 적용되었다. 기업에서 최고형은 이준, 이한상이 각각 징역 7년 6개월과 징역 7년을 받은 것이었고, 공무원에서 최고형은 이충우, 황철민이 징역 10월형을 받은 것으로 끝났다. 수사는 자못 요란했으나 수사의 결과와 법원의 처벌은 참으로 미미하기 짝이 없었다.

구되었다.[87] 이준 삼풍 회장과 이한상 삼풍 사장은 삼풍백화점의 위험한 개축을 계속 강행해서 그 붕괴를 초래했을 뿐만 아니라 오후 5시 40분에 붕괴하고 있다는 긴급연락을 받고 대피 방송을 하지 않고 도망쳤다.[88] 이준과 이한상은 탐욕에 사로잡혀 계속 비리를 저지른 것을 넘어서 그야말로 비인간성의 극단을 보여줬던 것이다.

여기서 나아가 삼풍백화점으로 대표되었던 경제성장에 대한 비판과 반성이 이루어졌다. 삼풍백화점이 고급 백화점을 내걸었던 것은 한국 사회가 1960~70년대에 높은 경제성장을 이루고 1980년대에 들어서 소비사회에 이르게 된 시대적 변화를 배경으로 한다. 그런데 박정희와 전두환의 독재가 정당성을 갖지 못한 자신을 정당화하기 위해 적극 내세웠던 경제성장은 내적으로 큰 문제를 안고 있었다.[89] 그것은 단순히 빠르게 진행된 '압축성장'이 아니라 자연, 역사, 인권, 안전 등을 모두 무시하고 강행된 '졸속 성장', '부실 성장'이었다. 요컨대 그것은 독재에 의해 온갖 비리가 조장되며 이루어진

---

87 2014년 4월 16일의 세월호 대참사를 통해 다시금 이런 여러 문제들이 크게 논의되었다. 1995년 6월 29일의 삼풍백화점 대참사를 겪고 널리 비판됐던 여러 후진성이 그 동안 별로 개선되지 않았던 것이다.

88 1995년 6월 29일 삼풍백화점의 '알리지 말라'는 2014년 4월 16일 세월호의 '가만히 있으라'로 그대로 재연되었다. '솜방망이' 처벌로 비리를 엄단하지 않는 비리사회의 참담한 실상이다("'균열 알리지 말라'던 삼풍… "가만히 있으라"던 세월호와 판박이', 〈한국일보〉 2014.6.10).

89 1980년대 경제성장의 동력을 전두환의 통치에서 찾는 것이 잘못인 것처럼 1960~70년대 경제성장의 동력을 박정희의 통치에서 찾는 것도 잘못이다. 박정희 독재가 아니었다면 한국은 1960년대에 민주적 경제성장을 통해 서구적 복지국가의 길에 들어섰을 것이다. 남미의 여러 나라들이 생생히 보여주었듯이 독재는 폭력과 비리로 나라를 망하게 한다. 1960~70년대에 많은 사람들이 열심히 일하는 한편 독재에 맞서 열심히 싸워서 한국은 독재의 폭치와 부패로 망하지 않고 경제성장과 민주주의를 이룰 수 있었다(조희연, 2010; 홍성태, 2009).

'비리 성장'이었고, 따라서 자연과 역사와 사람을 무시하고 이루어진 성장이었다. 삼풍백화점의 붕괴는 이런 잘못된 '비리 성장'의 붕괴로 여겨졌다(홍성태, 2000; 임현진 외, 2003).

그런데 독재는 자의적인 인치나 무력을 통한 폭치에 그치는 것이 아니라 막강한 강제력으로 독재 세력이 안정적으로 지배하는 특정한 사회를 형성하고자 한다. 독재가 길어질수록 그런 결과가 빚어지기 쉽게 된다. 박정희 독재는 성장과 개발을 강력히 내세워서 비리와 부실을 조장하는 비리 성장, 부실 성장의 사회를 만들었다(유인호, 1973; 홍성태, 2007ㄴ). 이준은 박정희가 군사반란에 성공한 직후에 정보공작정치의 산실로 설립한 중앙정보부의 간부로서 군사독재의 권력을 이용한 투기와 개발로 큰 부자가 됐으며, 그의 축재과정 자체가 박정희 독재가 만든 비리와 부실의 사회, 즉 '박정희 체계'의 문제를 잘 보여주는 중요한 사례이다.[90] 이런 사실들에 의거해서 삼풍백화점 붕괴를 계기로 오랜 독재의 사회적 결과에 대한 각성이 이루어지고 개혁이 추구되었다.

삼풍백화점 붕괴를 계기로 이루어진 개혁은 사고를 예방하기 위한 것과 사고에 대응하기 위한 것으로 크게 나뉘는데, 후자는 재난에 관한 것으로 대표되지만 전자는 건설에 관한 것(건축법, 건설업법, 하도급법 등)과 비리에 관한 것으로 크게 나뉜다.

삼풍백화점 붕괴는 커다란 재난이었기 때문에 재난에 관한 법률이 긴급히 제정되었다. 1995년 7월 18일에 제정된 '재난관리법'이 그것이었다. 성수대교 붕괴 사고의 결과로 1995년 1월에 '시설물의 안전관리에 관한 특별법'이

---

90 이준은 1963년에 '동경산업'이라는 회사를 차리는 것으로 사업을 시작했는데 1963~67년 동안 중앙정보부의 것으로 보이는 '국제과학연구소 관리소장'이라는 직함을 썼다('삼풍건설 이준 회장 어떻게 축재했나-권력밀착, 땅투기로 부 일궈', 〈한겨레신문〉 1995.7.2).

제정됐으나 삼풍백화점 붕괴의 결과로 그것이 재난에 무력하다는 사실이 드러났다. '재난관리법'의 제정으로 한국의 재난 행정은 새로운 장에 들어서게 되었다.

> 1990년대 이후 발생한 '성수대교의 붕괴', '마포 아현동 도시가스 폭발사고', '대구지하철 가스폭발사고', '삼풍백화점 붕괴사고' 등의 대형사고들은 천재지변이나 불가항력에 의한 자연재해라기보다 인위적 원인에 의하여 발생하였다는 공통점을 가지고 있다.
>
> 이러한 관점에서 인위적인 재난으로부터 국민생활의 안전을 도모하고 국민의 생명과 재산에 많은 피해를 줄 수 있는 대형사고 등 재난의 예방과 수습에 필요한 재난관리체제의 구축과 긴급구조난체계의 확립을 위하여 체계적이고 획기적인 대책이 필요하다는 공감대를 형성하게 되었다. 1993년에 국무총리훈령 제280호(재해의 예방 수습에 관한 훈령)의 인위재난 유형별 주무부처 지정규정(제3조)을 근간으로 1995년 삼풍백화점 붕괴사고가 직접적인 계기가 되면서 1995.7.18 인위재난에 관한 종합법인 '재난관리법'이 제정되었고, 재난관련 부서가 탄생하였다(국가기록원, '재난관리법').

이런 재난 행정의 개혁은 2003~4년에 참여정부에 의해 최고의 수준에 이르게 되었으나, 이명박 정부는 2008년 2월에 출범하면서 이런 개혁을 모두 폐기했으며, 2013년 2월에 출범한 박근혜 정부도 이런 이명박 정부의 잘못을 바로잡기는 커녕 더욱 더 악화시켰다.[91]

---

91 참여정부는 2003년 2월의 '대구 지하철 방화 사고'를 계기로 '재난관리법'을 폐지하고 '재난 및 안전관리 기본법'을 제정해서 재난과 재해를 통합관리하게 했으며, 재난을 국가위기에 포함시켜 청와대 국가안전보장회의NSC 사무처에서 통합관리하도록 했고, 이를 위해 청와대에 위기관리센터와 종합상황실을 설치했고, 재난을 포함한 33개 국가 위기에 대한 '표준 매뉴얼'을 만들었다. 그러나 이명박 정부는 이런 중요한 개혁을 모두 폐기했고, 박근혜 정부도 이명

건설에 관한 것으로는 1995년 12월에 건축법, 건설업법, 건설기술관리법 등이 개정되어 부실공사를 막기 위해 건축-건설 관련 사고의 유형이 정리되고 관련자들의 책임이 크게 강화되었다. 이와 관련해서 1996년 11월에 당시 손우태 성남지청 부장검사는 『법률신문』에 기고한 글에서 "우리나라는 아마 모르긴 하여도 부실공사에 대한 법적 규제가 세계의 어느나라보다 잘 정비된 나라가 아닌가 생각된다. 그런데 왜 부실공사가 항상 사회문제가 되고 건설공사에 대한 국민 불신이 뿌리 깊으며 부실공사가 발생할 때 마다 처벌규정이 미비하다는 말이 나오는가"라고 묻고, 그 답으로 건설업계 종사자들의 법의식이 극히 열악하며, 법률을 실제 적용하는 공무원들이 자의적 태도를 갖고 있으며, 법률을 최종적으로 집행하는 법원과 수사기관이 사안을 정확히 판단하기 어렵다는 것 등을 제시했다(손우태, 1996). 이 비판은 지금도 여전히 유효한 내용을 담고 있지만 비리에 대한 지적이 없다는 점에서 결정적으로 미흡한 것이었다.

비리가 부실의 원천이자 동력이므로 사고를 막기 위해 가장 중요한 것은 비리에 대한 엄정한 규명과 처벌이다. 비리의 대가가 비리의 이익보다 훨씬 커야 비로소 비리가 사라질 수 있다. 이 점에서 삼풍백화점 붕괴의 수사와 재판은 대단히 큰 문제를 남겼다. 1,500여 명의 사람들을 무너지는 건물 속에 남겨두고 도망친 이준과 이한상에게 살인죄를 적용하지 않았으며, 서초구청장이었던 이충우와 황철민을 비롯해서 서울시와 서초구의 비리 공무원들은 모두 '솜방망이' 처벌[92]을 받았고(대법원 1996.8.23. 선고, 96도1231, 판결),

박 정부의 잘못을 바로잡지 않았다. 그 결과 2014년 4월 16일의 세월호 대참사에서 박근혜 정부는 현황조차 제대로 파악하지 못하고 언론의 오보를 그대로 공표하는 극심한 무능 상태를 연출하고 말았다('류희인 전 "국가안전보장회의" 사무차장 인터뷰─이명박·박근혜의 '노무현 지우기' 위기관리 메뉴얼까지 지웠다', 〈한겨레〉 2014.5.2).

92 이충우와 황철민만 징역 10월형을 받았고 다른 공무원들은 모두 집행유예로

심지어 삼풍백화점의 인허가와 관련된 비리는 모두 무죄 판결을 받았다(대법원 1999.12.21. 선고, 98다29797, 판결). 무려 502명의 사람들을 죽게 한 대참사의 처벌이 완전히 용두사미로 끝났을 뿐이었다. 이런 식으로는 결코 비리를 없앨 수 없고 부실을 막을 수 없을 것이다. 성수대교 붕괴 사고로 비리에 의한 교량과 전철의 '총체적 부실'이 드러났으나[93], 삼풍백화점의 비리는 계속되어 결국 삼풍백화점의 붕괴를 야기하고 말았다.[94]

6. 계속되는 비리와 건설 사고

삼풍백화점 붕괴 사고 이후 많은 개선 조치들이 계속 이루어졌지만, 2013년 7월에 의결된 국민권익위의 〈건설 등 재해 취약 분야의 안전사고 방지방안〉에서 확인할 수 있듯이, 건설 사고의 문제는 여전히 심각하다. 아니, 건설 사고의 재해율은 2008년부터 계속 늘어나는 추세를 보였다.[95]

풀려났다(〈위키백과〉, '삼풍백화점 붕괴사고').

93 '교량·전철 총체적 부실', 〈매일경제〉 1994.10.22; '설계, 시공, 관리-총체적 부실', 〈경향신문〉 1994.10.25.

94 성수대교 붕괴에 따른 안전점검도 엉터리였고, 성수대교 붕괴에 대한 1심 재판도 엉터리였다. 1995년 4월 21일 '성수대교 붕괴사고와 관련해 기소된 서울시 및 동아건설 관계자 17명 모두에게 무죄 또는 집행유예가 선고돼 석방'되었던 것이다('국민감정과 실정법 사이 연결 못시킨 성수대교 재판-총체적 붕괴에 책임자 확정 유보', 〈한겨레〉 1995.4.21). 그로부터 2달여가 지나고 성수대교 붕괴 사고보다 훨씬 더 큰 삼풍백화점 붕괴 사고가 일어났고, 1996년 8월 23일의 삼풍백화점 붕괴 사고에 관한 대법원 판결에서 '과실범의 공동정범'이 처음으로 인정되었다. 그러나 형량은 미미하기 짝이 없었다. 1997년 11월 28일의 성수대교 붕괴 사고에 관한 대법원 판결에서도 '과실범의 공동정범'이 인정되었다(대법원 1997.11.28, 선고, 97도1740 판결).

95 2008년에 이명박 정권이 출범하고 한국의 부패인식지수, 즉 국가 청렴도는 계

표 12 건설 사고의 현황과 추세

- 우리나라가 세계10위권 경제대국으로 성장했음에도 '11년 산재사망율은 OECD 국가 중 최고 수준, 산재로 인한 경제손실액은 18조원 상회
- 全 산업 '12년 재해자는 제조업(34.3%), 서비스업(31.6%), 건설업(25.3%)에 집중되고, 특히 건설업의 재해율은 매년 증가 추세
  ※ 건설업 재해율 추이 : 0.64%('08) → 0.70%('10) → 0.84%('12)

출처: 국민권익위(2013: 1).

국민권익위는 소규모 사업장이 문제라고 지적했는데(국민권익위, 2013: 1), 이 지적은 타당한 면이 있지만,[96] 사실 대단히 심각한 문제를 안고 있는 것이다. 이른바 '4대강 살리기', '핵발전소 건설' 등의 대형 건설 공사에서 사망 사고와 심각한 파괴 문제가 계속 발생했기 때문이다. 요컨대 삼풍백화점 붕괴 사고를 야기한 비리와 부실의 문제가 공사의 규모와 종류를 떠나 지금도 만연되어 있는 것이다.

이제 2014년에 발생한 몇 가지 중요 사고 사례를 통해 그 현황에 대해 살펴보자. 먼저 중소형 공사의 사례이다.

□ 경주 코오롱 마우나 리조트 체육관 붕괴 사고
  2014년 2월 17일 경상북도 경주에 있는 코오롱의 마우나 리조트 체육관 지붕이 무너졌다. 이 사고로 부산외국어대학교의 신입생 환영회에 참여한 신입생 9명과 이벤트업체 직원 1명 등 모두 10명이 사망했다. 사고의 직접 원인은 설계도대로 시공하지 않은 부실시공과 지붕

속 나빠졌으며, 이와 함께 건설업의 재해율을 비롯한 산업 재해율도 계속 나빠졌다. 이것은 비리가 사고의 발생을 규정한다는 '비리-사고사회'론의 이론적 적실성을 입증해 준다.

96 건설산업기본법 41조의 문제로 말미암아 '단독주택 200평·건물 150평 이하 허가 없이 맘대로 짓고 고칠 수 있어', '소형 건축 무면허 시공에 형식적 검사, 건설비리 기초 만든다'(서화숙, 2014ㄱ).

에 쌓인 눈을 치우지 않은 부실 관리였다. 경찰의 수사 결과 이 사고는 '건축 인·허가 단계부터 설계·시공·감리 등의 총체적 부실이 빚은 참사'로 밝혀져서 6명이 구속됐고 16명이 불구속 입건됐다. 그러나 하청업체만 처벌됐고 원청업체인 코오롱 건설과 운영주체인 리조트 대표는 기소조차 되지 않았다. 그리고 2015년 2월 10일까지 정부 정책은 제대로 추진되지 않고 있었다.[97]

▢ 세종시 모아 미래도 아파트 부실 시공

2014년 3월 19일 세종시에서 건축되고 있던 모아건설의 '모아 미래도 아파트'가 철근을 절반으로 줄여 시공했다는 무서운 사실이 밝혀졌다. 이 사건은 아예 '복마전'으로 불렸다. 모아건설과 감리업체는 철근 시공업체로부터 뇌물을 받고 철근을 줄이게 했으며, 이렇게 빼돌린 철근을 고철업자에게 팔아 회식비, 선물비, 뇌물 등으로 썼다.[98]

▢ 아산 오피스텔 붕괴

2014년 5월 12일 충청남도 아산시 둔포면 아산테크노밸리에 건축되고 있던 7층 오피스텔 건물 중 한 동이 13도 기울어졌다. 5월 18일 이 건물의 철거를 시작하자 이 건물은 바로 붕괴해 버렸다. 당시 이 건물은 준공을 불과 10여일 앞두고 있는 상태였다. 그냥 준공되어 사람들이 입주해서 살게 되었다면 100명이 넘는 사람들이 자다가 목숨을 잃을 뻔했다. 이 사고의 직접 원인은 삼풍백화점에서 기둥의 철근을 줄였던 것처럼 기반을 다지기 위한 기초 파일 공사를 엉터리로 한 것이

---

97 '경주 리조트 사고 6명 구속영장, 16명 불구속 입건', 〈경향신문〉 2014.3.27; '마우나 참사 최고 책임자는 '하청업체'?'와 '마우나리조트 참사 1년…공무원은 "책임 없음"', 〈뉴스타파〉 2015.2.3; '마우나리조트 참사 잊었나–재발방지책 1년째 국회서 낮잠', 〈매일경제〉 2015.2.10).

98 '철근 빠진 세종시 아파트 '복마전'…철근 빼돌리고 뇌물수수 시공사·감리업체 직원 등 무더기 적발', 〈경향신문〉 2014.8.11.

었지만, 실제 원인은 삼풍백화점과 마찬가지로 설계, 시공, 감리의 전반에 걸친 비리와 부실이었다. 이런 비리와 부실은 건축주가 건설업체의 면허를 빌리는 비리를 저지른 것으로 시작됐다. 이와 관련해서 건축법, 건설산업기본법 등의 규정이 대단히 허술하다는 사실이 지적됐다(서화숙, 2014ㄱ, 2014ㄴ; 함인선, 2014).

2014년 5월 26일에 발생한 경기도 고양시 일산의 고양 종합터미널 화재 사고(8명 사망)[99]와 2014년 10월 17일에 발생한 경기도 성남시 분당구 판교 테크노밸리의 야외공연장 환풍구 붕괴 사고(16명 사망)[100]도 비리와 부실의 사고였다.

그런데 마우나 리조트 체육관, 고양 종합터미널, 판교 환풍구 등은 대기업이 주도한 중소형 공사의 사고로서 여기에는 열악한 하도급의 문제가 크게 연관되어 있다. 그리고 대기업이 주도할 수밖에 없는 대형 공사의 경우에도 상황은 사실 크게 다르지 않다.

□4대강 사업-이명박 정부 최대 비리·부실 건설 사업

이명박 정부는 '한반도 대운하'를 강행했으나 거센 국민적 저항에 부딪히자 '한반도 대운하'를 폐기한다고 발표하고는 사실상 그 1단계인 '4대강 살리기 사업'을 2009년 11월에 편법으로 강행했다(김정욱, 2010; 홍성태, 2010). 이 사업에는 최소 22조원에서 최대 30조원의 세금이 투여됐으며, 그 결과 4대강에서 엄청난 발암성 녹조가 발생했고, 측방침식과 역행침식으로 강변이 대대적으로 파괴됐고, 수많은 어패류가 죽는 등 극심한 생태계 파괴가 진행됐다. 또한 16개의 보가 모두

---

99 이 사고에서도 하청업체만 처벌받았고 원청업체인 CJ는 처벌받지 않았다. '마우나 참사 최고 책임자는 '하청업체'?', 〈뉴스타파〉 2015.2.3.

100 '판교환풍구, 하청에 재하청…무면허 자재업체가 시공', 〈연합뉴스〉 2015.1.22.

명확한 근거 없이 건설되었고, 대부분의 보에서 설계 부실과 '파이핑' 등이 발견됐다.[101] 이 때문에 감사원은 이 사업을 '총체적 부실'로 규정 했다(감사원, 2013). 이렇듯 이 사업은 세계적으로 유례를 찾을 수 없는 '정부 주도 비리 사업'이다.[102]

---

101 '〔4대강 조사〕22조 삼킨 4대강 목적 '모두 실패' 평가…합의도 없이 종결', 〈경향신문〉 2014.12.23.

102 2012년 6월 5일 공정거래위원회는 4대강 1차 턴키사업에 19개의 건설사가 담합한 혐의가 밝혀져서 1,115억원의 과징금을 부과했다고 발표했다. 이 담합으로 건설사들은 건설비를 올리는 방식으로 1조원 이상의 세금을 취득 한 것으로 추정됐다. 한편 김기식 민주당 의원은 2012년 9월 4일 공정위가 4대강 사업 건설사들의 담합을 2011년 2월에 확인하고도 은폐했으며 과징 금도 4천억~6천억원을 줄였다고 발표했으며, 이어서 10월 11일 공정위가 4대강 사업 건설사들의 담합에 관한 의결을 2012년 6월로 늦춰서 담합 건 설사들에게 3조6천억원의 추가이익을 제공했다고 발표했다('김기식 "공정 위, 4대강 담합 은폐에 과징금도 축소" 공정위 내부문건 입수해 의혹 제기… "영주댐 담합도 32개월째 조사결과 숨겨", 〈오마이〉 2012.9.4; '입찰담합 의결 늑장 처리에 기업 3조6000억 원 이익-김기식 의원 "공정위 의결지연 이 불법 저지른 기업 이익 줘"', 〈프레시안〉 2012.10.11). 2013년 9월 24 일 검찰은 4대강 1차 턴키사업 담합 범죄에 관한 수사의 결과로 11개 대형 건설사의 22명 전현직 임원들을 기소했다. 11개 대형 건설사는 현대건설과 대우건설, 삼성물산, 대림산업, GS건설, SK건설, 포스코건설, 현대산업개 발, 삼성중공업, 금호산업, 쌍용건설 등으로 재벌 건설사들이 망라되어 있다 ('4대강공사 담합 11개 대형건설사 임원 22명 기소-굴지의 건설사들 빠짐 없이 기소돼', 〈뷰스앤뉴스〉 2013.9.24). 또한 2012년 10월에 김기식은 2 차 턴키사업의 담합 의혹도 제기했는데, 공정위는 2014년 11월 9일 2차 턴 키사업의 7개 건설사들에 대해 담합 과징금을 부과하고 임원 7명을 검찰에 고발했다('4대강 입찰 담합 또 적발…한진중공업 등 152억 과징금', 〈동아 일보〉 2014.11.9). 4대강 사업은 생명의 젖줄인 강을 대대적으로 파괴한 세 계적인 반생태 사업이며 한국의 건설업이 너무나 심하게 부패했다는 사실을 세계에 보여준 역사적 사건이다(홍성태, 2010, 2011).

□ **핵발전소 관련 비리·부실**

핵발전소는 30년 동안 가동하고 10만년 동안 폐쇄해야 하는 절대적인 위험시설이다. 핵발전소가 폭발하게 되면 주변 30km 반경 이내의 사람들은 급속히 치명적인 영향을 받을 수 있다. 인류는 핵발전의 초고열과 방사능을 안전하게 관리할 방법을 갖고 있지 않다.[103] 한국은 세계 최고의 핵발전 위험을 안고 있으며, 계속 인명사고가 발생하고 있다. 그런데 2013년 5월 핵발전소의 건설과 운영에서 미증유의 비리가 저질러지고 있다는 사실이 밝혀졌다. 이명박 정부에서 '왕차관'으로 불렸던 박영준 지식경제부 차관, 김종신 한수원 사장, 이종찬 한전 부사장, 이청구 한수원 부사장 등 핵발전소의 안전에 가장 큰 책임을 지고 있는 자들이 대거 이 무서운 비리에 연루되어 구속되었다.[104] 이로써 '핵피아', '원전 마피아'라는 말이 널리 퍼지게 되었다. 한국은 절대로 비리가 발생하지 말아야 할 핵발전 분야조차 비리로 얼룩져 있을 정도로 비리가 극심한 것이다.[105]

---

103 이 때문에 미국의 사회학자 찰스 페로우는 쓰리마일 섬 핵발전소의 준폭발사고에 대해 연구하고 핵발전소의 위험을 회피할 수 있는 길은 핵발전소의 폐기밖에 없다고 결론지었다(Perrow, 1984).

104 '대규모 원전 비리 수사 1년…아직 '진행형' – 200여명 기소, 100여명 구속… 수사 의뢰받은 1천100여건 남아', 〈연합뉴스〉 2014.5.28; '원전 마피아 수사 몸통 소식이 없네-거물급 포함 불구 MB정권 실세까진 손 못 대', 〈주간경향〉 1108호/2014.6.10. 핵폐기장도 마찬가지이다. 2014년 3월 20일 경찰은 경주의 대규모 방사능 누출/오염 위험을 더욱 크게 한 경주 핵폐기장 건설 비리를 밝혔다. 건설 발주처인 한국원자력환경공단, 시공사인 대우건설, 하도급 업체, 경주시, 전 경주시장 등이 얽혀 드러난 것만 6억 원의 뇌물이 오간 대형 건설 비리였다('경주 방폐장 6억원대 '뇌물 사슬', 前 경주시장까지 연관-뇌물 오가며 건설 예산 당초보다 '3배' 가까이 증액', 〈노컷뉴스〉 2014.3.20).

105 핵발전소의 비리는 1994년 8월에 노태우 정부의 상공부장관이었던 안병화가 뇌물수수로 구속되면서 처음으로 크게 밝혀졌다. 안병화는 김우중 대우회장, 최원석 동아회장, 박기석 삼성건설 회장, 정훈목 현대건설 회장 등 당

□ 롯데 월드타워 건설과 주변 지역 붕괴 우려

서울 잠실 지역에서 발생한 서울 지하철 9호선 공사 관련 침하 문제는 롯데 123층 건물(제2 롯데월드)과 관련해서 더욱 더 큰 우려를 낳았다 (홍성태, 2014). 이 건물의 건축은 이명박에 의해 2006년과 2009년에 성사되었으며,[106] 이어서 오세훈이 서울시장 때인 2010년 6월 서울시의 건축심의를 통과했고, 2010년 11월 송파구청의 최종 건축허가를 받았다.[107] 2009년 5월에 롯데 월드몰이 착공되었고, 2010년 11월에 롯데 월드타워가 착공되었고, 2011년 6월에 롯데 월드타워의 기초공사가 시작되었다. 그리고 2014년 10월에 롯데 월드몰의 저층부가 개장했고, 2017년 2월에 롯데 월드타워가 준공되었다.[108] 그런데 제2 롯데월드의 공사에서 여러 사고들이 계속 발생해서 3명의 노동자와 1명

시 핵발전소 건설에 참여했던 모든 재벌로부터 엄청난 거액의 뇌물을 받았다('안병화씨 구속기소-삼성, 현대건설서도 3억씩 수뢰', 〈중앙일보〉 1994.8.20).

106 롯데 123층 건물은 인근에 있는 서울비행장의 공군 전투기 비행 때문에 지어질 수 없는 건물이었으나 이명박의 적극적인 개입으로 지어질 수 있게 되어 커다란 의혹이 제기되었다. 이명박이 서울시장 임기를 마치기 4개월 전에 돌연 제2 롯데월드의 변경안을 가결했으며, 이명박이 대통령에 취임하고 2개월도 지나지 않아 제2 롯데월드의 건축을 국방장관에게 요구했던 것이다. 롯데는 1989년에 잠실 석촌호수의 서쪽에 롯데월드를 개장한 것에 이어서 1994년 12월에 잠실 석촌호수의 동쪽에 제2 롯데월드를 짓겠다는 계획을 발표했다. 제2 롯데월드 계획의 핵심은 108층(450m) 건물을 짓는 것이었으며, 롯데는 2002년 8월에 112층(524m, 첨탑 포함 555m) 건물을 짓겠다는 증축 계획을 발표했고, 다시 롯데는 2009년 11월에 123층(555m) 건물을 짓겠다는 증축 계획을 발표했다("'MB 특혜 전면 재검토' vs '50층이나 올렸는데'", 〈이코노미스트〉1214호/2013.12.2).

107 이명박 서울시장/대통령이 제2 롯데월드의 건축을 강행했고 오세훈 서울시장과 박춘희 송파구청장이 그것을 최종 완료했던 것이다. 셋은 모두 한나라당-새누리당 소속이었다.

108 제2 롯데월드의 공식 명칭은 2013년 10월 '롯데 월드몰'로 확정됐고, 3동의 저층부 건물들(8층 1동, 11층 2동)과 123층의 '롯데 월드타워'로 이루어진다. '롯데 월드타워'의 이전 명칭은 '롯데 수퍼타워'였다.

의 시민이 사망했으며, 석촌호수의 물이 계속 대규모로 유출되어 주변 지역의 붕괴 우려가 제기되고 있고(민정욱, 2014: 이수곤, 2014), 아래에 고압 변전소가 건설되어 있는 대형 아쿠아리움의 누수에 이어 지하주차장에서 대규모 균열이 발견되어 건물의 안전에 대해서도 큰 우려가 제기되고 있다.[109]

표 13 제2 롯데월드 건축허가 경과

일자	내용
2006년 2월	제2 롯데월드 지구단위계획 변경안 수정 가결(112층, 555m).
2007년 4월	이병박, 국방장관에게 제2롯데월드 긍정적 검토 지시
12월	서울시, 조정위에 제2롯데월드 재상정(최초이자 유일한 재상정 사례)
2009년 3월 5일	조정위, 비행 안전 검증 단기용역(단 9일만에 완료)
25일	조정위, 비행 안전성 문제 없음 결론(국방부 수용)
31일	조정위, 본회의 최종 승인-고도제한 철회
5월	제2롯데월드 착공

자료: '123층 제2 롯데월드 미스터리-4년전 심의 미스터리…유례없는 조정委 재상정', 〈머니투데이〉 2013.11.22.

□ 서울 지하철 9호선 공사 관련 침하

2014년 8월 5일 서울 잠실의 석촌 지하차도 앞에서 두 곳의 지반침하(싱크홀)가 발생했다.[110] 서울시의 전문가 조사단은 그 아래에서 최장 80m에 이르는 동공을 포함해서 5개의 동공을 찾았으며, 8월 28일 이 구간의 지하철 9호선 공사를 한 삼성물산의 부실 시공을 원인으로 발

---

109 '제2롯데월드 이번엔 지하주차장 바닥에 균열', 〈한겨레〉 2014.12.31.

110 "침하(沈下, settlement): 지반의 하향 변위를 말하는 광의적 표현. 함몰(陷沒, sinking): 지반이 움푹 패인 형태로 침하된 것. 싱크 홀(sink hole): 지반 내의 동공hole이 붕괴된 것으로 지하수 또는 인위적인 영향으로 발생한 동공이 원인. 동공(洞空, cavity): 지반 내의 빈 공간, 싱크 홀의 발생 조건 중의 하나이며 주로 지하수의 작용에 의해 발생하며, 암반층인 경우 용식작용으로, 토사층인 경우 지하수 흐름에 따른 세립분의 이동(토사유출)으로 발생." http://safe.seoul.go.kr/archives/26098

표했다. 11월 10일에는 지하철 9호선 백제고분군로 주변의 건물들에서 침하와 경사가 발견되어 우려가 커졌다. 이 구간은 SK 건설이 시공했으며, SK 건설이 2년 전부터 문제를 알고 있었던 것으로 밝혀졌다.[111] 대기업이 시공한 대규모 공공 건설에서도 부실 시공의 문제가 계속 나타나고 있는 것이다.[112]

---

111 'SK건설, 송파 다세대주택 기울기 현상 2년 전부터 알고 있었다-지하철 9호선 공사로 인한 피해 민원 접수 받아 두 달전 보수 공사 실시', 〈매일일보〉 2014.11.13.

112 서울 잠실 지역에서 발생한 서울 지하철 9호선 공사 관련 침하 문제는 롯데 123층 건물(제2 롯데월드)에 관한 우려로 이어졌다(민정욱, 2014; 이수곤, 2014; 홍성태, 2014). 이 건물의 건축은 이명박에 의해 2006년과 2009년에 성사되었으며, 이어서 오세훈이 서울시장 때인 2010년 6월 서울시의 건축심의를 통과했고, 2010년 11월 송파구청의 최종 건축허가를 받았다. 2009년 5월에 롯데 월드몰이 착공됐고, 2010년 11월에 롯데 월드타워가 착공됐고, 2011년 6월에 롯데 월드타워의 기초공사가 시작됐다. 그리고 2014년 10월에 롯데 월드몰의 저층부가 개장됐고, 2017년 2월에 롯데 월드타워가 준공되었다. 초초고층 건물인 만큼 큰 우려가 끊이지 않고 있는데 롯데와 서울시가 모두 적극적인 안전점검을 하고 있다고 발표하고 있지만 위험 관리의 면에서 더욱 적극적인 접근이 필요하다.

7. 비리 관련 정책의 후퇴

여기서 잠시 과거로 돌아가 보자. 1994년 8월에 안병화의 핵발전소 뇌물 범죄가 드러나고 두 달 뒤인 1994년 10월 21일 성수대교가 붕괴하자 정부는 전국의 모든 주요 시설과 건물들에 대한 안전점검을 실시했다. 그것이 얼마나 엉터리였는가는 삼풍백화점이 세 차례나 안전점검을 받았으나 아무 이상이 없다는 판정을 받은 것으로 잘 드러났다. 그런데 그 과정에서 개발독재가 아예 사고를 추구한 비인간적 체제였다는 사실이 잘 밝혀졌다. 성수대교는 이미 1985년 10월에 감사원의 감사(〈한강교량 및 고가도로 안전도 점검 결과〉, 1985년 10월 작성)를 통해 붕괴 위험이 있는 것으로 판정받았으나 전두환 독재는 이 사실을 감췄던 것이다.

> 성수대교 붕괴사고는 이미 85년 감사원 감사에서 붕괴 위험에 처해 있다는 판결을 받은 '인재'였던 것으로 드러났으며 서울시는 이같은 경고에도 불구하고 예방조치를 제대로 취하지 않은 것으로 밝혀졌다. 또 성수대교뿐만 아니라 영동, 광진, 잠실, 마포, 한남, 천호, 양화대교 등을 비롯한 거의 전 교량과 청계고가도로, 아현고가도로, 서울역 고가도로 등도 붕괴 우려가 있는 것으로 지적된 것으로 뒤늦게 밝혀졌다. 그러나 이같은 감사원의 지적은 5공화국 당시 86년 아시안게임과 88년 올림픽을 앞두고 공개되지 않고 쉬쉬하면서 안전조치도 제대로 취하지 않은 채 넘어간 것으로 드러나 충격을 더해주고 있다('교량·電鐵전철 "총체적 不實부실"', 〈매일경제〉 1994.10.22).[113]

삼풍백화점 붕괴 사고로 개발독재를 통해 형성되고 악화된 비리와 사고의 문제가 크게 해결될 것처럼 보였다. 그러나 현실은 그렇게 되지 않았다. 1995년 6월의 삼풍백화점 붕괴 이후 2014년 12월까지 이루어진 비리 관련 대책의 주요 경과는 다음과 같다.

---

113 다음의 기사도 참고. '설계…시공…관리…"총체적 不實부실"', 〈경향신문〉 1994.10.25.

표 14 비리 관련 대책의 주요 경과

일시	내용
1995년 6월 29일	삼풍백화점 붕괴
1996년 8월	삼풍백화점 붕괴 관련 공무원 '솜방망이' 처벌 확정
2001년 7월	'부정부패법' 제정, '부패방지위원회' 설치
2005년 6월	삼풍백화점 붕괴 10년
7월	'부패방지위'를 '국가청렴위'로 전환
2008년 2월	'국가청렴위'와 '국민고충위'를 통합해서 '국민권익위'를 설치
2012년 8월	'김영란법' ('부정청탁금지법') 제출
2013년 1월	감사원, '4대강 사업은 총체적 부실' 감사 결과 발표
5월	핵발전소 비리 수사 시작
2014년 4월 16일	세월호 대참사
5월 19일	박근혜, '김영란법'과 퇴직 공직자 취업 제한 강화 등 약속
12월	국제투명성기구, 세계 부패인식도(청렴도) 발표(한국45위)
	한국투명성기구, 한국의 부패 악화를 경고하는 성명서 발표
	박근혜, '김영란법'과 퇴직 공직자 취업 제한 강화 등 약속 방기
2015년 6월	삼풍백화점 붕괴 20년

2001년 7월에 '부패방지법'이 제정됐고, 2004년 3월에 '재난 및 안전관리 기본법'이 제정됐으며, 이로써 극심한 위험 상황을 개혁할 수 있으리라는 절박한 희망이 커졌다. 그러나 한국의 건설 비리는 절대적인 위험시설인 핵발전소에도 만연되어 있고, 개발독재 시대에 비해 사실상 개선된 것이 없는 것으로 보인다. 이와 관련해서 2008년 2월에 이명박 정부가 출범하고 비리와 재난에 관한 정책이 크게 약화된 것이 무엇보다 중요하다.[114] 이런 점에서 세월호 대참사는 결코 우연이 아니었다. 비리가 척결되지 않는 한, 어떤 제

---

114 예컨대 이명박 정부는 참여정부가 구축한 청와대 중심 재난관리체계를 폐기했고, 국가청렴위를 없애고 국민권익위를 설치해서 독립적인 부패방지기구를 없앴고(국민권익위는 선주협회가 요구한 선령 규제완화를 강행했고), 그야말로 온갖 비리를 저질러서 '4대강 죽이기'를 강행했다.

도의 개혁도 소용이 없다. 절박한 구조조차 해경과 언딘의 유착 비리로 제대로 이루어지지 않았던 세월호 대참사는 이 사실을 너무나 처참하고 명백하게 입증해 주었다. 세월호 대참사는 삼풍백화점 붕괴의 반복이었다.

> … 대형참사의 그늘에는 어김없이 공무원의 비리가 자리잡고 있다. 건설업체가 아무리 부정을 저지르려 해도 인·허가권이 있는 공무원들이 같이 움직여주지 않으면 부실시공은 불가능하다. 502명의 희생자가 발생한 삼풍백화점 참사는 부실 정도가 큰 만큼 비리에 얽힌 공무원들도 말단부터 고위직까지 총체적으로 얽혀 있었다. … 공무원들의 이런 부적절한 업무행태는 19년 뒤 세월호 침몰 참사에서도 반복됐다. 오히려 더 교묘해졌다('말단 공무원부터 고위급까지 비리 사슬…수법은 교묘해지는데 처벌 약해 사고 악순환', 〈한국일보〉 2014.6.7).

2014년 12월에 '비리-사고사회'의 실상을 보여주는 또 하나의 놀라운 사실이 발표되었다. '안전진단'에도 비리가 만연되어 있다는 것이었다. "1994년 서울 성수대교 붕괴 이후 '시설물의 안전관리에 관한 특별법'이 제정됐지만, 교량과 터널·항만·댐 등 국가 주요 시설물에 대한 안전점검·안전진단은 여전히 엉터리"라는 사실이 드러났다.[115] '안전진단'조차 국가를 사유화해서 이익을 챙기는 '관피아'[116]의 주요한 먹이였던 것이다. 이 놀라운 사실은 '비리-사고사회'의 개혁이 얼마나 어려운가를 잘 보여주는 동시에 이명박 정부와 박근혜 정부가 규제 완화를 내걸고 강행한 비리 정책의 약화가 얼마

---

115 '국가 주요시설물 안전점검 '비리사슬'…뇌물 공무원 등 23명 구속', 〈한겨레〉 2014.12.9; ''안 무너진 게 다행'… 국가 시설 안전점검 엉망', 〈경향신문〉 2014.12.9.

116 '관피아' 뿐만 아니라 '정피아', '법피아'도 있다. 공직자들이 직위를 악용해서 국가를 사유화하고 이익을 취하는 정도가 거대한 범죄조직의 상태에 이르러 있는 것이다. 법원은 정의의 보루이며, '법피아'는 정의를 망친다. 롤스는 '사회 제도의 제1 덕목은 정의'라고 했다(Rawls, 1975). '법피아'는 결국 사회를 망치는 것이다.

그림 5 안전진단 업체의 비리 구조

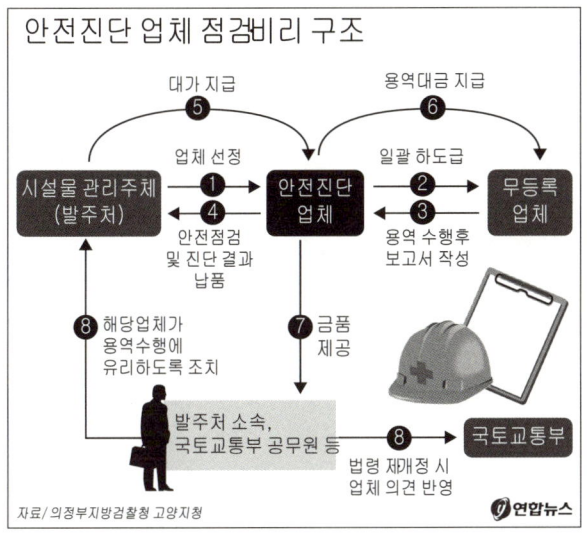

출처: '전국 주요 다리·터널·댐 등 안전진단 엉터리', 〈연합
뉴스〉 2014.12.9.

나 크게 잘못된 것이었는가를 잘 보여준다.

한편 박근혜 정부는 세월호 대참사를 계기로 재난 관련 정부조직을 크게
개편해서 국민안전처를 신설했다. 하지만 안전 전문가가 아닌 예비역 군인
을 처장으로 임명해서 2014년 11월에 발족한 '국민안전처'는 사고의 책임
을 국민에게 전가하는 극히 잘못된 인식을 보여주어 '국민불안처'를 만든 것
으로 여겨야 하는 상황이 되었다.[117] 그리고 2015년 4월 8일 '국민안전처'가
뇌물에 찌들어 있다는 놀라운 사실이 드러났다. 비리를 척결하지 않는 조직
의 개편은 관피아의 문제를 키울 뿐이라는 사실이 확인된 것이다. 비리를 척

---

117 '국민안전처 "대형사고, 대부분 국민의 안전불감증 탓" 파문–첫특위 업무보고
자료 "안전, 정부 영역으로만 인식…비정상" "시작부터 굉장히 위험한 안전
처"', 〈미디어오늘〉 2014.11.21. 해상 경력이 전혀 없는 해안 경비 책임자의
경력은 이런 우려를 더욱 더 크게 한다(아이엠피터, 2014).

사진 10 한·미·일 해상 책임자 경력비교

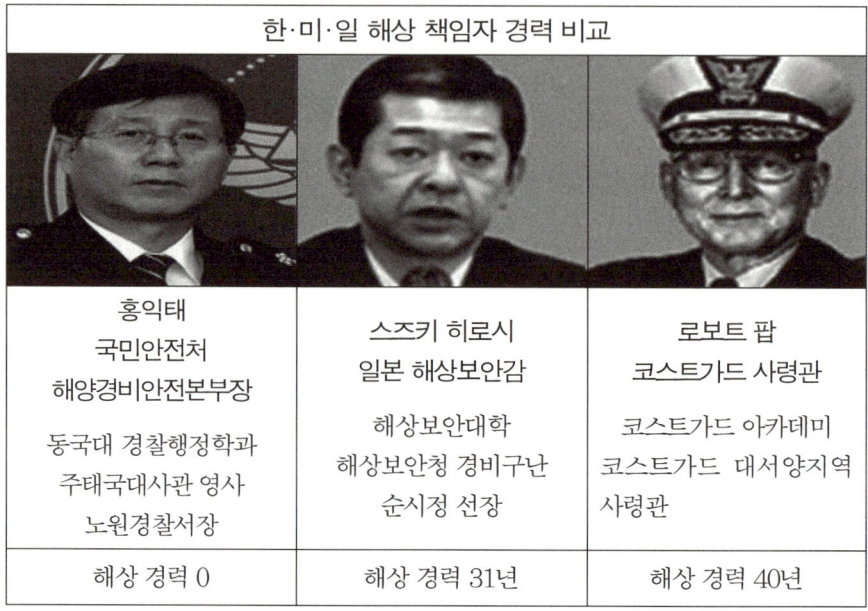

한·미·일 해상 책임자 경력 비교		
홍익태 국민안전처 해양경비안전본부장 동국대 경찰행정학과 주태국대사관 영사 노원경찰서장	스즈키 히로시 일본 해상보안감 해상보안대학 해상보안청 경비구난 순시정 선장	로보트 팝 코스트가드 사령관 코스트가드 아카데미 코스트가드 대서양지역 사령관
해상 경력 0	해상 경력 31년	해상 경력 40년

출처: 아이엠피터(2014)

결하기 위한 제도를 올바로 시행하지 않고 사고와 안전에 관한 제도를 만드는 것은 비리를 키울 뿐이라는 사실을 다시금 명심해야 한다.

8. 안전 사회를 향한 과제

안전 사회safety society는 그저 안전을 외치는 것으로 이루어지지 않는다. 독일과 같은 위험사회에서 안전 사회는 핵발전의 폐기를 그 전제로 한다. 그러나 한국과 같은 사고사회에서 안전 사회는 무엇보다 먼저 비리의 척결에 주력하는 기반 위에서 핵발전의 폐기를 추구해야 이루어질 수 있다. 한국에는 이미 안전 관련 법률과 제도들이 있지만 안전이 제대로 이루어지지 않고 있는 이유는 사회를 근저에서 뒤흔드는 비리가 만연해 있기 때문이다. 삼풍백화점 붕괴도, 세월호 대참사도 모두 비리의 산물이다. 비리로 대표되는 후진적 사회체계를 개혁해야 비로소 안전 사회의 길이 열린다. 이를 위해 가장 중요한 것은 민주화의 실질화를 이루는 것이다. 사회의 투명화와 합리화가 민주화의 핵심이기 때문이다.

> 우리는 위험사회를 넘어서 안전사회로 나아갈 수 있다. 그것은 후진적 사회체계를 개혁하는 것으로 시작되어야 한다. 결국 위험사회의 문제에 대응하는 것은 민주화의 심화와 궤를 같이하는 것이다(홍성태, 2007: 11). 한국은 기술적으로는 서구와 같은 수준에 이르렀지만, 실제 사고는 그야말로 전근대적 부패의 결과인 것이 대부분이다. 위험천만한 현대 과학기술을 이용하는 사회체계가 대단히 취약한 것이다. 따라서 한국이 안전사회로 나아가기 위해서는 무엇보다 '부패와 부실의 먹이사슬'에 사로잡힌 취약한 사회체계를 발본적으로 개혁해야 한다(홍성태, 2007: 40).

이와 관련해서 박근혜의 2014년 5월 19일 세월호 국민 담화는 대단히 중요하다. 이 담화에서 박근혜는 눈물을 흘리며 '세월호 특별법'의 제정을 비롯한 27가지의 개혁 과제를 약속했는데, 그 중에는 비리를 척결하기 위해 반드시 필요한 '김영란법'('부정청탁 금지 및 공직자의 이해충돌 방지법'), 퇴직 공직자 취업 제한 강화(관피아 금지법),[118] 사고기업 재산 환수[119] 등이 포함되어

---

118   2014년 10월 정기국회의 상황에 대해 다음 기사를 참고. '[리멤버 0416 ⑤] 손 놓은 박근혜 정부, 국회만 쳐다보거나 제안조차 안 해 – 대통령 눈물 흘리며 약속했지만 세월호 과제 27건 중 5건만 추진', 〈오마이〉 2014.10.17. 이에 대한 비판이 계속되어 2015년 3월 3일 '김영란법'이 제정됐으나 '이해충돌 방지'(관피아 금지) 부분이 빠졌으며, 관피아 금지는 3월 24일 공직자윤리법 시행령의 개정으로 강화됐다.

119   2014년 11월 7일 이른바 '유병언법'(범죄수익은닉 규제 및 처벌법)이 제정됐으나 유병언의 죽음으로 정작 유병언에게는 적용하지 못하게 됐다. 한편 이와 관련해서 박근혜 정부와 새누리당은 형기의 절반을 채웠을 뿐인 최태원 SK 회장의 가석방을 강행하려고 해서 국내외의 큰 비난을 샀다. 무려 465억 원의 회삿돈을 횡령한 혐의로 최태원은 징역 4년을, 동생 최재원은 징역 3년

있었다. 여기서 나아가 '비리-사고사회' 한국에서 안전 사회를 이루기 위해서는 미국식 징벌적 손해배상제, 영국식 기업살인죄가 시행되어야 하며, 공익 제보자·내부고발자 보호, 발주자 책임 실질화, 착취적 하도급 개혁(국민권익위, 2013; 참여연대, 2014ㄱ, 2014ㄴ) 등이 이루어져야 한다.[120] 이 법률과 제도들은 '선진국'에서는 이미 오래 전부터 시행되고 있는 것이다(김선일, 2013).

자유주의와 자본주의의 최강국인 미국은 '뇌물 및 이해충돌방지법', '외국부패방지법' 등 강력한 뇌물규제법과 징벌적 손해배상제를 시행하고 있다. 그런데 자유주의와 자본주의의 모국인 영국은 미국보다 더 강력한 뇌물규제법을 시행하고 있을 뿐만 아니라 2007년에는 '기업살인죄'를 도입해서 인명 피해 사고에 대한 기업의 책임을 엄중히 묻고 있다. 서구는 기업의 뇌물에 대해서 기업의 책임을 묻지만 한국은 직접 뇌물을 수수한 임직원의 책임만을 묻고 법인인 기업의 책임은 묻지 않는 식으로 기업 범죄를 방치하고 옹

반을 대법원에서 확정받았다('드라마 같았던 최태원·재원 형제 횡령사건 수사·재판 일지', 〈이데일리〉 2014.2.27; "박근혜 대통령은 재벌의 저주에 걸려" 대기업 총수 가석방 논란, WSJ도 비판, 〈한겨레〉 2015.1.3. 박근혜 정부와 새누리당은 경제를 위해 재벌을 가석방/사면해야 한다고 주장했는데, 이것은 결국 큰 경제 도둑에게 경제를 맡겨야 한다는 주장으로 완전히 잘못된 것이다.

120 또한 건설 비리가 해소되지 않는 데는 병적으로 과잉상태에 있는 건설업을 계속 유지하는 토건국가의 문제가 크게 작용하고 있다는 사실을 유념해야 한다(김재훈, 2012). 정치에 의한 산업의 과잉상태는 기업들의 비리를 촉진하는 구조로 작용한다. 그 결과 비리의 만연은 물론이고 산업의 왜곡이 진행되어 극심한 경제 위기가 닥칠 수 있다. 이에 대해 홍성태, 『개발주의를 비판한다』, 2007과 『토건국가를 개혁하라』, 2011을 참고. '토건국가'론은 일본에서 제시된 것인데 이에 대해선 ジェラルド·L·カ̲テイス, 石川 真澄, 『土建国家ニッポン̶̶ '世界の優等生' の強みと弱み』, 1983과 五十嵐 敬喜 他 1名, 『公共事業をどうするか』, 1997을, 최근의 개혁 방안에 대해서는 井手 英策, 『雇用連帯社会−脱土建国家の公共事業』, 2011과 『日本財政 転換の指針』, 2013을 참고.

호한다(박은영, 2010). 이 때문에 기업을 중심으로 비리가 사회적으로 만연할 수밖에 없다. 한국의 자본주의는 비리로 작동되는 비리 자본주의이다. 비리를 무시하고 개혁을 이루겠다는 것은 똥통 속에서 멋진 요리를 먹겠다는 것과 같이 무망한 것이다.

한국이 진정한 선진국이 되려면 무엇보다 먼저 안전을 확보해야 하고, 이를 위해서는 2014년의 국가 청렴도 45위의 심각한 비리 상태를 개혁해야 한다. 심각한 비리 문제는 '국가경쟁력'에도 경악스럽게 나타났다. 세계경제포럼의 2014년 국가경쟁력 평가에서 한국은 144개 중 26위를 차지했는데, 거시경제, 시장규모, 기업혁신 등은 10위권의 상위권이지만, 국가 정책의 제도적 요인은 82위, 그 중 정부 정책 결정의 투명성은 133위, 법체계의 효율성은 113위, 공무원 의사결정의 편파성은 82위, 정치인에 대한 공공의 신뢰는 97위, 사법부 독립성은 82위 등으로, 정부 정책의 투명성에서는 캄보디아보다도 못하고 정치인의 신뢰에서는 우간다보다도 못한 극도로 후진적인 상태를 보였다(〈연합뉴스〉 2015.2.1.).

이런 점에서 2014년 12월 3일에 발표된 '한국 투명성기구'의 성명과 제안은 대단히 중요하다.

> 오늘 국제투명성기구Transparency International, TI가 발표한 2014년도 국가별 부패인식지수Corruption Perceptions Index, CPI 결과, 우리나라는 2008년 이후 6년 연속 정체와 하락을 보였다. 우리나라는 100점 만점에 55점으로 조사대상 175개국 중 43위에 머물렀다. 1999년 이후 2008년까지 지속적인 개선과 진전을 보이던 바와 비교하여, 이명박 정부와 박근혜 정부에 들어서 국가청렴도는 계속 뒷걸음질을 치고 있다. 실로 안타까움을 금할 수 없다. … 온 국민에게 국가의 존재이유를 묻게 했던 4·16 세월호 참사는 부패가 근본 원인이다. 국방과 방산을 둘러싼 최근의 연이은 비리 역시 마찬가지이다. 온 나라가 부패로 몸살을 앓고

있고, 힘없고 가난한 국민들이 부패로 인해 생명과 재산을 잃고 있다. 사회적 신뢰는 더 이상 떨어질 수 없는 정도까지 추락했다. 체제 기득권층의 부패불감증과 윤리적 타락은 사회적 위기를 극복할 지도력 상실로 이어진다. …

1) 유엔 반부패협약 제6조에 맞게 독립적 반부패 국가기관을 설치해야 한다.

2) 고위공직자들의 부패행위에 대해 수사 독립성을 확보한 고위공직자 비리수사처를 신 설해야 한다. 또한, 이를 위해서는 검찰의 권력과의 공생관계를 해소하기 위하여 검찰개혁을 반드시 이뤄야 한다.

3) 인사청문회 등에서 드러난 부패한 인사의 중용, 회전문 인사나 전관예우, 낙하산 인사 등의 폐해를 극복하고 흐트러진 국가적 윤리 인프라를 재구축해야 한다.

4) 정부의 투명성을 진전시키며 국민의 알권리를 보장하고 또 부패 감시가 용이하도록 정보공개법·기록물관리법 개정 등 제도를 정비해야 한다.

5) 대가성 유무와 관계없이 처벌할 수 있도록 부정청탁 금지를 법제화해야 한다.

6) 기업 거버넌스의 개선과 부패 관행 극복을 위하여 기업부패방지법을 제정하고, 공익신고자 보호법을 개정하여 기업 부문에서의 내부고발자를 보호해야 한다.

7) 각계각층에 청렴 교육 확대를 의무화해야 한다.

8) G20 정상회의에서 채택된 '반부패 행동계획'에 발맞추어 공공, 기업, 시민사회의 협력적 거버넌스를 복원해야 한다.

'김영란법'은 대법관 출신 김영란 변호사가 국민권익위원장으로 재직하던 2012년 8월 비리를 척결하기 위해 제안한 법안으로 정식 명칭은 '부정청탁금지 및 공직자의 이해충돌방지법'이다. 이 법은 미국식 비리 처벌법과 공직자 이해충돌 방지법을 한국에 도입하려 한 것으로서 비리사회를 투명사회로 만들기 위한 필요불가결한 조치라고 할 수 있다. 이 점에서 김영란법은 '비리척결법'이라고 불러야 옳다. 박근혜도 세월호 대참사에 대한 조치를 밝히는 2014년 5월 19일의 기자회견에서 이 법안의 통과를 국민 앞에 약속했으나 박근혜 정부와 새누리당은 이 법에 대해 강력히 반대해서 크게 완화시켰고 그마저도 격렬히 반대해서 통과시키지 않았다. 2015년 2월 10일 이런 상황에서 박근혜가 국무총리 후보로 제시한 새누리당 원내대표였던 이완구가 기자들에게 자기가 김영란법의 통과를 막고 있다고 말한 녹음이 공개됐다. 이로써 박근혜와 새누리당이 비리의 척결을 위한 법률의 제정을 최선을 다해 막고 있다는 사실이 명확히 밝혀졌다. 그러나 2월 16일 새누리당의 국민 무시 전횡으로 이완구 국무총리 후보의 국회 인준이 통과됐고, 이어서 3월 3일 김영란법의 정무위 수정안이 국회에서 통과됐으며, 3월 24일 국무회의에서 통과됐다.

'김영란법'의 시행령은 2016년 9월 6일 국무회의에서 확정됐다. 그 자세한 내용은 국민권익위에서 제작한 〈부정청탁 및 금품 등 수수의 금지에 관한 법률 매뉴얼〉을 참고.

표 15 '김영란법' 원안과 1차 수정안

	입법예고 원안(2012년 8월)	수정 정부입법안(2013년 7월)
부정청탁 금지관련 규정	• 제3자를 통한 부정청탁 금지	• 직접 또는 제3자를 통한 부정청탁 금지
금품수수 금지 관련 규정	• 100만원 초과 금품수수: 직무 관련 여부 불문하고 형사처벌(3년 이하 징역 또는 수수한 금품의 5배이하 벌금) • 100만원 이하 금품수수:직무 관련 불문하고 500만원 이하 과태료	• 100만원 초과 금품수수: 직무와 관련하거나 사실상 영향력을 통한 금품수수시 형사처벌(3년 이하 징역이나 3천만원 이하 벌금): 직무관련 및 명목 여하를 불문하고 수수금액의 2~5배 과태료
직무관련자와 거래제한 관련 규정	• 자신과 가족이 직접 또는 특수사업관계 사업자 등을 통해 특정직무의 상대방인 사업자 등과 금전차용 등 거래행위 금지	• 자신과 배우자, 생계를 같이하는 직계존비속 또는 특수관계사업자가 직무관련자(직무관련자였던자)와의 금전차용 등 거래행위시 소속기관장에게 신고 • 직무관련자와 관련된 직무수행이 종료한지 5년 경과시 거래행위 허용

출처: 〈연합뉴스〉 2014.5.21.

표 16 2015년 1월 8일 국회 정무위 통과 수정안

- 당초 ▲부정청탁 금지 ▲금품 등 수수 금지 ▲공직자 이해충돌 방지 등 3개 영역으로 구성 -〉공직자 이해충돌 방지 영역 논의가 더뎌 '분리 입법'으로 방향 전환
- 12일 본회의에서 김영란법 처리 추진 계획
- 법안 통과일로부터 1년 후 시행, 처벌 조항도 유예기간 없이 1년 뒤 바로 적용 예정

〔김영란법 내용〕

1.공직자 금품수수 처벌 강화(공직자 및 공직자 가족포함)
- 100만원 초과 금품 수수 : 대가성 및 직무관련성과 관계없이 형사처벌
- 100만원 이하 금품 수수 : 직무관련성 있는 경우 과태료 부과
- 동일인에게 연간 300만원 초과 수수시 형사처벌

2.부정청탁 15개 행위유형 금지
- 유형 : 인허가 부정처리, 징계 감경, 편파적인 수사나 조사, 비공개 법령정보 누설, 계약이나 보조금 차별, 국공립 학교의 성적평가 위반 등
- 국민 청원권 보장 위해 예외 사유 7가지 구체적 적시
-〉절차를 지키고 공개적으로 이뤄지거나 공익 목적이 있는 경우, 직무 확인이나 법령 등에 대한 설명이나 해석을 요구하는 경우, 사회규범에 위반되지 않는 경우 등

3.공직자 이해충돌 방지 추후 논의 계속
- 입법취지에 공감하지만 현실 적용 어려움
- 2월 임시국회에서 법개정 추진 결정

〔김영란법 적용 대상〕
- 국회, 법원, 정부와 정부 출자 공공기관, 공공유관단체, 국공립학교 임직원 포함 사립학교 교직원과 모든 언론사 종사자로 확대해 적용

자료: "'기념비적' 김영란법 무엇 담았나…남은 과제는', 〈연합뉴스〉 2015.1.8.).
출처 : http://timetree.zum.com/52155

참고자료

김선일(2013), '공직자 부정부패 방지를 위한 법적 통제방안', 건양대 행정학 박사
　　　　학위논문

김익중(2013), 『한국 탈핵』, 한티재

김재훈(2012), '개발국가에서 복지국가로의 이행: 일본과 한국', 한국사회경제학회,
　　　　〈2012년 경제학공동학술대회 한국사회경제학회 발표논문집〉

김진균(1988), 『사회과학과 민족현실』, 한길사

김진균·홍성태(1996), 『군신과 현대 사회』, 문화과학사

_____(2007), 『한국 사회와 평화』, 문화과학사

민정욱(2014), '대재앙의 징조? 토목공학자가 본 제2 롯데월드', 〈오마이〉^{※4월 16일 오전}
　　　　2014.12.24.

박은영(2010), '국제 반부패 집행 체제의 동향과 국내법제에 대한 시사점', 〈대한변
　　　　협신문〉 2010.1.28.

서울지방검찰청(1995), 〈삼풍백화점 붕괴사건 수사 및 원인규명 감정단 활동 백서〉

서울특별시(1996), 〈삼풍백화점 붕괴 사고 백서〉

서화숙(2014ㄱ), '서화숙의 집 이야기7-규제 사각지대, 단독주택 소형건물', 〈한국
　　　　일보〉 2014.8.24.

_____(2014ㄴ), '서화숙의 집 이야기8-부실건축 당연하게 만드는 무책임 규정', 〈
　　　　한국일보〉 2014.8.17.

손우태(1996), '부실공사 관련 현행 건설법령 상의 처벌 규정 하', 〈법률신문〉 2550
　　　　호/ 1996.11.14.

송호진(2014), '류희인 전 "국가안전보장회의" 사무차장 인터뷰-이명박·박근혜의
　　　　'노무현 지우기' 위기관리 매뉴얼까지 지웠다', 〈한겨레〉 2014.5.2.

아이엠피터(2014), '군인, 비전문가, 대학동창으로 안전한 나라 만들겠다니', http://
　　　　impeter.tistory.com/2645

유인호(1973), '경제성장과 환경파괴', 『창작과 비평〉 1973년 가을호

이수곤(2014), '잠실 개발은 허가부터 잘못됐다', 〈위키트리〉 2014.11.13.

임현진 외(2003), 『한국 사회의 위험과 안전』, 서울대출판부

정란(1999), '삼풍백화점 붕괴사고의 원인과 교훈', 〈시설안전〉 창간호/1999년 여름호

조희연(2010), 『동원된 근대화』, 후마니타스

함인선(2014), 『정의와 비용 그리고 도시와 건축』, 마티

참여연대(2014ㄱ), "안전한 사회를 위한 공익제보자 보호 강화 – 〈공익신고자보호법〉〈부패방지법〉 개정이 절실합니다"

＿＿＿＿＿(2014ㄴ), '입찰부터 계약 종료까지 이어지는 갑의 횡포 막는다 – 건설하도급 불공정 근절을 위한 법률개정안 공동발의 기자회견'

한국 투명성기구(2014), '6년 연속 국가청렴도 정체·하락, 정부의 반성 절실 – 부패문제 해결을 국정의 최우선 정책과제로 삼아야'

현대경제연구원(2012), 『부패와 경제성장』

홍성태(2000), 『위험사회를 넘어서』, 새길

＿＿＿＿(2003), 『반미가 왜 문제인가』, 당대

＿＿＿＿(2004), 『생태사회를 위하여』, 문화과학사

＿＿＿＿(2007ㄱ), 『대한민국 위험사회』, 당대

＿＿＿＿(2007ㄴ), 『개발주의를 비판한다』, 당대

＿＿＿＿(2009), 『민주화의 민주화』, 현실문화

＿＿＿＿(2010), 『생명의 강을 위하여』, 현실문화

＿＿＿＿(2011), 『토건국가를 개혁하라』, 한울

＿＿＿＿(2012), 『사회로 읽는 건축』, 진인진

＿＿＿＿(2014ㄱ), 『위험사회를 진단한다』, 아로파

＿＿＿＿(2014ㄴ), 『서울의 개혁』, 진인진

홍성태 외(2006), 『삼풍 사고 10년 교훈과 과제』, 보문당

見田宗介(1996), 『現代 社會の 理論』, 岩波書店

Baudrillard, Jean(1970), 이상률 옮김(1991), 『소비의 사회』, 문예출판사

Beck, Ulich(1986), 홍성태 옮김(1997), 『위험사회』, 새물결

Carson, Rachel(1962), 이길상 역(1990), 『침묵의 봄』, 탐구당

Foucault, Michell(1975), 오생근 역(1994), 『감시와 처벌』, 나남출판

Galbraith, John(1958), 최광열 역(1977), 『풍요한 사회』, 현암사

GreenPeace(2012), 〈후쿠시마의 교훈 - 한국판〉, http://www.greenpeace.org/
korea/

Heidegger, Martin(1924), 전양범 옮김(1992), 『존재와 시간』, 동서문화사

Horkheimer, Max and Adorno, Theodor(1947), 김유동 외 옮김(1995), 『계몽의
변증법』, 문예출판사

MacLuhann, Marshall(1964), 박정규 역(1977), 『미디어의 이해』, 삼성출판사

Perrow, Charles(1984), *Normal Accidents*, Prinseton University Press

Rawls, John(1975), 황경식 옮김(2003), 『정의론』, 이학사

Robertson, Roland(1992), 이정구 옮김(2013), 『세계화』, 한국문화사

Simon, Herbert(1957), A BEHAVIORAL MODEL OF RATIONAL CHOICE,
Quarterly Journal of Economics, February 1955, 69

Transparency International(2014), *Corruption Perception Index* 2014

Warnier, Jean-Pierre(1999), 주형일 옮김(2000), 『문화의 세계화』, 한울

Weber, Max(1905), 김현욱 옮김(1978), 『프로테스탄티즘 윤리와 자본주의 정신』,
동서문화사

5장
세월호 대참사의 원인과 과제

1. 머리말

　세월호 대참사는 너무나 슬프고 무서운 사건이다. 이 사건은 인간성의 바닥을 보여준 사건이며, 비리와 무능에 의한 '정부 실패'[121]의 바닥을 보여준 사건이기 때문이다. 정부의 비리와 무능으로 당연히 구조되어야 했던 304명의 사람들이 단 한 명도 구조되지 못하고 모두 목숨을 잃었다. 그리고 구조-수색 작업을 하던 잠수사, 유가족 지원 활동을 하던 시민 등 11명의 사람들이 목숨을 잃었다.[122] 선박 사고는 세계 어디에서나 자주 일어나는 것이

---

[121]　이 글에서 '정부 실패'는 신고전파의 주장처럼 정부가 비효율적이고 기업이 효율적이라는 것을 뜻하지 않는다. 기업은 더 많은 이익을 위한 생존경쟁을 벌이기 때문에 적절히 규제하지 않으면 반드시 비리를 저지르고 사회를 위기로 몰아넣는다. 따라서 기업을 적절히 규제하고 사회의 안전을 확보하는 것은 정부의 핵심적인 존재이유이다. '정부 실패'는 무엇보다 먼저 이 핵심적인 존재이유를 제대로 수행하지 않는 것에서 나타난다.

[122]　따라서 세월호 대참사의 희생자는 모두 315명이다. 그리고 배 안에서 숨진 304명의 사람들 중에서 9명은 아직도 시신을 찾지 못했다.

지만 세월호 대참사와 같은 사고는 세계적으로 초유의 것이다. 선원이 승객들을 버리고 도주했을 뿐만 아니라 해경이 배 안에 있는 사람들을 구할 시간이 충분했는데도 단 한 명도 구하지 않았기 때문이다.[123] 이 때문에 사람들은 세월호 대참사를 '세월호 대참살'이라고 부르기도 한다.

우리는 세월호 대참사에서 말할 수 없이 깊은 비애를 느낀다. 배 안에서 당연히 구조될 것으로 알고 있다가 무참히 죽어간 304명의 승객들을 생각하면, 즐겁게 수학여행을 가고 있던 250명의 단원고 2학년 학생들을 생각하면, 자신도 모르게 눈물이 흐르고 가슴이 오그라든다. 그들과 가족들이 느꼈을 공포와 고통은 상상하기도 어렵다. 그러나 세월호 대참사에서 우리가 느끼는 것은 비애만이 아니다. 그와 함께 대체 어떻게 이런 일이 일어날 수 있었는가 하는 깊은 무력감을 느끼고, 또한 이런 일이 정말 일어났다는 것에 대한 깊은 공포감을 갖게 된다.[124] 우리가 살아가는 이 사회는 대체 어떤 사회인가? 이 사회는 대체 얼마나 엉망이기에 이렇듯 초유의 무참한 사고가 일어났는가? 이런 사고가 일어나지 않도록 하기 위해 우리는 과연 무엇을 반성하고 개선해야 하는가?

---

[123] 해경은 많은 승객들이 배 안에서 절박하게 구조를 요청하고 있었으나 배 안으로 들어가는 시도조차 하지 않았다. 해경은 배 안의 승객들을 구하지 못한 것이 아니라 구하지 않은 것이다.

[124] 사회의 안정적 운영에는 사회적 자본이 반드시 필요하고, 사회적 자본의 핵심은 바로 구성원들의 신뢰이다. 그런데 한국은 신뢰가 극히 낮은 사회, 즉 '불신 사회'라고 할 수 있고, 그 중에서 정부에 대한 신뢰가 극히 낮다. 2014년 5월에 발표된 현대경제연구원의 〈OECD 비교를 통해 본 한국 사회자본의 현황 및 시사점〉에서 한국의 사회자본 지수는 OECD 32개 국 중 29위였는데, 정부와 사법 시스템 등 공적 신뢰 부문은 31위였고, 사적 신뢰 부문도 28위였다. 한국은 공적 부문과 사적 부문이 모두 신뢰가 아주 약한 상태에 있는 것이다. 여기서 가장 신뢰가 낮은 분야가 사법 시스템이라는 사실에 특히 주목해야 한다(현대경제연구원, 2014ㄱ, 2014ㄴ). 사법부는 정의의 보루여야 하는데 현재 한국의 법원은 그렇지 않은 것으로 인식되고 있는 것이다.

울리히 벡의 위험사회론은 현대 사회가 과학기술의 이용으로 편리와 풍요를 이루는 동시에 위험을 체계적으로 생산한다고 제시했다(Beck, 1992). 그런데 독일이 사고가 예방되는 위험사회risk society라면, 한국은 사고가 촉발되는 사고사회accident society이다. 그 차이는 비리와 크게 연관되어 있다.[125] 우리는 과학기술을 아주 조심해서 사용해야 하며, 이를 위해 정부의 책임 아래 다양한 제도를 운영한다. 세월호 대참사는 제도가 없어서 일어난 사고가 아니라 비리에 의해 제도가 제대로 작동하지 않아서 일어난 사고였다. 요컨대 세월호 대참사는 비리에 의한 사고, 즉 '비리-사고'였다. 로버트 퍼트남의 사회적 자본에 관한 연구에 따르면, 어떤 제도의 시행은 역사적으로 형성된 사회 질에 따라 크게 다른 결과를 빚는다.[126] 이 점에서 한국은 정부가 비리를 제대로 막지 못해 안전 제도들이 제대로 운영되지 않고 일어나지 않아야 할 사고가 빈발하는 '비리-사고사회'이다.[127]

---

125 국제투명성기구의 2014년 세계 부패인식지수CPI 조사에서 세계 175개 중 독일은 79점으로 12위, 한국은 55점으로 43위였다. 1위인 덴마크는 92점이었다. http://www.transparency.org/cpi2014/results를 참고. 한국의 반부패 정책은 2000년대에 들어와서 본격화되었으나 문제의 핵심인 공직자 부패는 2008년의 이명박 정부 이후 더욱 악화되었다(윤태범 외, 2012; 윤태범, 2013). 널리 퍼진 '관피아', 즉 '관료 마피아'라는 말은 이 문제의 심각성을 잘 보여준다.

126 로버트 퍼트남은 20년에 걸친 이탈리아 지방자치에 대한 연구를 통해 민주적인 제도가 그 자체로 민주주의를 보장하는 것이 아니라 사회 질에 따라 크게 다른 결과를 빚는다는 사실을 입증했다. 합리적인 이탈리아 중북부에서는 지방자치제가 큰 성과를 거두었으나 비리가 만연한 이탈리아 남부에서는 그렇지 않았던 것이다(Putnam, 1994). 모든 분야에서 제도의 시행은 대단히 중요하지만 비리 척결의 제도를 올바로 시행해야 그 성과를 제대로 거둘 수 있다.

127 강수돌은 세월호 대참사가 중독자의 행위방식이 퍼져 있는 '중독사회'의 사건이라고 지적했다. 한국 사회가 돈에 중독되어 옳고 그름을 성찰하지 못하는 병적 상태에 있다는 것이다(강수돌, 2015). 그런데 사실 모든 현대 사회

큰 사고가 일어날 때마다 늘 나오는 '모두의 잘못'이라는 주장이 세월호 대참사에서도 또 제기되었다. 그러나 세월호 대참사는 말할 것도 없고 대부분의 '안전 사고'는 주체가 명확하다. '모두의 잘못'이라는 주장은 실제 책임을 져야 할 정부, 기업, 개인 등의 책임을 은폐하고 왜곡하는 문제를 안고 있다(홍성태, 2014ㄱ). 세월호 대참사의 재발을 막고 안전사회를 이루기 위해서 무엇보다 먼저 그 주체를 올바로 인식해야 한다. 원인이 없는 결과는 없고, 주체가 없는 행위는 없다. 세월호 대참사와 같은 사고의 재발을 막기 위해서는 무엇보다 먼저 비리를 막아야 하고, 이를 위해서는 비리의 주체들을 엄정히 처벌하는 것이 가장 중요하다. '무임승차'를 막고 협조를 추동하기 위해 상호성을 실현하는 것이 가장 중요한 것과 마찬가지이다(최정규, 2004: 114~121).

2. 세월호 대참사의 비극

2014년 4월 16일 오전 8시 48분 전라남도 진도 부근 바다에서 세월호가 침몰하기 시작했다. 그로부터 152분이 지난 오전 11시 20분에 세월호는 완전히 침몰했다. 배 안에는 경기도 안산의 단원고 학생 250명을 비롯해서 모두 304명의 승객과 선실 선원이 있었으나 단 한 명도 구조되지 못했다. 이 비극이 발생하고 1년 반이 지나도록 9명의 시신을 찾지 못했다. 극히 어렵게 2015년 1월 1일 '4·16세월호참사 진상규명 및 안전사회 건설 등을 위한 특별법'이 시행됐고, 역시 극히 어렵게 3월 5일 '4·16세월호참사 특별조사

가 돈에 중독된 사회라고 할 수 있다. 이 점에서 더 많은 돈을 추구하는 방식에서 나타나는 비리의 정도가 중요하다. 예컨대 한국은 독일에 비해 비리에 더 심하게 중독된 '비리 중독 사회'라고 할 수 있다.

위원회'가 활동을 시작했다. 11월 12일 대법원은 이준석 선장에 대해 살인죄를 확정했으나 사고 원인에 대해서는 세월호의 결함을 확인해야 하는 것으로 결론지었다. 9명의 시신을 찾고 사고 원인을 밝히기 위해서 세월호의 인양은 필수적인 과제이지만 박근혜-새누리 정권은 계속 거부하다가 2016년 4월에나 실시할 것으로 밝혔다.[128]

세월호 대참사의 비극은 놀랍게도 구조의 사명을 갖고 있는 두 주체에 의해 만들어졌다.[129] 첫째, 세월호의 선장을 비롯한 15명의 선박직 선원들이다. 이들은 자신들은 도망치면서 승객들에게 선실에 가만히 있으라고 거듭해서 방송했다. '가만히 있으라'는 선박직 선원들의 지시를 따르지 않고 밖으로 나왔던 사람들은 모두 구조되었다. 그러나 지시를 따랐던 사람들은 모두 죽었다. 그것은 사실 죽음의 지시였다. 둘째, 해경 123정의 해경들이다. 김경일 정장은 당연히 해야 하는 선실 진입을 명령하지 않았고, 서해 해경지방청의 선실 진입 명령도 실행하지 않았다. 김경일 정장은 세월호의 안에서 구조를 기다리고 있던 승객들에게 퇴선 방송도 하지 않았다. 선장과 선박 선원들은 승객들을 배 안에 가둬놓고 도망쳤고, 해경들은 배 안에 갇힌 승객들이 죽어가는 것을 그냥 보고만 있었던 것이다.

---

128 2014년 11월 13일 검찰 출신 김진태 새누리당 의원(춘천)은 돈이 많이 드니세월호 인양을 하지 말아야 한다고 말했다. 2015년 1월 16일 검찰 출신 김재원 새누리당 원내부대표는 어렵게 발족한 '세월호 특별조사위'에 대해 '세금 도둑'이라고 말하고 청와대 정무특보로 임명되어 활동했다. 11월 14일 김영석 해양수산부 장관은 유족들을 만나 2016년 4월부터 세월호 인양을 시작하겠다고 밝혔다. 그런데 박근혜-새누리 정권은 이미 2014년 5월에 세월호인양이 기술적으로 가능하다는 사실을 확인해 놓고 2015년 4월 초에 박근혜가 세월호 인양에 대해 언급하자 비로소 세월호 인양에 대해 공표했다. '세월호 참사 1주기 다큐-참혹한 세월, 국가의 거짓말', 〈뉴스타파〉 2015.4.15.

129 이 점에서 세월호 대참사는 막스 베버의 관료제론과 자본주의론이 완전히 부정된 사례라고 할 수 있다.

표 17 세월호의 침몰 과정

일시	내용
4월 15일 21시	세월호, 476명의 승무원과 승객을 태우고 제주항을 향해 인천항을 출발. 짙은 안개로 모든 배들이 출항을 포기했지만 세월호만 2시간 30분 늦게 출항을 강행.
4월 16일	
8시 48분	세월호, 진도 부근 바다에서 급변침으로 넘어져서 침몰하기 시작.
8시 49분	기관장, 조타실 직통전화로 기관실에 탈출을 지시. 선장과 항해사 등 8명은 조타실에, 기관부 선원 7명은 기관실에 모여서 해경을 기다리고 있다가 사복으로 갈아입고 전용통로를 통해 빠져 나와 9시 35분에 도착한 해경 123정과 고무단정을 타고 도망.
8시 52분	단원고 학생이 자신의 휴대전화로 '전남 소방본부'에 최초의 신고전화.
8시 55분	세월호, '제주 해상교통관제센터'에 조난신고. 선원들은 제주 VTS에 "지금 배가 많이 넘어졌습니다. 빨리 좀 와주십시오"라고 말했으나, 선내 방송으로는 "현재 위치에서 절대 이동하지 마시고 대기해 주시기 바랍니다"라고 방송.
9시 4분	여객선 침몰사고 중앙재난안전대책본부(본부장 강병규 안행부 장관) 가동.
9시 25분	진도 VTS에서 "선장이 판단해서 인명 탈출을 지시하라"고 통보했으나, 선원들은 "그게 아니고 지금 탈출하면 바로 구조할수 있느냐고 물었습니다"라고 답신.
4월 16일	
9시 30분	해경 항공구조단 소속 특공대원들이 탑승한 소형 헬기가 제일 먼저 사고해역에 도착. 5분 뒤에 목포 해경의 경비정 123정(110t)이 도착. 배 안에 있던 승객들은 선원들의 '가만히 있으라'는 선내 방송에 따라 배 안에 있었음. 검경 합동수사본부 관계자는 "해경이 처음 도착한 9시 30분에 세월호는 45도 가량 기울어져 있었을 뿐"이라며 "해경이 진입해 구조했으면 전원이 생존할 수 있었을 것"이라고 밝혔음.

일시	내용
4월 16일	
9시 46분	속옷 차림의 이준석 선장을 비롯해서 선박직 선원 15명이 해경 123정으로 옮겨 타서 구조됐음. 이들 중 단 한 명도 승객을 구하려고 하지 않았음. 기관장은 탈출을 위해 5층 조타실에서 3층 갑판으로 내려오며 단원고 학생들이 많이 타고 있던 4층을 그냥 지나쳤고, 선박직 선원들은 동료 승무원 2명이 다쳐서 움직이지 못하는 것을 보았으나 그냥 두고 도망쳤음. 15명의 선박직 선원들은 해경의 구조를 기다리며 맥주를 마셨고, 구조된 뒤에는 진도 실내체육관에서 곰탕을 먹고 커피를 마시고 떠났음.
9시 28분	서해 해경지방청 상황실, 해경 124정의 김경일 정장에게 세월호 진입 명령. 그러나 그는 이 명령을 실행하지 않았으며, 배 안의 승객들에게 퇴선 방송도 하지 않았음.
10시	박근혜, 구조에 최선을 다하라고 지시하고 사라져서 오후 5시 10분에야 다시 모습을 나타냄. 세월호가 침몰하고 구조 작업이 진행되던 너무나 절박한 7시간 동안 박근혜의 행적이 묘연한 상태임.
11시 20분	11시 20분 세월호 완전히 침몰.

자료: '세월호 침몰에서 참사 키운 부실 대응까지…비극의 재구성', 〈경향신문〉 2014.5.7; '세월호 참사 100일 일지', 〈연합뉴스〉 2014.7.23; '선장 등 4명 살인죄 적용…선원 15명 전원 구속기소', 〈뉴시스〉 2014.5.14 등을 참고해서 작성.

세월호 대참사의 비극을 보면서 도저히 이해할 수 없는 것은 완전히 침몰하기까지 152분이 걸렸으나 배 안에 있던 단 한 명도 구조되지 못했다는 사실이다.[130] 사악한 선원들과 무능한 해경들이 너무나 큰 비극을 빚었으므로 무서운 추측들이 계속 제기되었다. 해경이 세월호에 도착한 시간으로부터 배 안에 있던 단원고 학생이 마지막 카톡을 보낸 시간까지만 보더라도 47분

---

130 2015년 3월 28일 일본 해상보안청 특수구난대는 전복된 19톤급 작업선의 '에어 포켓'에 있던 선원 한 명을 15시간만에 구조했다. 세월호는 훨씬 더 큰 배였기 때문에 훨씬 더 큰 '에어 포켓'이 형성되어 여러 명이 며칠 동안 생존했을 가능성도 있다.

그림 6 세월호의 침몰과 부실 구조

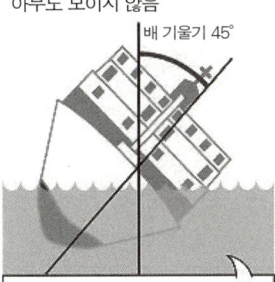

9:30

3층부터 시작하는 객실은 물에 잠기지 않은 상황. 갑판 위에는 아무도 보이지 않음

배 기울기 45°

이때 해경이 진입해 들어가 구조했다면 전원 생존할 수 있었을 것(검찰판단)

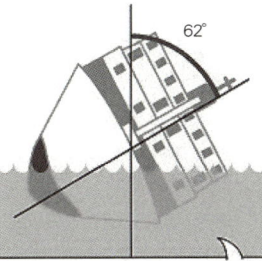

9:45

해경이 갑판에 올라 구명뗏목 펼치려 했지만 실패

62°

이 정도 기울기라면 뭐라도 이동할 수 있는데도 해경 적극 조치 없었음.

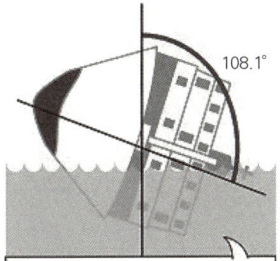

10:17

학생 마지막 카톡 전송. "배가 기울고 있어. 엄마 아빠 보고싶어. 배가 또 기울고 있어"

108.1°

이 시간까지 학생이 카톡 메시지를 보낼 수 있을 정도였는데 구조 조치 미흡

출처: 〈경향신문〉 2014. 5. 11.

의 시간이 있었다. 해경은 배 안에 있던 모든 사람들을 구하기에 충분한 시간이 있었으나 단 한 명도 구하지 않았다.[131] 세계 10위권의 경제력과 기술력을 자랑하는 나라에서 이런 대참사가 벌어졌다는 사실에 세계가 놀랐다. 세월호 대참사는 겉으로는 화려하나 속으로는 심하게 부패한 한국 사회의 실상이 여실히 드러난 역사적인 사건이다. 우리는 이 참담한 비극을 결코 잊어서는 안 된다. 우리는 세월호 대참사의 비극을 단지 피해자들의 숫자나 한때의 사건으로 기억해서는 안 된다. 피해자들과 유족들의 극심한 고통을 공감해야 한다. 그 공감을 통해 우리는 절망하고 약속해야 한다. 사실 인간이라면 누구나 그럴 것이다. 학생들이 휴대전화를 이용해서 최후의 순간까지 남긴 문자, 음성, 동영상 등의 자료들을 통해 우리는 세월호 대참사의 비극

---

131 2014년 9월 24일 광주지법에서 열린 세월호 선원들의 공판에서 탈출 시뮬레이션 전문가인 박형주 가천대 교수는 빠른 경우 불과 5분만에 세월호에 있던 476명이 모두 밖으로 나올 수 있었을 것이라는 시뮬레이션 결과를 발표했다.

을 참으로 생생히 알 수 있다. 그 자료들은 피해자들과 유족들의 고통을 공감하지 않을 수 없게 한다. 누구나 그들의 비애와 공포를 절절히 느끼게 되는 것이다. 세월호 대참사의 비극은 우리의 인간성을 확인하는 사건이다. 이런 점에서 세월호 대참사의 피해자들과 유족들을 모욕하고 공격하는 자들은 이 사회의 부후성과 취약성을 보여준다.[132]

3. 세월호 대참사의 책임

세월호 대참사의 책임은 선박직 선원들과 해경 123정의 해경들이라는 두 직접 주체를 넘어서 훨씬 크고 많은 주체들이 연관되어 있다. 이 사실을 정확히 밝히는 것이 세월호 대참사의 진상을 밝히고 안전사회를 이루기 위한 핵심적인 과제이다. 여기서 우리는 안전과 관련된 직접적인 '행위의 책임'을 넘어서 그것이 올바로 이루어지도록 하기 위한 '관리의 책임'에 주의하지 않으면 안 된다. 선박의 안전은 선장과 선원들의 책임에 그치지 않는다. 선장과 선원들이 책임을 올바로 다하도록 하는 것은 선박을 소유한 기업의 책임이며, 기업이 책임을 올바로 다하도록 하는 것은 정부의 책임이다. 직접적인 행위에만 초점을 맞추는 것은 진상을 은폐하고 사고를 조장하는 '꼬리 자르기'가 되기 십상이다.[133]

---

132 이른바 '일베'의 회원들은 전두환의 광주 학살 희생자들을 '홍어'로 부르며 모욕한 것에 이어서 세월호 희생자들을 '어묵'으로 부르며 모욕했다. 이 자들의 극단적인 반인륜적 행태는 당사자들을 모욕하는 차원을 넘어서 사회를 근저에서 위협하는 것으로서 엄벌돼야 한다. 이에 대해 법원의 유죄 처벌이 이어지고 있으나 '나치 처벌법'과 같은 반인륜 행위 처벌법을 제정해서 대처하는 게 좋을 것이다.

133 '꼬리 자르기'는 '선진국'에서도 흔히 나타나는 문제였다(Perrow, 1984). 이에 대응해서 '선진국'은 직접적인 행위자를 넘어서 소유자/발주자 등의 책임

1) 기업

세월호 대참사는 선장을 비롯한 15명의 선박직 선원들이 승객들을 배 안에 있게 해 놓고 도망친 것으로 시작되었다. 이 점에서 세월호 대참사는 선박직 선원들에 의한 '세월호 대참살'이다. 15명의 선박직 선원들이 승객들을 사실상 배 안에 가둬놓고 도망친 것은 참으로 극악한 학살 범죄에 해당되는 것이 아닐 수 없다. 그러나 세월호 대참사를 올바로 이해하기 위해서는 세월호의 운항에 대해 살펴봐야 한다. 2014년 10월 6일에 검찰은 세월호 대참사의 수사결과를 발표하며 세월호의 증개축, 과적, 운항 실수를 세월호 침몰의 직접적인 원인으로 제시했다. 이 세 가지 원인들에서 증개축과 과적은 선원들이 아니라 선주-선사의 책임에 해당되는 것이고, 운항 실수도 무리한 운항과 선원들의 낮은 처우로 보았을 때 선주-선사의 책임이 대단히 크다. 사고가 나기 전날인 4월 15일에 안개가 너무 짙어서 인천항의 모든 여객선들이 결항했으나 세월호만 2시간 30분 늦게 출항을 강행했다.[134]

사실 증개축과 과적의 면에서 세월호의 침몰은 그야말로 필연적인 것이었다.[135] 세월호는 어떤 배였는가? 세월호는 국내 최대 연안 여객선으로서 주요 제원은 총톤수 6825톤, 길이 146m, 너비 22m, 높이 26m, 총정원 956명, 화물량 987톤이었다. 그런데 사실 이 깨끗한 외양의 커다란 배는 일본에서 1994년 6월에 건조되어 2012년 9월까지 일본 큐슈에서 18년 동안 운항된 뒤 폐선된 낡은 배였다. 청해진 해운은 이 낡은 배를 구입해서 2012년 10월부터 2013년 1월까지 크게 증개축했고 2월 말에 국가정보원의 점검

을 강력히 따져서 사고의 발생을 막고자 했다. 소유자/발주자 등에게 경제적 무한책임을 요구하는 미국의 '징벌적 손해배상제'는 그 좋은 예이다. 징벌적 손해배상제에 대한 연구로는 박희주(2014)를 참고.

134 '세월호 참사 100일 일지', 〈연합뉴스〉 2014.7.23.

135 '수직증축으로 복원력 낮아져…언젠가는 사고 났을 배', 〈한겨레〉 2014.4.20.

그림 7 세월호의 증개축 내용

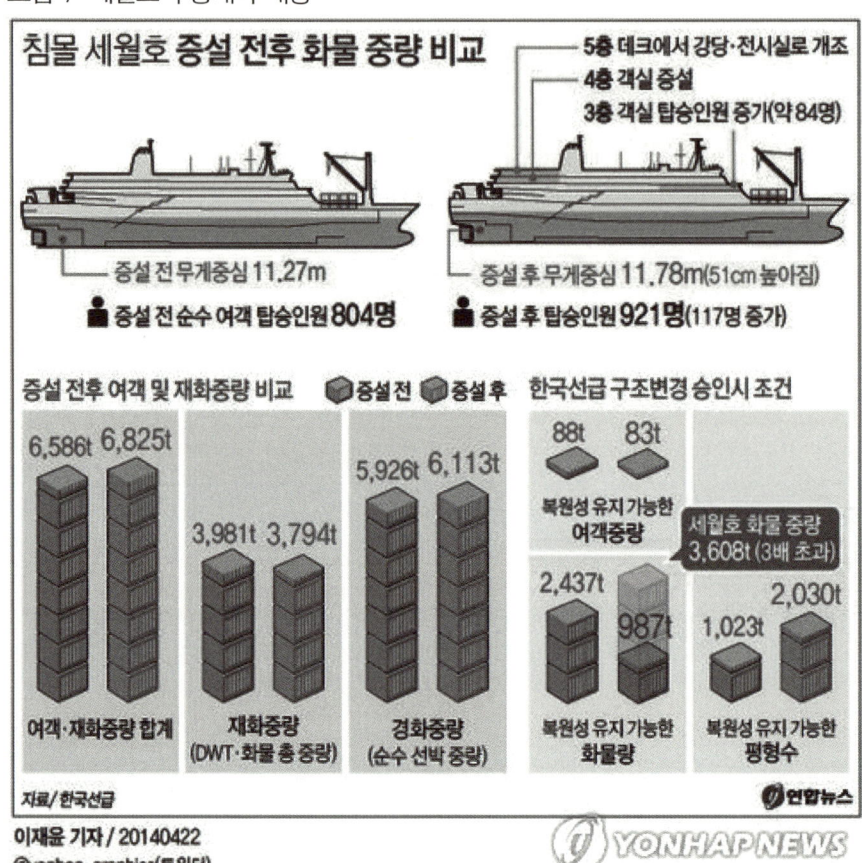

을 받아서 3월 15일에 운항을 시작했다. 청해진 해운은 세월호를 증개축해서 무게중심을 51cm나 높였고, 이익을 늘리기 위해 평형수를 줄이고 화물의 과적을 일삼았다. 요컨대 청해진 해운은 세월호를 넘어지기 쉽게 증개축해서 넘어지기 쉽게 운항했던 것이다. 청해진 해운은 대단히 심각한 악덕 기업이었으나 이 악덕 기업에 대한 정부의 시정 조치는 전혀 없었다.

세월호에 대해 올바로 알기 위해서는 청해진 해운에 대해 알아야 하며, 청해진 해운에 대해 알기 위해서는 실제 사주였던 유병언에 대해 알아야 한다. 유병언은 '구원파'라는 기독교 이단파의 실제 대표였다. 대구 출신인 그는 박정희 독재 시대에 '구원파'를 기반으로 돈을 벌었고, 전두환 독재 시대에 '세모'라는 기업을 급조해서 전두환의 동생인 전경환과의 친분을 통해 한강 유람선업에 참여했다. '세모'는 선박 건조의 무리한 단축, 선박의 불법 개조, 승선 인원의 과다 책정 등 비리로 점철되었으며, 결국 1991년 7월 유병언은 '오대양'과 관련해서 거액 사기로 구속되어 징역 4년형을 받았다. 그뒤 유병언은 공식석상에서 사라졌지만 1997년 '세모'가 부도로 문을 닫은뒤 1999년에 청해진 해운을 설립해서 비리를 일삼다가 결국 세월호 대참사를 일으켰다(박세열, 2014; 고재규, 2014). '구원파'는 유병언의 행사에 이명박과 오세훈도 참석했다는 사실을 밝혔으며, 이명박이 체결하고 박근혜가 이어받은 이른바 'UAE 원전 수출'에 유병언의 (주)아해가 참여하고 있다는 사실이 밝혀졌다.[136] 이렇듯 유병언은 정경유착을 기반으로 작동하는 비리-사고사회 한국의 실상을 아주 잘 보여주는 중요한 사례이다.

　세월호의 침몰 이후 민간의 구조작업을 총괄한 (주)언딘에 대해서도 크게주의해야 한다. 해경은 청해진 해운에게 이 회사가 실종자의 구조와 세월호의 인양을 모두 독점하도록 하는 계약을 맺게 했다. 수백 명의 목숨이 달린너무나 급박한 상황에서 해경은 민간 잠수사와 해군의 수색작업까지 제한하며 선체 인양업체에게 구조작업까지 모두 독점하도록 해서 구조작업에 심각한 문제를 초래했다.[137] '다이빙 벨'의 투입을 해경과 언딘이 방해했다는 논란, 해경이 장비나 인력을 제대로 지원하지 않고 있다는 방송 발언으로 구속된 홍가혜 논란, 민간 잠수사가 발견한 시신을 언딘이 발견한 것으로 꾸미는짓을 언딘과 해경이 모의했고 해경은 다시 해경이 발견한 것처럼 꾸미는 짓

136　'구원파 "유병언 주최 행사에 이명박·오세훈 등 참석"', 〈오마이〉 2014.5.25; '박근혜 방문 UAE 원전업체 '유병언' 아해 MB·朴정부 때 급성장', 〈미디어오늘〉 2014.5.27.

137　'해경, 실종자 구조·선체 인양 모두 언딘에게 몰아줘…언딘, 논란 예상되자 꼼수 해명까지', 〈노컷뉴스〉 2014.5.2.

을 했고 청와대가 이것을 공유하고 묵인했다는 논란 등 참담한 논란이 이어졌다.[138] 이런 논란 속에서 언딘과 해경의 유착 의혹이 강력히 제기되었는데, 결국 이 의혹은 검찰의 수사에 의해 사실로 밝혀졌으며, 언딘이 이 유착을 통해 처음부터 과다 비용 청구로 막대한 이익을 챙기려 했다는 사실도 밝혀졌다.[139]

2) 단체

세월호의 증개축과 과적 운항은 결코 청해진 해운만의 잘못으로 빚어진 것이 아니었다. 기업의 문제는 기업에만 초점을 맞춰서는 결코 올바로 이해될 수 없다. 기업들은 다양한 이익단체들을 운영하고 전문가 조직들을 동원해서 최대한 공익의 형태를 취해서 최대한 사익을 취하고자 한다. 이익단체들과 전문가 조직들은 겉으로는 사회의 공익을 내걸고 실제로는 기업의 사익을 추구한다. 이 과정에서 '과학 사기'를 적극 활용한 심각한 비리들이 저질러진다(Broad & Wade, 1983; Beck, 1992). 따라서 기업의 무분별한 이익 추구를 적절히 제어하기 위해서는 기업의 외연으로 작동하는 이익단체들과 전문가 조직들에 크게 주의해야 한다. 세월호 대참사도 이런 이익단체들과 전문가 조직들의 영향이 크게 작용했다.

세월호 대참사의 제도적 발단은 2008년과 2009년에 이명박 정부와 한나라당이 선박연령 규제를 20년에서 30년으로 크게 완화한 것이다. 여기에는

---

138 '다이빙벨 투입 실패…이종인 대표 "해경·언딘, 비협조적"', 〈오마이〉 2014.4.26; '정진후 "청와대, 해경의 '세월호' 거짓 모의 묵인"-"민간 잠수부가 찾은 시신을 해경이 발견한 것처럼 하기도"', 〈프레시안〉 2014.6.29; '수감중인 홍가혜 인터뷰-철없는 행동하면 다 감방에?', 〈한겨레〉 2014.7.25.

139 '해경-한국해양구조협회-언딘, 독점 체제 양산 고리', 〈참세상〉 2014.4.28; '세월호 부실구조 123정장과 언딘 해경간부 불구속 기소', 〈오마이〉 2014.10.6; '언딘, 세월호 구호비용 '뻥튀기 청구'', 〈한겨레〉 2014.10.6.

선주와 선사의 이익단체인 한국선주협회의 로비가 크게 작용한 것으로 드러났다.[140] 이에 따라 청해진 해운이 일본에서 퇴역하는 낡은 배를 구입해서 새 배인 것처럼 꾸며서 운항할 수 있었던 것이다. 또한 세월호는 그 구입부터 커다란 비리의 의혹을 안고 있다. 산업은행은 청해진 해운이 구입할 선박의 실물을 확인하지도 않고 계약서만 보고 80억원을 구입비로 대출해 줬으며, 넉달 뒤에야 감정평가를 하고 증개축비로 20억원을 대출해 줬고, 청해진 해운의 자체 평가보다도 대출금 상환 능력을 높게 평가해 주는 황당한 대출 심사를 했다.[141] 이어서 사단법인 한국선급은 정부를 대신해서 선박의 안전도를 검사하는 국내 유일의 선박 검사 인증기관으로서 '회원 83명 가운데 과반수가 넘는 48명이 해운·조선업 대표나 임원, 기술인'이기 때문에 '규제의 대상이 규제의 주체가 된 셈', '고양이에게 생선을 맡긴 꼴'이라는 비판을 받고 있다.[142] 한국선급은 2013년 1월 24일 증개축을 마친 세월호에 대한 복원성 검사를 했는데, 승무원을 제외한 승객 수를 804명에서 921명으로 늘리게 했으면서 여객 중량은 88톤에서 83톤으로 줄이게 하는 모순된 결론을 제시했고,[143] 한국선급의 결론을 따르자면 세월호는 화물을 대폭 줄여야 해서 운항 때마다 큰 적자를 봐야 했기 때문에, 한국선급의 행태는 "선박 검사 전에 이미 통과를 확정시켜 놓고 명분을 찾는 것과 다를 바 없다", "서류와 계산기로만 선박을 검사하는 로봇에 불과했다"는 비판이 제기됐다.[144] 한국

---

140 '선주협회, 〈동아일보〉 등 언론사에도 로비', 〈오마이〉 2014.4.30; '의원들, 선주협회 로비 받고 대가성 입법활동', 〈뉴스1〉 2014.5.27; '규제완화 광풍 속에 세월호가 침몰했다', 〈경향신문〉 2014.5.15.

141 '산업은행, 세월호 실물 확인도 않고 80억 빌려줬다', 〈한겨레〉 2014.10.21.

142 '세월호 참사 6대 책임자 ❺해운조합·한국선급−한국선급 '무리한 증축' 눈감고, 해운조합 '과적' 눈감고', 〈한겨레〉 2014.5.11.

143 '세월호, 기준치 3배 화물 실었다…복원성 '상실' 가능성', 〈오마이〉 2014.4.22.

144 '한국선급, 세월호 복원성 검사는 '봐주기식 통과의례'', 〈뉴스1〉 2014.4.24.

선급은 법적으로 선박의 검사와 인증을 독점한 민간기관이고, 한국해운조합은 법적으로 선박의 안전관리를 독점한 민간기관이다. 한국해운조합은 해운사들로부터 운항관리비 명목으로 매년 수십억 원을 걷어서 연안여객선의 안전관리와 과적, 승선인원 등을 점검하는 운항관리사를 고용한다. 운항관리사가 올바로 일을 할 수 없는 구조인 것이다. 실제로 한국해운조합의 인천항 운항관리실은 세월호의 최대 화물량도 모른 채 엉터리 단속을 했고, 세월호가 출항하기 전 안전점검 보고서를 허위로 적은 것을 묵인하고 조작했다.[145]

언딘과 관련해서 알려지게 된 한국해양구조협회에 대해서도 크게 주의해야 한다. 언딘은 언딘에 속하지 않은 민간 잠수사들을 구조작업에서 배제했다는 의혹을 받았는데 언딘이 이렇게 세월호 실종자의 구조작업에서 비정상적 독점을 행할 수 있었던 이유는 한국해양구조협회를 매개로 한 해경과 언딘의 유착 때문이라는 지적이 제기되었다. 한국해양구조협회는 2012년 11월 새누리당의 주도로 '수난구조법'이 전부개정되면서 설립되었으며, 이미 2013년 10월의 국정감사에서 '해경 퇴직자들의 셀프재취업 출구'라는 비판을 받았다. 세월호 대참사 당시 김윤상 언딘 대표이사, 김용환 전 남해지방해양경찰청장, 최상환 해양경찰청 경비안전국장 등이 한국해양구조협회의 부총재였고, 4명의 사무국장이 모두 2013년에 해경에서 퇴직하고 바로 이 협회에 재취업했다.[146] 한국해양구조협회는 수난구조의 발전이 아니라 해경의 타락을 보여주는 증거가 되었다.

세월호 대참사는 이렇듯 청해진 해운이라는 일개 악덕 기업의 소행이 아니라 한국선주협회, 한국해운조합, 한국선급 등 해운업 관련 주요 단체들이 모두 연관되어 일어난 사회적 사건이었다. 심지어 배가 침몰되었을 때 인명

---

145 '세월호 최대 화물적재량, 단속당국은 몰라', 〈연합뉴스〉 2014.4.24; '세월호 참사 6대 책임자 ❺해운조합·한국선급−한국선급 '무리한 증축' 눈감고, 해운조합 '과적' 눈감고', 〈한겨레〉 2014.5.11.

146 '해경−한국해양구조협회−언딘, 독점 체제 양산 고리', 〈참세상〉 2014.4.28.

의 구조를 최우선 과제로 내걸고 있는 한국해양구조협회도 연관되어 있다. 그리고 산업은행과 해경도 깊이 연관되어 있다. 따라서 청해진 해운은 당연히 엄벌해야 하지만, 이 회사에만 초점을 맞추는 것은 문제의 원천을 은폐하고 호도하는 잘못을 저지르는 것이다. 이른바 '해피아', 즉 '해운 마피아'의 문제를 직시해야 한다. '해피아'는 기업을 중심으로 이익단체들과 전문가 조직들, 그리고 정부 기관들도 포함해서 조직되어 있다. '해피아'는 배가 침몰해서 죽을 위기에 처한 사람들도 돈벌이의 대상으로 여긴다. 청해진 해운에만 초점을 맞춰서 '해피아'라는 '연줄결속체'를 놓치는 것은 큰 잘못을 저지르는 것이다.[147]

3) 정부

세월호 대참사에서 핵심은 결국 구조의 실패이다. 선박의 침몰은 세계 어디서나 자주 일어나는 사고이지만, 세월호 대참사처럼 선원들이 승객들을 배 안에 두고 도망치고, 해경들은 그 승객들을 한 명도 구하지 못한 사고는 초유의 일이다. 여기서 15명의 선박직 선원들의 도망보다 더 놀라운 것은 해경의 부실한 구조였다. 해경 123정의 정장이었던 김경일 정장은 도망치는 이준석 선장을 비롯한 15명의 선박직 선원들을 모두 친절히 구하고 배 안의 상태에 대해 확인조차 하지 않았다.[148] 2014년 4월 28일에 김경일 정

---

147 '연줄결속체'는 공식·비공식의 연줄로 맺어진 비공식 이익집단으로서 국가와 사회를 사유화해서 이익을 취하며 이 과정에서 위험을 키우고 사고를 일으킨다.

148 2012년에 이탈리아에서 비슷한 사건이 일어났다. 2012년 1월 13일 이탈리아에서 초대형 유람선 콩코르디아 호가 암초에 부딪혀 전복됐다. 당시 데 팔코 해안경비대장은 구명보트를 타고 도망치는 탄 셰티노 선장에게 즉각 배로 돌아가서 승객들을 구조할 것을 명령했다. 이 못된 선장은 그냥 도망쳤다가 체포되었으며 검찰은 그에 대해 징역 2697년을 구형했다. '호화 유람선 좌초, 과실 선장 도망가려다 덜미', 〈시사매거진〉 166호/2012.2.7.

장은 기자회견을 열어서 배 안에 있던 승객들에게 퇴선 방송을 했다고 말했으나 검찰 수사에서 그의 말은 뻔뻔스런 거짓말로 밝혀졌다. 김경일 정장은 선실 진입을 하지 않았을 뿐더러 퇴선 방송도 하지 않았고, 심지어 자신의 잘못을 감추기 위해 항해일지를 찢어서 허위로 작성했다. 해경 123정의 부실 구조는 304명의 사람들을 죽게 하고 정부에 대한 신뢰를 무너트린 심대한 잘못이었다.

그러나 해경의 문제는 여기서 그치지 않았다. 해경은 인양업체 언딘과 유착해서 긴급한 구조 활동을 강력히 방해했고 언딘에게 특혜를 줬다. 이와 관련해서 결국 최상환 해경차장, 박 모 총경, 나 모 경감 등이 기소되었다. 2014년 4월 21일에 언딘의 바지선인 리베로 호가 투입되었다. 그런데 당시 리베로 호는 건조 중이어서 출항금지대상이었으나 해경이 언딘의 리베로 호 이용을 위해 이미 현장에 있던 현대보령 호의 투입을 막아서 초기의 귀하디 귀한 '30시간'을 날려 버렸다는 참담한 사실이 검찰 수사에서 밝혀졌다. 또한 2013년에 해경의 여객선 긴급 안전 점검은 불과 10분 정도밖에 걸리지 않아서 완전히 요식에 불과했다.[149] 해경은 세월호의 최대 화물량도 모르면서 엉터리 단속을 했다. 해수부가 세월호의 상세 제원을 해경에게 통지하지 않았고, 해경도 해수부에 전혀 문의하지 않았던 것이다.[150] 해경 123정만이 아니라 해경 전체가 참으로 심각한 비리와 무능의 상태에 있었다는 사실이 세월호 대참사를 통해 명확하게 드러났다. 해경의 존재이유는 무엇보다 국민의 생명을 지키고 구하는 것이다. 그러나 해경은 바로 그 점에서 너무나 큰 잘못을 조직적으로 저질렀다는 사실이 세월호 대참사를 통해 확실히 밝혀졌다.

세월호의 침몰 과정은 이 나라가 얼마나 심각한 비리의 상태에 처해 있는

---

149 '지난해 정부의 여객선 점검 시간, 1척에 13분', 〈정보공개센터〉 2014.5.13.

150 '세월호 최대 화물적재량, 단속당국은 몰라', 〈연합뉴스〉 2014.4.24.

가를 잘 보여주었다. 또한 세월호의 구조 실패는 이 나라가 아예 참혹한 '비리의 바다'에 빠져 있다는 것을 잘 보여주었다. 이 사실을 올바로 인식하고 개혁하기 위해 세월호의 선박직 선원들에만 초점을 맞춰서는 안 되듯이 해경 123정에만 초점을 맞춰서는 안 된다. 해경 123정을 넘어서 해경 전체가, 정부 전체가 엉망진창이었다. 이명박 정부는 출범한 해부터 선박연령의 규제 완화를 추진했다. 2008년 8월에 국민권익위원회가 나서서 선박연령의 규제 완화를 적극 추진했고, 결국 2009년 1월에 기존의 20년을 30년으로 무려 10년이나 연장해서 세월호 대참사가 일어나게 했다.[151] 여기서 나아가 이명박 정부는 해운 관련 규제를 줄줄이 완화했다.[152] 이어서 2010년에 국토해양부는 〈대형해양사고 예방을 위한 안전관리체제 운영개선연구〉를 발주해서 문제와 대안을 모두 파악해 놓고도 전혀 시행하지 않아서 세월호 대참사를 빚고 말았다.[153]

> 16일 오전 9시 30분 목포해경 123함(110t급)을 시작으로 해경과 해군의 경비정, 헬기, 해난구조대(SSU)·해군 특수전전단(UDT/SEAL) 등 최정예 인력·장비가 총출동했다는 소식에 국민은 안도의 숨을 내쉬며 차분히 구조 장면을 지켜봤다. 그러나 모두 구조되리라 믿고 눈과 귀를 기울였던 뉴스는 결과적으로 304명의 사망·실종 실황을 중계한 꼴이 됐다('세월호 참사 한달, 좌절·분노·통곡의 30일', 〈연합뉴스〉 2014.5.15.

박근혜 정부는 이명박 정부의 문제를 더욱 악화시키고 있다. 이명박 정부는 규제 완화의 명목으로 각종 비리들이 더욱 창궐하게 만들었고, 그 결과 세

---

151 '재앙의 씨앗…선령 규제 완화', 〈뉴스타파〉 2014.4.24.

152 'MB정부 해운법 규제 줄줄이 완화 … 화 키웠다', 〈세계일보〉 2014.5.2.

153 '해양재난사고 안전관리체제 문제점 알고 있었던 정부, 왜 세월호 참사 막지 못했나?', 〈정보공개센터〉, 2014.4.18; '국민권익위원회 2008년에 선령제한 규제완화 주장 보도자료', 〈정보공개센터〉 2014.5.22.

월호 대참사의 비극이 일어나게 되었다. 그런데 박근혜는 아예 '규제는 암'이라고 선언하고 이명박 정부의 잘못된 규제 완화 정책을 극단화하고 있다. 미국의 역사가 잘 보여주듯이 기업의 자유를 방임하면 나라는 비리의 아수라장이 되고 만다.[154] 정부의 적절한 규제가 이루어지지 않는다면 나라는 아비규환이 되어 망하게 된다. 기업과 개인에 대한 보호, 지원과 함께 규제는 정부의 존재이유이다. '규제는 암'이라고 선언하는 것은 정부의 존재이유를 내버리는 것이다. 세월호 대참사로 박근혜 정부의 저열성이 여실히 드러났다.

> 도대체 '이런 나라'가 어디 또 있을까. 승객 304명을 침몰하는 여객선에
> 남겨둔 채 선장과 선원은 도망을 쳤다. 구조·구난에 나서야 할 함정과
> 크레인 선박은 '안전상의 문제가 있다', '승인이 안 났다'는 등의 이유로
> 아예 출발을 않거나, 늑장 출발을 했다. 첨단장비 사용은 미루고, 도움을
> 주겠다는 외국의 제의는 뿌리쳤다. 아이들이 배 안에서 사투를 벌일 때
> 대한민국의 어른들은 폭탄주 술판을 벌이고, 실종자 명단 앞에서 기념촬
> 영을 하고, 식음을 전폐한 부모들 옆에서 라면을 먹고, 정부에 대한 비난
> 에 '빨갱이'라며 색깔공세를 폈다. 대한민국 언론은 '앵무새'처럼 확인도
> 안 된 정부 발표를 그대로 내보냈다. 일부는 치명적 오보였다. 그러는 사
> 이 304명의 아이들과 국민들은 차례로 숨져갔다('세월호 침몰에서 참사
> 키운 부실 대응까지…비극의 재구성', 〈경향신문〉 2014.5.7.

참여정부는 대통령이 의장인 국가안전보장회의NSC에서 재난도 다루도록 했고, 위험사회의 상황에 맞추어 자연 재난과 사회 재난을 통합해서 대응하도록 했다. 참여정부는 대통령이 모든 대형 재난의 '콘트롤 타워'로서 작동하도록 했던 것이다. 이것은 대통령제와 위험사회의 면에서 당연한 조치였

---

154 마크 트웨인이 '도금 자본주의'로 불렀던 1870~1910년대의 미국 경제에서 기
업들은 강도와 같은 행태를 보였다. 이에 따라 미국 정부와 의회는 기업의 자
유를 악용하지 못하도록 강력한 독점금지법, 비리척결법 등을 시행하게 됐다.

다. 그런데 이명박 정부는 사실상 NSC를 폐지했고 재난 대응의 직접적인 책임은 국무총리와 행정안전부 장관에게 맡겼다. 이어서 박근혜 정부는 행정안전부를 안전행정부[155]로 바꾸었을 뿐이었고 재난 대응을 자연 재난과 사회 재난으로 다시 이원화했다. 세월호 대참사에서 박근혜 정부가 현황도 제대로 파악하지 못하고 터무니없이 갈팡질팡한 것은 당연한 결과였다. 안전행정부 장관이 본부장인 중앙재난안전대책본부가 너무나 엉망이어서 국무총리의 지시로 법적 근거가 없는 '범정부대책본부'를 조직해서 대응했을 정도였다.[156]

심지어 세월호가 침몰하고 있던 2014년 4월 16일 8시 30분~9시 30분에 청와대에서 NSC가 열렸지만 그 사실을 파악하지 못해서 전혀 논의하지 못한 채로 NSC가 끝나는 참으로 황당한 일도 벌어졌다. 국정원과 NSC는 9시 19분 YTN 뉴스를 보고 세월호의 침몰을 처음 인지했다. 박근혜에게는 10시에나 서면으로 보고되었으며, 박근혜는 그 때 사라져서 7시간 뒤인 17

---

155 행정안전부를 안전행정부로 이름을 바꾸었다고 해서 안전이 강화되는 것인가? 박근혜 정부의 안전 행정은, 재난 행정을 이원화한 데서 잘 드러났듯이, 거꾸로 가는 것이었다. 세월호 대참사에 따른 정부조직 개편으로 국가안전처를 신설하기로 한 것도 비슷한 문제를 안고 있다. 대통령제에서 대통령이 직접 총괄하지 않는 한 국가재난체계는 제대로 작동하지 않는다. 국무총리나 장관에게 그 책임을 맡기는 것은 명백히 대통령의 직무유기와 책임회피에 해당하는 것이다.

156 "'기형적 재난대응시스템', 국가적 수치 초래", 〈뉴스타파〉 2014.4.25; '제 역할 모르는 靑, 국가재난 컨트롤타워는 '국가안보실'', 〈이데일리〉 2014.4.25; '박 대통령, 보고서 무시하고 '국가안전처' 신설? [단독] 한국지방행정연구원 작성 대외비 문건 〈국가안전관리체계 개편(안)〉', 〈오마이〉 2014.4.29; '이명박·박근혜의 '노무현 지우기' 위기관리 매뉴얼까지 지웠다', 〈한겨레〉 2014.4.29; "'모든 수단 투입' 지시는 오직 대통령밖에 못한다 – 인터뷰 ① 김대중·노무현 정부 국가 위기관리시스템 만든 류희인의 대안", 〈오마이〉 2014.5.12.

시가 넘어서 다시 모습을 나타냈다. 청와대가 계속 숨겼던 이 놀라운 사실은 7월 10일 국정원 기관보고를 받은 새정치민주연합의 김현미 의원을 통해 드러났다.[157] 또한 4월 16일 14시에 안행부장관은 '전원구조 오보'를 확인하고 14시 24분에 김기춘 대통령 비서실장에게 휴대전화로 '직보'했는데 김기춘이 박근혜에게 (언제) 보고했는지는 밝혀지지 않았다. 이 사실은 10월 15일 감사원의 감사자료를 확인한 새정치민주연합의 서영교 의원을 통해 밝혀졌다.[158]

청와대는 중앙재난대책본부의 본부장이 안전행정부 장관이기 때문에 세월호 대참사 대응의 직접적인 책임이 안전행정부 장관에게 있고 대통령에게는 없다고 계속 주장했다. 그러나 실제로는 청와대 비서실과 국가안보실이 대통령에게 상황을 보고하고 지시를 받게 되어 있으며, 또한 헌법에 따르더라도 대통령은 정부의 최고 수장으로서 정부의 활동에 대한 최종적인 책임을 지는 것이 당연하다. 결국 2014년 5월 19일 박근혜는 최종적인 책임은 대통령인 자신에게 있다고 국민에게 사과했다. 그리고 정부조직 개편, 공직사회 개혁(김영란법=비리척결법 제정), 부도덕한 기업 일벌백계, 세월호 특검 시행과 특별법 제정 등을 국민에게 약속했다. 그러나 이 약속들은 제대로 지

---

157 '청와대, '세월호 침몰 당시 NSC 회의' 사실 숨겨', 〈프레시안〉 2014.7.10.

158 "'전원구조 오보' 안행부장관이 김기춘 실장에 직보', 〈노컷뉴스〉 2014.10.15. 2015년 11월 18일 세월호 특조위는 세월호 대참사 당시 밝혀지지 않은 박근혜의 7시간 행적에 대해 조사하기로 결정했다. 드러나지 않은 박근혜의 7시간 행적은 정부의 적정 대응을 평가하기 위해 반드시 조사해서 진상을 밝혀야 하는 사안이다. 그러나 새누리당은 이에 대해 격렬히 반대하고 비난하고 나섰다. 또한 11월 19일에 해양수산부가 작성한 것으로 추정되는 '세월호 특조위 현안 대응방안'이라는 문건이 드러났는데 이 문건은 박근혜의 7시간 의혹에 대해 조사할 경우 여당 추천 위원들이 사퇴하는 등의 세월호 특조위를 무력화하는 방안이 제시되어 있다.

켜지지 않았다.[159]

4. 세월호 대참사와 비리-사고사회

세월호 대참사와 같은 참담한 사고의 재발을 막고 안전사회로 나아가기 위해서는 어떻게 해야 할까? 사실 그 답은 박근혜의 2014년 5월 19일 기자 회견에서 거의 제시되었다. 그 핵심은 민관유착을 뿌리뽑고, 탐욕적인 기업을 엄벌하고, 모든 진상을 낱낱이 밝히는 것 등이다. 2014년 5월 19일 박근 혜가 기자회견에서 국민들에게 한 약속은 우리 자신과 가족들의 생명이 달린 중차대한 것이다. 이 중대한 과제는 결국 세월호 대참사의 진상규명과 비리-사고사회의 개혁으로 제시될 수 있다. 요컨대 세월호 대참사의 진상규명을 이루어서 비리-사고사회를 혁파해야 비로소 안전사회의 길이 열릴 수 있는 것이다.

1) 세월호 대참사의 진상규명

2014년 7월 14일 세월호 피해 학생들의 유가족들은 진상조사위원회에 수사권과 기소권을 부여하는 세월호 특별법의 제정을 요구하며 광화문 광장에서 농성을 시작했다. '유민 아빠' 김영오는 46일 동안 목숨을 건 단식을 하며 제대로 된 세월호 특별법의 제정을 촉구했다. 그러나 박근혜-새누리 정권은 이 당연한 요구를 강력히 거부했다. 그리고 '보수' 언론들의 격렬한 비방과 비난이 몰아쳤고, '어버이연합', '엄마부대' 등의 '보수' 단체들이 격렬

---

159 '박 대통령 "세월호 참사, 최종 책임은 저에게 있다…해경 해체할 것"', 〈중앙일보〉 2014.5.19; '취임선서 위반한 대통령 세월호 유족 약속도 파기', 〈팟빵직설〉 2014.8.24.

히 공격했다. 심지어 이승만 독재 시대에 '반공'을 내걸고 양민들에 대해 폭행, 강간, 살인, 약탈 등의 온갖 반인륜 행각을 벌인 '서북청년단'의 재건을 추진한다는 자들까지 나타났다. 세월호 대참사의 진상을 밝히고 안전사회를 이루자는 유가족들의 참으로 힘겨운 노력을 막기 위해 저 암울한 이승만-박정희-전두환-노태우 독재 시대의 망종들까지 돌아왔다는 비판과 우려가 커졌다.

세월호 대참사의 특별검사는 특별검사법에 의해 대통령이 임명하는 특별검사가 맡아서 진행하게 되어 있다. 따라서 이미 정부의 잘못이 큰 것으로 드러난 세월호 대참사의 진상을 밝히기 위해서는 특별검사만으로는 문제가 있을 것으로 예상되었기 때문에 독립적인 수사권과 기소권을 갖는 진상조사위원회를 설치하는 세월호 특별법이 제시됐던 것이다. 박근혜-새누리 정권이 정말 세월호 대참사의 진상규명과 안전사회의 형성에 찬성한다면 당연히 세월호 피해자들의 유가족들이 원하는 세월호 특별법을 제정해야 했을 것이다. 그러나 박근혜와 새누리당은 약속을 어기고 제대로 된 세월호 특별법을 계속 거부했다. 유가족들이 요청하는 특별법은 세월호 대참사의 진상규명을 위한 필수적인 요건을 갖춘 것이니 이에 대한 박근혜와 새누리당의 반대는 자기들이 저지른 잘못을 한사코 감추고 안전사회로 나아가는 길을 막겠다는 것이라는 비판도 제기됐다.

유가족들이 요청한 세월호 특별법에 대해 '카카오톡'을 중심으로 유가족들이 각종 특혜와 보상을 요구한다는 모략과 비방이 대대적으로 전파되었다. 이에 대해 2012년 대통령 선거에서 국가정보원과 국방부가 조직적인 여론 조작을 했던 것처럼 조직적인 여론 조작이 행해지고 있는 것이라는 의혹이 커졌다. 그 주요 내용은 유가족들이 피해자의 의사자 지정을 요구했다, 생존한 피해 학생들이 대학 특례입학을 요구했다, 유가족들이 거액의 보상·배상을 요구했다 등이었다. 그러나 유가족들은 이런 요구를 전혀 한 적이 없었다. 유가족들이 요구한 것은 오직 성역없는 진상규명, 잘못을 저지른 자들에 대한 엄정한 처벌, 그리고 안전사회를 위한 개혁이었다(세월호 참사 국민대책회의, 2014). 유가족들의 정당한 요구를 박근혜-새누리 정권이 거부하고, 박근혜와 새누리당을 지지하는 자들이 유가족들을 격렬히 비방했던 것이다.

세월호 특별법에 관한 논의는 세월호 대참사의 진상규명을 위한 실제적 방법을 찾는다는 견지에서 이루어져야 했다. 이 점에서 가장 큰 문제는 유가족들은 전혀 하지 않은 각종 보상·배상에 관한 논의가 조직적으로 널리 전파된 것이었다. 이로써 정부의 비리와 무능으로 졸지에 사랑하는 자녀들을 잃은 참척의 고통을 당한 유가족들은 더욱 더 괴롭게 되었다. 이것은 부모들이 사고로 죽은 자녀들을 팔아 치부하려 한다는 비난을 받게 하는 것이었기 때문이다. 박근혜-새누리 정권은 이런 반인륜적 주장을 퍼트리는 자들에 대해 엄정한 수사와 처벌을 강력히 촉구하고 나섰어야 했다. 그러나 전혀 그렇게 하지 않았다. 반면에 이런 반인륜적 주장을 하는 자들은 공공연히 박근혜와 새누리를 지지했다. 이런 상황은 무엇을 말해주는가? 박근혜-새누리 정권은 반인륜적 주장을 하는 자들을 지지하는가? 그렇다면 박근혜-새누리 정권은 반인륜적 주장을 하는 자들의 대표인가?

박근혜-새누리 정권은 감사원 감사, 검찰 수사, 그리고 특별검사의 수사로 모든 진상이 밝혀질 것이라고 생각하는 것으로 보였다. 그러나 2014년 10월 10일에 결과가 발표된 감사원 감사는 청와대와 국방부에 대해 단순히 서면조사와 자료 검토로 끝냈으며, 그에 앞서 10월 6일에 결과가 발표된 검찰 수사도 김경일 123정 정장과 최상환 해경차장을 기소하는 것으로 끝났다. 더욱이 검찰은 김경일과 최상환의 죄가 엄중한 데도 불구하고 불구속으로 기소했는데 이것은 검찰이 세월호 대참사의 진상을 파헤치는 것이 아니라 적당히 무마하는 쪽으로 수사를 했다는 것을 방증했다. 이에 대해 세월호 대참사의 유가족들은 크게 여섯 가지 의문을 제시하고 다음과 같이 평가했다.

검찰의 이번 수사결과 설명은 그 동안의 의혹을 해소하기보다는 검찰이
얼마나 진상규명에 무능한지 혹은 의지가 없는지에 대한 의혹만 가지게
하였습니다. 반면에 철저한 진상규명을 위해서는 정치적으로 독립적이
며 진상규명에 강한 의지를 가진 사람이 수사권과 기소권을 행사해야 한
다는 저희 가족들의 주장이 얼마나 타당한지 다시 한 번 드러났습니다.
철저한 진상규명을 위하여 제대로 된 특별법이 제정되어야 할 것이며,
수사권과 기소권의 행사주체는 반드시 정치적으로 독립적이며 진상규명
에 강한 의지를 가진 사람이 되어야 할 것입니다. 이를 위해 진상규명에
누구보다 강한 의지를 가진 저희 가족들이 수사와 기소의 주체를 정하는
데 참여할 수 있도록 하여 주시기 바랍니다('검찰 수사결과 발표에 대한
세월호 가족대책위의 입장 및 요청사항', 2014.10.7).

박근혜-새누리 정권의 '최고 권력'이 강력히 거부하고 있는 상황에서 검
찰의 '꼬리자르기' 수사 논란은 사실 예고된 것이었다. 이와 관련해서 가장
큰 문제는 이른바 '박근혜의 사라진 7시간'으로 제시되기도 했다. 대체 박근
혜는 세월호가 침몰하고 있던 그 절박한 7시간 동안 어디서 누구와 무엇을
했는가? 일본 총리는 분 단위로 일정을 밝히고, 미국 대통령도 비슷한 수준
으로 일정을 밝힌다. 국가 재난 상황에서 대통령이 7시간이나 행적을 감추
고 그것을 밝히지 않는 것은, 세월호의 선장과 선박선원들이 승객들에게 배
안에 가만히 있으라고 하고 도망친 것처럼, 결코 있어서는 안 되는 일이다.
박근혜의 사라진 7시간은 315명의 무고한 죽음과 직접 연관되어 있는 것이
다. 그것은 국가 재난이 발생한 상황에서 정부가 제대로 작동하고 있는가와
직결되어 있다. 그러니 어떻게 그 진상을 밝히지 않을 수 있겠는가?

박근혜-새누리 정권은 합당한 비판에 대해 신경질적으로 반응하며 해야
할 일을 하지 않아서 여러 부정적인 의혹과 추측을 더욱 더 키웠다.[160] 박근

---

160   박근혜의 사라진 7시간에 대해 사적 성격이 강한 의혹을 〈조선일보〉와 일본

혜-새누리 정권은 비판에 귀 기울이고 해야 할 일과 하지 말아야 할 일을 잘 가려야 할 것이다.[161]

2) 비리-사고사회의 개혁

세월호 대참사가 벌어지고 다시 '위험사회'가 여기저기서 운위되었다. 그런데 독일의 사회학자 울리히 벡의 '위험사회'론은 사실 그 자체로 한계를 갖고 있기 때문에 이 점을 잘 이해하고 한국 사회에 적용해야 한다(홍성태, 2014ㄴ). '위험사회'론의 가장 중요한 한계는 위험사회의 기준이 분명하지 않다는 것이다. 울리히 벡의 『위험사회』는 독일 사회를 대상으로 해서 쓰여진 것으로 이 책의 내용으로 보면 핵발전소의 유무가 한 사회를 위험사회로 규정하는 가장 명확한 근거라고 할 수 있다. 이런 점에서 독일과 한국은 같은 위험사회로 분류될 수 있다. 그러나 독일과 한국이 과연 같은 위험사회인가? 독일과 한국의 사회적 차이는 명확하지 않은가? 로버트 퍼트남이 입증

의 〈산케이신문〉이 보도했다. 이에 대해 청와대는 〈조선일보〉는 그냥 두고 〈산케이신문〉만 고발했는데 검찰은 〈산케이신문〉을 기소해서 이 논란은 결국 세계적인 논란이 되었고 한국은 이명박 정권과 박근혜 정권에 의해 언론자유가 크게 제약됐다는 사실이 다시금 명확히 확인됐다. 영국의 '프리덤 하우스'가 발표한 〈2014 언론자유 보고서〉에서 한국의 언론자유 지수는 197개 국들 중에서 68위로 2013년보다도 4단계나 하락했다. 이것은 일본보다 무려 38단계나 낮은 후진적인 상태이다. 가히 '신유신'의 시대라고 할 만하다. 이런 상황에서 검찰과 경찰이 '카카오톡'의 적극 협조를 받아 '카카오톡'에 대해 대대적인 사찰을 행하고 있다는 사실이 밝혀졌다. 그 결과 수십만 명의 사람들이 '카카오톡'을 탈퇴하고 인권이 확고히 보장되는 '텔레그램'으로 옮기는 '사이버 망명'도 이루어졌다. 박근혜 정부의 인권 억압이 가장 빠르게 성장하고 있던 정보통신 기업을 크게 망친 셈이다. 물론 인권의 중요성을 올바로 인식하지 못한 '카카오톡'의 잘못도 대단히 크다. '독재'는 경제를 살리는 것이 아니라 비리를 살리고 경제를 죽인다.

161 2016~17년에 밝혀진 '박근혜-최순실 게이트'로 박근혜가 극심한 '불통'의 상태에서 극심한 '비리'를 저지르고 있었다는 사실이 확연히 드러났다.

했듯이 어떤 제도의 실제 성과는 역사적으로 형성된 사회적 차이에 의해 크게 달라진다.

사회 질을 규정하는 비리도에서 독일과 한국의 사회적 차이는 명확하게 드러난다. '국제투명성기구'의 '2014년 세계 부패인식지수'에서 독일은 79점으로 12위였고 한국은 55점으로 43위였다. 울리히 벡은 위험사회를 주로 기술의 차원에서 제시했기 때문에 사회적 차이를 제대로 인식할 수 없었다. 우리는 과학기술의 위험도와 사회체계의 정비도를 기준으로 현대 사회를 유형화할 수 있다. 이렇게 보면, 독일은 고위험 과학기술과 저위험 사회체계가 결합된 '일반 위험사회'이고, 한국은 고위험 과학기술과 고위험 사회체계가 결합된 '악성 위험사회'이다. 일반 위험사회에서는 위험이 사고로 악화되는 것을 막는 제도가 잘 작동하지만, 악성 위험사회에서는 비리 때문에 위험이 사고로 악화되는 것을 막는 제도가 잘 작동하지 않는다.[162] 악성 위험사회에서는 사고를 막기 위한 제도가 있어도 비리 때문에 작동하지 않아서 사고가 빈발한다. 이런 점에서 악성 위험사회는 아예 '사고사회accident society'라고 할 수 있다.

비리도의 차이는 사고도의 차이로 직접 나타난다. 산재율, 자살율, 교통사고 사망률, 아동 안전사고 사망률 등에서 한국은 독일의 비교대상이 되지 않는다. 독일은 투명한 합리-위험사회이고, 한국은 부패한 비리-사고사회이다. 이런 차이는 각종 안전사고에서 더욱 잘 드러난다. 2014년 한국에서는 2월 17일 경주 코오롱 마우나 리조트 체육관 붕괴사고(10명 사망), 4월 16일 세월호 대참사(304명+11명 사망), 5월 26일 CJ의 고양 터미널 화재(9명 사망),

---

162 '4대강 살리기' 사업에서 잘 드러났듯이 이익을 취하기 위해 각종 자료를 왜곡하고 과학을 악용해서 사고를 일으키는 경우도 잦다. 심지어 절대적인 위험시설인 핵발전소의 건설과 운영에서도 허다한 비리가 당연한 듯 저질러지는 무서운 상태이다. 〈뉴스타파〉의 '원전 묵시록 2014'를 참고.

10월 17일 포스코의 판교 환풍구 붕괴사고(16명 사망), 12월 16일 제2 롯데
월드 콘서트홀 공사장에서 노동자 추락사[163] 등 안전사고가 그치지 않았다.
이 사고들은 1970년 4월 8일 와우아파트 붕괴(33명 사망), 1970년 12월 15
일 남영호 침몰(319명 사망), 1971년 12월 25일 대연각 호텔 화재(163명 사
망), 1993년 10월 10일 서해훼리호 침몰(292명 사망), 1994년 10월 21일 성
수대교 붕괴(32명 사망), 삼풍백화점 붕괴(502명 사망) 등과 마찬가지로 비리
가 그 기본적인 원인인 '비리 사고'이다.[164]

　미국의 사회학자 찰스 페로우는 고위험 기술의 사고를 그 위험도와 복잡
도에 의한 필연적인 것으로 파악하고, 이런 점에서 그것을 설명하기 위해
'정상 사고normal accident'라는 역설적인 개념[165]을 제시했다.

163　결국 이 사고로 제2 롯데월드의 콘서트홀은 공사정지됐고, 아쿠아리움과 영
　　화관은 영업정지됐다. 롯데는 저층부의 조기개장을 강행하는 것이 아니라 건
　　물과 주변에 대한 정밀안전을 시행했어야 했다.

164　'비리-사고사회' 한국은 무려 18년에 걸친 박정희 군사-개발독재 시절에 형
　　성되어 12년에 걸친 전두환과 노태우의 군사-개발독재 시절에 크게 확대됐
　　다. 이렇듯 비리-사고사회 한국은 40년에 걸친 군사-개발독재를 통해 형
　　성-확대된 것이기 때문에 민주화에도 제대로 개혁되지 않았다. 여기에는 세
　　가지 원인이 있다. 첫째, 오랜 세월에 걸쳐 형성되고 유지된 체계는 나쁜 체
　　계라고 해도 많은 사람들이 익숙하게 여기고 살아가는 데서 비롯되는 잠금효
　　과와 경로의존에 의해 쉽게 개혁되지 않는다. 둘째, 한국의 민주화는 비리 세
　　력의 지배 속에 진행된 '포위된 민주화', '취약한 민주화'였기 때문에 군사-
　　개발독재의 문제를 개혁하는 것이 대단히 어려웠다. 셋째, 민주화 세력이 내
　　부의 부패와 분열 등의 문제 때문에 해결해야 하는 과제를 올바로 확정하고
　　강력히 추진하는 데서 큰 한계를 가졌다. 사회의 변화는 결국 주체의 실천에
　　의해 이루어진다는 관점에서 보자면 가장 큰 문제는 셋째 사항이다.

165　영어 accident의 뜻이 잘 보여주듯이 사고는 필연적인 것이 아닌 우발적인
　　것으로, 즉 정상적인 것이 아닌 비정상적인 것으로 여겨졌다. 이런 점에서
　　normal accident는 형용모순의 개념이다.

표 18 각종 사고율 비교

	한국	미국	독일	스웨덴
산업재해사고 10만인율	18.0	4.0	2.04	1.5
자살률(10만 명 당)	29.1	12.5	10.5	11.6
교통사고 사망률	2.4	1.3	0.8	0.6
아동안전사고 사망률	6.0	9.2	3.7	2.7

출처: 정초원(2014)

요컨대 페로우의 '정상 사고'는 고위험 과학기술과 고정비 사회체계가 결합된 일반 위험사회에서 발생하는 사고이다. 대표적인 예는 핵발전소 폭발 사고이다. 페로우의 '정상 사고'론에 따르면, 핵발전소는 너무나 위험하고 복잡해서 그 폭발 사고를 완전히 회피할 수 있는 길은 없다. 우리가 진정 안전을 원한다면 핵발전소를 하루빨리 폐기해야 한다. 이에 비해 '사고사회'의 사고는 대체로 비리에 의해 발생하는 '비리 사고'로서 고위험 기술이 아니라 저위험 기술의 이용에서 발생한다. 또한 '사고사회'에서는 '정상 사고'로 파악된 고위험 기술의 문제도 비리에 의해 당연히 더욱 더 악화된다. 한국 사회는 비리에 의해 일어나지 않아야 할 사고가 빈발하는 '비리-사고사회'이다.

현대 과학기술의 위험에 대해서는 이미 오래 전부터 많은 사람들에 의해 여러 비판과 우려가 제기되었다. 철학에서는 독일의 마르틴 하이데거가 그 대표적인 인물이다. 하이데거는 1927년에 발표된 그의 주저 『존재와 시간』에서 이미 그런 생각을 드러냈고, 1953년에 행한 '기술에 대한 물음'이라는 강연에서 자신의 생각을 더욱 분명히 제시했다. 그런데 하이데거는 기술과 예술이 하나로 섞여 있던 고대 그리스 시대의 예술에서 구원을 찾고자 했다 (Heidegger, 1953). 그러나 위험사회는 물론이고 사고사회를 개혁하기 위해서는 예술이 아니라 정치를 통하지 않으면 안 된다. 울리히 벡이 적절히 지적했듯이 민주주의를 사회의 모든 영역으로 확대하는 정치의 개혁이 중요하다. 합법적 강제력을 행사해서 사회를 구성하고 운영하는 정치가 엉망인 곳에서는 우리의 생존 자체가 위태로워지기 때문이다.

한국과 같은 비리-사고사회에서는 정치가 더욱 더 중요하다. 비리-사고사회는 비리 세력이 오랫동안 지배한 잘못된 정치의 역사-구조적 결과이다. 한국은 위험사회가 아닌 사고사회이며, 그 원천은 비리 세력의 권력 비리이다. 기업과 개인은 탐욕에 사로잡혀 비리를 추구할 수 있다. 이것을 제어해서 사회를 보호하는 것이 정부의 책임이다. 그러나 정부가 무능할 수 있으며, 기업과 개인에게 매수될 수 있고, 아예 정부 자체가 탐욕의 주체가 될 수 있다. 막스 베버는 정부를 기계로 보았지만 그것은 틀린 생각이었다(Weber, 1922: 347). 정부는, 자기 이익을 갖고 기업이나 이익단체처럼 작동할 수 있을 뿐만 아니라 '관피아', '정피아', '법피아'가 잘 보여주듯이 사실상의 범죄 조직이 될 수도 있다. 정치 개혁으로 정부를 바로 세우는 것이 비리사회를 개혁하기 위한, 따라서 사고사회를 개혁하기 위한 가장 근본적인 과제이다.

5. 맺음말

한국 사회에 대한 가장 일반적인 분석틀은 보수와 진보의 틀이다. 세월호 대참사의 경우에도 이 틀이 많이 적용되었다. 그러나 여러 사고들에 비추어 보면, 한국 사회를 올바로 살펴볼 수 있는 기본적인 분석틀은 비리와 합리의 틀인 것 같다. 요컨대 '보수 연합'이 아니라 '비리 연합'이 이 사회를 지배하고 있는 것이 문제의 근원이다. '비리 연합'은 자신들의 연줄을 이용해서 온갖 비리를 저질러서 이익을 추구하며 사람들을 괴롭히고 나라를 망친다. 그러나 '비리 연합'은 매수와 세뇌로 사람들을 포섭해서 합법적으로 권력을 전횡할 수 있다. 오랜 역사에 의해 비리 세력이 지배적인 곳에서는 '민주주의의 역설'[166]이 대단히 심각하게 나타날 수 있다. 세월호 대참사는 이런 역사-구조적 상황의 산물이다.[167]

우리가 이룬 민주화는 비리 세력의 포위 속에 이루어진 '포위된 민주화'였으며, 제대로 공고화되지 못하고 쉽게 무너질 수 있는 '취약한 민주화'였다. 세월호 대참사의 진상을 밝히고 안전사회를 이루기 위해 '실질적 민주화'가 올바로 추구되어야 한다. 그 출발은 시민정치의 활성화로 비리 세력이 주도하는 제도정치를 혁파해서 진정으로 민주적인 제도정치를 이루는 것이다. 안전사회를 이루기 위해서는 무엇보다 비리의 척결을 위한 제도의 개혁이 올바로 이루어져야 한다. 그렇게 해서 비리의 댓가가 비리의 이익보다 훨씬 커져야 비로소 비리가 사라진다.[168] 이런 점에서 댓가성 여부와 상관없이 공무원이 시민의 돈을 받으면 무조건 처벌하도록 한 '김영란법'=부패척결법은 대단히 중요하다. 또한 기업 활동의 인명피해에 대해 영국식 기업살인죄를 적용하고, 경제적 피해에 대해 강력한 미국식 징벌적 손해배상을 시행해야 한다.

---

166 로버트 달은 민주주의는 정치 제도를 넘어서 이상사회를 뜻한다고 주장했다 (Dahl, 1983). 민주주의 제도와 민주주의 사회를 혼동해서는 안 된다. 그러나 현실에서는 다수의 민주적 결정으로 비리 세력의 전횡이 결정되는 일이 왕왕 일어난다. '민주주의의 역설'은 이것을 가리킨다.

167 일찍이 김진균은 한국 사회의 실제 운영은 '연줄결속체'에 의해 이루어지고 있으며, 친일과 독재의 비리 세력이 넓은 '연줄결속체'를 형성해서 한국 사회를 지배하고 있다고 지적했다(김진균, 1983, 1988). 박근혜-새누리 정권이 잘 보여주듯이, 한국 사회의 현실은 여전히 이런 상태에 머물러 있다.

168 이런 점에서 검찰이 김경일 경위(6급 을)를 업무상 과실치사로, 최상환 해경 차장(1급), 해경 수색구조과장 박모 총경(4급), 수색구조과 재난대비계 나모 경감(6급 갑) 등을 직권남용권리행사방해죄로 불구속 기소한 것은 큰 문제이다. 해경의 직분을 저버리고 수백 명이 죽어가는 중에 구조를 제대로 하지 않았고 심지어 큰 비리를 저질렀으니 모두 구속 기소했어야 한다. 검찰의 수사는 애초부터 '봐주기'의 의혹을 크게 안고 있었던 것이다.

2015년 3월 3일 '김영란법'[169]이 어렵사리 제정됐다. 그러나 원래의 법안에 있던 '이해충돌 방지' 부분은 빠졌으며, 비리 세력의 공격이 거세서 축소된 법이 더욱 축소될 우려가 크다. 한편 2014년 11월 7일 '세월호 특별법'(4·16세월호참사 진상규명 및 안전사회 건설 등을 위한 특별법)이 제정됐다. 이에 따라 2015년 1월 1일자로 '세월호 특조위'(4·16세월호참사 특별조사위원회, 위원장 이석태 변호사)가 발족했다.[170] 그런데 박근혜 정부와 새누리당은 '세월호 특별법' 제정에서 유가족들의 요구를 축소하고 세월호 유가족들을 모욕했던 자를 위원으로 임명했을 뿐만 아니라 '세월호 특조위'의 예산과 규모를 대폭 축소하는 '세월호 특별법 시행령'을 제정했다. 이에 따라 유가족들과 시민들은 다시 거리로 나서서 이 시행령안의 폐기를 요구하며 항거하게 되었다.[171]

이렇듯 당연한 법과 제도에 대해 비리 세력의 격렬한 공격이 가해지며 저지되는 것을 보면 비리 세력의 위력과 민주화의 중요성에 대해 더욱 깊이 생각하게 된다. 민주화는 정치의 민주화를 넘어 사회의 합리화를 통해 나라의 선진화를 이루는 역사적 과정이다. 이 보편적 발전의 과정이 올바로 이루어지기 위해서는 역사적으로 형성된 사회의 특성을 올바로 이해해야 한다. 무엇보다 비리 세력의 지배가 계속되고 세월호 대참사와 같은 참담한 사고마

---

169 이 법의 정식 명칭은 '부정청탁 및 금품 등 수수의 금지에 관한 법률'이다. 이 법은 사실 미국의 '뇌물 및 이해충돌 방지법'을 크게 참고한 것으로서 이로써 직무와 무관한 금품 수수와 금품 수수가 없는 제3자의 부정청탁도 처벌할 수 있게 되어 비리의 척결에 대한 기대가 커졌다.

170 실제로는 3월 5일에 임명장을 받았으나 1월 1일로 소급해서 활동하는 것으로 되었다.

171 유가족들과 시민들은 '세월호 특조위'를 무력화하기 위한 이 시행령을 '악마의 시행령'으로 부르며 박근혜 정부를 무능한 정권이 아니라 잔인한 정권이라고 비판했다. 이런 중에 박근혜 정부는 세월호 희생자들에게 위자료 1인당 8천만 원을 포함해서 1인당 4억여 원을 지급하는 배보상 계획을 발표해서 유가족들과 시민들을 더욱 더 분노하게 했다.

저 일어나는 역사-구조적 상황을 올바로 인식해야 할 것이다. 로버트 퍼트남의 연구가 잘 입증했듯이 비리가 만연한 곳에서는 어떤 좋은 제도도 제대로 작동하지 않는다. 한국은 오랫동안 정부가 올바로 역할하지 못해서 '비리-사고사회'가 되었으며, 이 문제를 해결하기 위해서는 비리의 척결에 초점을 두고 정부와 정치의 개혁을 추구해야 한다.

문재인 대통령은 2017년 5월 11일 '세월호 재조사'를 지시했다. 박근혜-새누리 비리 정권은 세월호 조사를 계속 방해했다. 박근혜의 세월호 참사 7시간 잠적에 관한 모든 기록도 봉인됐다. 박근혜-새누리 비리 정권이 대체 무슨 짓을 했던 것인가? 그 재조사는 너무나 당연한 것이다. 모든 진실이 낱낱이 밝혀지고 엄정한 처벌이 반드시 행해져야 한다.

참고자료

강수돌(2015), '세월호 참사에 드러난 기업·정부의 사회적 무책임', 서울대 인문학
　　　연구원, 〈인문논총〉 72권 2호

고제규(2014), '유병언 구원파 설립부터 청해진 해운까지', 〈시사IN〉 2014.5.2.

김진균(1983), 『비판과 변동의 사회학』, 한울

＿＿＿(1988), 『사회과학과 민족현실』, 한길사

뉴스타파(2015), '세월호 참사 1주기 다큐-참혹한 세월, 국가의 거짓말', 〈뉴스타파〉
　　　2015.4.15.

박세열(2014), '일그러진 대한민국 성공 신화, 유병언 세월호 소유주', 〈프레시안〉
　　　2014.4.23.

박희주(2014), 〈외국의 징벌배상 법제 및 사례 연구〉, 한국소비자원

세월호 참사 국민대책회의, '세월호 특별법, 오해와 진실', http://sewolho416.
　　　org/2287

윤태범(2013), '공직자의 윤리 확보와 이해충돌의 방지', 김병섭·박순애 편(2013),
　　　『한국사회의 부패』, 박영사

＿＿＿ 외(2012), 〈부패방지 추진정책 성과 및 과제〉, 한국행정학회

정초원(2014), '위험한 대한민국, 국민의 안전은 어디에?' 〈프레시안〉 2014.10.21.

최정규(2004), 『이타적 인간의 출현』, 뿌리와 이파리

현대경제연구원(2014ㄱ), 〈OECD 비교를 통해 본 한국 사회자본의 현황 및 시사점〉

＿＿＿＿＿＿(2014ㄴ), 〈한국 사회자본, 나를 넘어 공동체로〉

홍성태(2014ㄱ), '모두의 잘못이 아니다', 〈한겨레〉 2014.5.14.

＿＿＿(2014ㄴ), 『위험사회를 진단한다』, 아로파

Beck, Ulich(1992), 홍성태 옮김(1997), 『위험사회』, 새물결

Broad and Wade(1983), 박익수 옮김(1989), 『배신의 과학자들』, 겸지사

Dahl, Robert(1983), 이만희 옮김(1990), 『다원 민주주의의 딜레마』, 인간사랑

Heidegger, Martin(1927), 전양범 옮김(1992), 『존재와 시간』, 동서문화사

_____(1953), 이기상 옮김(2008), '기술에 대한 물음', 이기상·신상희·박찬국 옮김(2008), 『강연과 논문』, 이학사

Kant, Immanuel(1781), 정명오 옮김(1978), 『순수이성비판』, 동서문화사

Perrow, Charles(1984), *Normal Accidents: Living with High Risk Technologies*, Princeton Univ. Press

Putnam, Robert(1994), 안청시 외 옮김(2000), 『사회적 자본과 민주주의』, 박영사

Transparency International(2014), *CORRUPTION PERCEPTIONS INDEX* 2014

Weber, Max(1922), 금종우·전남석 공역(1981), 『지배의 사회학』, 한길사

6장
사고 사회에서 안전 사회로

1. 머리말

현대 사회에서 문화는 유례없는 다양성과 복잡성을 보이고 있다. 그것은 현대 사회가 이룬 유례없는 풍요의 성과에서 비롯된 것이다. 그러나 독일의 사회학자 울리히 벡이 강력히 제기했듯이 현대 사회의 풍요는 거대한 파멸을 초래할 수 있는 현대 사회의 위험을 댓가로 치르고 이루어진 것이다(Beck, 1986). 울리히 벡이 강조한 것은 현대 사회의 풍요에 따른 물질적 파멸과 생태적 파멸의 위험이지만, 사실 현대 사회의 풍요에 따른 파멸의 위험은 문화적인 면에서 가장 강력히 나타났다. 세계 전역에서 진행된 수많은 언어와 문화의 영원한 소멸은 그 생생한 예[172]이다(Evans, 2010). 그런데 이런 파괴적인

---

[172] 유네스코는 오래 전부터 사라지는 언어와 문화를 지키기 위해 애쓰고 있다. 2010년 12월 우리의 제주어도 유네스코의 소멸 위기 언어 목록에 올랐다. 휘황한 풍요의 이면에서 소수 언어와 문화의 소멸, 그리고 소수 부족의 멸종이라는 어두운 참사가 벌어지고 있다는 사실을 잘 인식하는 것은 인류의 구성원으로서 우리의 중요한 책임이다.

풍요의 가장 무서운 결과는 그것을 당연시하는 문화가 확산되는 것이다.

문화는 정신의 사회적 구현으로서 우리의 의식과 활동을 규정한다. 우리가 어떤 문화에서 살고 있는가에 따라서 우리의 의식과 활동이 크게 달라질 수 있다. 위험의 면에서도 그렇다(Douglas and Wildavsky, 1982). 탐욕과 파괴를 당연시하는 문화에서 자라고 살면서 탐욕과 파괴의 문제를 올바로 인식하는 것은 사실상 불가능하다. 안전에 대한 우리의 의식과 활동도 마찬가지이다. 모든 문화에서 안전을 똑같이 중시하는 것은 아니다. 안전을 중시하는 문화가 있는가 하면, 안전을 경시하는 문화가 있다.[173] 우리가 안전을 중시하는 문화에서 살수록 우리가 안전하게 살 가능성이 크다. 그러나 우리는 안전을 무시하는 사회에서 살고 있고, 한국이 사고사회가 된 것은 이 사실과 깊이 연관되어 있다.

안전 사회를 이루기 위해서는 비리의 척결 위에서 위험에 대한 대비와 사고에 대한 대응이 계속 개혁되어야 하며, 이를 위해서는 안전을 중시하는 안

---

173 대체로 남성주의가 강한 곳은 안전을 무시하는 문화가 강하다. 남성주의는 안전을 무시하고 위험을 무릅써서 힘을 과시하는 성향을 갖고 있기 때문이다. 남성주의가 가장 조직적으로 체계적으로 육성되고 조장되어 나타나는 것이 바로 군사주의이다. 평화는 안전의 기반이다(Galtung, 1996). 한국은 세계 최장의 전쟁 상태에 있는 국가로서 군사주의가 대단히 강하다. 한국의 군사주의는 50년이 넘게 침략과 전쟁을 벌인 일본 제국주의의 식민 지배에 뿌리를 두고 있으며, 30년에 걸친 박정희-전두환-노태우 군사독재에 의해 강고한 국가 이념으로 확립됐다(김진균·홍성태, 1996, 2007). 또한 한국 군대 내의 폭행과 강간, 그리고 장군들의 엄청난 비리 행각을 보면, 한국의 군대는 폭력과 비리의 온상으로서 한국 사회를 심각하게 훼손하고 있는 것으로 보일 정도이다. 전두환 독재 때의 김상태 전 공군 참모총장(1982~84)이자 성우회 회장은 이명박 정부 때 미국 회사에 군사기밀을 넘기고 25억원을 받아 챙겼으며, 이명박 정권의 김 모 예비역 공군 준장은 평가를 조작해서 230억원대 불량 전투기 시동기를 납품했고, 정옥근 전 해군 참모총장(2008~10)은 5억원이 넘는 군인복지기금 횡령으로 구속됐던 것에 이어 업자에게 7억원이 넘는 뇌물을 강요해서 두번째 구속됐다.

전 문화Safety Culture의 확산이 사회 전체에서 올바로 추구되어야 한다. 안전은 생존의 기본조건이다. 따라서 안전을 중시하는 문화는 우리의 생존을 위해 필수적인 의미를 갖는다. 한국 사회는 비리의 만연으로 말미암아 일어나지 않아야 할 사고들이 빈발하는 사고사회accident society이다(홍성태, 2014). 이런 사고사회에서는 안전 문화도 대단히 저열한 상태에 있게 마련이다. 사고사회의 개혁이 어려운 것은 무엇보다 비리가 만연해 있기 때문이지만 이와 함께 안전을 무시하는 문화의 문제도 대단히 중요하다.

세계적으로 안전 문화는 1986년 4월 26일의 체르노빌 핵발전소 폭발 사고를 계기로 본격적으로 제기되었으며, 한국에서 안전 문화는 1995년 6월 29일의 삼풍백화점 붕괴 사고를 계기로 본격적으로 제기되기 시작했다(국가재난정보센터, 2007). 그 초점은 사회 전반에서 안전 의식의 확산을 이루는 것이다. 그러나 여러 조사들이 잘 보여주듯이, 한국 사회에서 안전 문화는 여전히 확산되지 않았으며, 건설 분야의 상태는 특히 심각한 문제를 보이고 있다(국민권익위원회, 2013; 김미숙 외, 2013; 현대경제연구원, 2014). 안전 문화의 확산은 단지 안전을 강조하는 것이 아니라 여러 관련 제도들의 정비를 통해 이루어질 수 있다. 이를 위해 현대 사회와 안전에 대한 근원적인 고찰이 필요하다.

2. 현대 사회와 안전

안전(safety)은 개인, 조직, 지역, 국가 등에서 기대되는 상태나 바람직한 상태를 유지하는 것을 뜻한다. 영어 security는 정부가 국가를 지키기 위해 펼치는 '안보'를 뜻할 뿐만 아니라 안전을 지키기 위해 펼치는 '보안'도 뜻한다. 그런데 이 세상에는 변수들이 너무나 많아서 안전을 완전하게 지키는 것은 사실상 불가능하다. 그래서 보통 안전은 과학기술 전문가들이 책정하는 기준 또는 표준을 통해 관리된다. 그런데 여기에 대단히 큰 문제가 담겨 있다. 과학기술 전문가들이 전문지식의 장벽을 악용해서 자기들의 성채를 만들고 권력과 재력에 봉사해서 이익을 추구하는 '과학 사기', '지식 비리'의 문제가 생기는 것[174]이다(Broad and Wade, 1983). 이런 점에서 시민의 참여를 통한 전문가 체계의 민주화는 위험사회의 핵심 과제이다(Beck, 1986).

오늘날 우리는 너무나 많은 물건들을 너무나 손쉽게 사용해서 너무나 편리한 생활을 너무나 안전하게 영위하고 있다. 인류는 공업 문명에 의해 참으로 놀라운 번영을 이루었다. 그러나 이런 놀라운 성과의 이면에서 커다란 위험이 계속 만들어지고 있으며, 지구 생태계 자체의 파멸마저 우려되고 있다(홍성태, 2004). 현대 사회는 한편에서 기존의 위험들을 제거했지만 다른 한편에서 새로운 위험들을 생산했다. 생존의 기본조건인 안전을 지키기 위해서는 우선 현대 사회의 이 양면성을 올바로 인식해야 한다(Beck, 1986). 계속되는 핵발전소의 폭발, 에이즈에 이은 에볼라의 확산, 불평등과 갈등의 악화

---

174 현대 사회는 교통사고, 식품 안전, 의료 사고, 핵발전소 위험 등에 관한 논란이 끊이지 않는 전문가 사회이다. 한국은 비리사회로서 이 문제가 더욱 심각하며, 여기에 법원의 편파 판결 문제도 결합되어 있다. 이른바 '황우석 사태'는 이 문제를 널리 알린 중요한 사례이지만(김세균 외, 2006; 홍성태, 2006) 이명박 정부의 '사자방'(4대강 사업, 자원외교, 방산 비리) 비리 의혹은 세계적으로 예를 찾기 어려운 '정부 비리' 의혹일 뿐만 아니라 '정부 주도 과학 비리' 의혹이다.

등 현대 사회의 휘황한 풍요는 암울한 위험을 그 배경으로 하고 있다. 풍요에 도취되어 위험을 잊어서는 안 된다.

여기서 잠시 현대 사회를 비판하는 유명한 두 가지 예언적 소설에 대해 살펴보자. 하나는 올더스 헉슬리Aldus Huxley의 『멋진 신세계』(1932년)이고, 다른 하나는 조지 오웰George Orwell의 『1984』(1948년)이다. 후자는 당시 소련의 스탈린 체제를 묘사한 것으로 강력한 지배자에 의한 완전한 감시와 억압의 미래를 제시했으며, 전자는 사람들이 풍요에 취해 통제와 억압을 스스로 적극 수용하는 미래를 제시했다. 1986년에 미국의 언론학자 닐 포스트만은 오웰이 아니라 헉슬리가 옳았다는 의견을 밝혔다(Postman, 1986). 모두를 감시하고 억압하는 '빅 브라더'는 이루어지지 않았지만 모두가 통제와 억압을 스스로 수용하는 '멋진 신세계'는 이루어졌다는 것이다. 풍요의 효과는 이렇게 무서운 것일 수 있다.

안전은 위험이 없는 상태가 아니라 위험에 잘 대비해서 사고를 예방하는 상태이다. 위험은 사고가 일어날 가능성이고 사고는 뜻하지 않은 피해를 입는 것이다. 위험에 잘 대비해서 사고를 예방하기 위해서는 풍요에 도취되어 위험을 잊지 말고 커다란 풍요와 커다란 위험이 뒤엉켜 있는 현대 사회의 양면성을 올바로 인식해야 한다. 도시의 밤을 밝히는 수많은 불빛의 풍요는 세상을 파멸로 몰아넣을 수 있는 핵발전소의 위험과 일체를 이루고 있는 것이다. 안전은 현대 사회의 이 양면성에 대한 올바른 이성적 인식으로 시작될 수 있다. 예컨대 언제나 원자로 폭발과 방사능 유출의 위험을 안고 있는 핵발전소에 대해 100% 안전을 자신하는 비이성적 인식으로는 사고를 향해 나아갈 수 있을 뿐이다.

현대 사회의 풍요와 위험은 과학기술에 그 뿌리를 두고 있다. 이에 대한 우려는 이미 그 발달의 초기 단계에서부터 강력히 제기되었는데, 그것은 인식과 신념의 변화에 대한 우려, 새로운 착취에 대한 저항, 인간의 새로운 발전 요구 등으로 다양하게 나타났다. 예컨대 19세기 초에 키에르케고르는 근대 사회의 형성과 종교의 약화에 따른 '불안'의 문제에 적극 대응하고자 했고(Kierkegaard, 1844), 19세기 중반에 마르크스는 유물론의 재정립과 사회주의 운동으로 완전한 평등사회를 이룩하고자 했고(Marx, 1867), 19세기 말에 니체는 문명의 발전으로 신이 죽은 상황에서 인간이 자신을 온전히 이해하고 구현하는 '초인'이 되기를 요청했다(Nietzsche, 1885).

20세기에 들어와서 19세기의 불안은 이전의 역사에서 겪지 못했던 거대한 전쟁으로 폭발했다. 1914~1919년 동안 전개되어 수천만 명의 사상자를 낳았던 1차 세계대전이 바로 그것이다. 그 결과 19세기를 지배했던 이성과 진보에 대한 낙관적인 기대는 크게 약화되고 말았다. 이와 함께 하이데거에게서 잘 볼 수 있듯이 과학기술에 대한 우려는 더욱 더 깊어졌고(Heidegger, 1924), 프로이트는 아예 이것을 에로스(생명)와 타나토스(죽음)[175]의 인간 본성론으로 연결시켰다.

> 인류의 공동문제는 오로지 다음과 같은 것에 있는 것 같이 생각되는 것이다. 즉 문화 발달에 대해서 인간의 공격 충동 및 자기 부정 충동에 의거하는 공동생활의 장해를 극복한다고 하는 것이 과연 잘 될 것인가, 또 어느 정도 성공하게 될 것인가라는 하는 것이다. 이 점에 관해서는 아마도 바로 현대야말로 특별한 흥미를 이끌 수 있는 시기일는지도 모른다.

---

175 프로이트가 에로스(생명 충동)와 죽음 충동에 대해 처음 쓴 것은 1920년에 발표한 「쾌락원칙의 피안」이었다. 뒤에 프로이트의 제자에 의해 죽음 충동은 에로스에 대비해서 '타나토스'(그리스 신화에서 죽음의 신)로 불리게 되었다. 1930년은 아직 핵폭탄을 개발하기 전인데도 프로이트가 인류의 완전한 절멸을 말한 것은 1929년 대공황의 발발과 나치의 발호를 보며 1차 세계대전보다 더 극악한 전쟁을 예감했기 때문이었을 것이다. 1939년 9월 17일 나치의 폴란드 침공으로 2차 세계대전이 시작되었고, 6일 뒤인 9월 23일 구강암에 시달리던 83살의 프로이트는 1938년에 망명한 영국에서 자살로 세상을 떠났다.

지금에는 사람들은 자연력의 지배를 극히 광범위하게 성취하고 있으므로, 자연력의 도움을 빌린다면 최후의 한 사람에 이르기까지 서로가 절멸시킬 수가 있게 되었다. 그들이 그것을 알고 있기 때문에, 그 점에서 그들의 현재의 동요나 불행이나 불안의 기분이 대부분 생기고 있는 것이다(Freud, 1930: 166).

20세기는 위대한 풍요와 인권의 시대이자 참혹한 학살과 파괴의 시대였다(김진균·홍성태, 1996). 21세기에 들어와서 이 문제는 지구 온난화로 대표되는 지구적인 생태위기의 악화로 더욱 확대되고 있다. 인류는 자신이 이룬 모든 것에 대해 더욱 더 넓고 깊이 반성하고 시급히 개혁해야 하는 참으로 절박한 상황에 처해 있다. 그것은 기존에 우리가 옳다고 믿었던 모든 것에 대해 다시 철저히 되돌아보는 것이다. 그 출발은 인식의 객관성과 주관성을 동시에 인식하는 것이며, 이로써 열린 토론과 숙의의 민주주의를 추구해야 한다.

사람들은 보통 무엇(예컨대 공간이나 세계 따위)을 그냥 받아들여서 지각한다고 생각하지만, 거기엔 이미 자기 자신의 구조가 지워지지 않게 새겨져 있는 것이다(Maturana and Varela, 1987: 32).

반사 또는 반성Reflexion이란 자기가 어떻게 인식하는지를 스스로 인식하게 되는 과정이다. 다시 말해 자기 자신을 되돌아보는 행위인 것이다. 이 것은 눈먼 자신을 보고 동시에 다른 사람들의 인식과 확신도 자기 것과 마찬가지로 굳고 드세지만 또한 확실하지 않다는 점을 깨달을 수 있는 딱 한 가지 방법이다.
반성보다 행위를 지향하는 서양문화 속에서 살아온 우리들은 우리들이 어떻게 인식하는지를 인식한다고 하는 이런 특별한 상황과 마주하기를 전통적으로 꺼려왔다. 그래서 일반적으로 자신을 보지 못한 채 살아왔다. 이것은 마치 '앎을 알면 안 됨'이라는 금기가 있는 것과도 같다(Maturana and Varela, 1987: 33).

우리들은 마치 '사실'이나 물체가 '저기 바깥'에 있고 그것을 그냥 가져다가 머리에 넣으면 되는 것처럼 인식현상을 볼 수 없음을 늘 되새겨야 할 것이다(Maturana and Varela, 1987: 35).

현대 사회는 놀라운 풍요로 사람들을 도취시키고 마비시키는 '멋진 신세계'이다(Huxley, 1932; Debord, 1967). 이 '멋진 신세계'에서 현대 사회의 산물인 여러 위험에 올바로 대비하고 사고에 대응해서 안전을 이루기 위해서는 권력과 재력은 물론이고 과학의 권위에도 복종해서는 안 된다.[176] 과학기술자들은 울리히 벡이 강력히 지적했듯이 전문지식의 성채 안에서 '근대적 봉건성'의 문제를 낳았으며, 한국과 같은 비리사회에서는 '과학 사기'를 일상적으로 저지르며 권력과 재력에 적극 봉사해서 이익을 챙길 수 있다. 여기서 우리는 과학에 대한 깊은 학식 위에서 철학의 기반을 새롭게 다져서 근대 계몽주의의 이상을 드높였던 칸트의 비판론을 되새기며 우리를 엄정히 돌아볼 필요가 있다.

현대는 참으로 비판의 시대이며, 모든 것은 비판에 복종하지 않으면 안 된다. 종교는 그것이 신성함으로써, 입법은 그것이 엄숙함으로써 흔히 비판을 회피하려고 한다. 그러나 그렇게 되면 그것들은 당연히 자기에게 대한 의혹을 자초하게 된다. 그리하여 이성이 자유스럽고 공정한 검증을 견디어 내는 것에게만 허용하는 참다운 존경을 요구할 수가 없게 되는 것이다(Kant, 1871: 30).

---

176 그렇다고 과학을 무시해서는 안 된다. 우리는 과학을 통해 우리와 세계에 대해 더 잘 알 수 있다. 우리에게 필요한 것은 과학을 맹목적으로 숭배하지 않고 과학에 대해 비판적 거리를 유지하는 것이다. '과학 사기'를 저지르는 주체가 될 수 있다는 점에서 과학자에 대해서는 더욱 더 비판적 거리를 유지해야 한다.

3. 안전 문화 개념의 정립

안전은 본래 당연히 주어지는 것이 아니다. 우리가 애써서 안전을 지키지 않으면 언제나 우리는 큰 사고를 당할 수 있다. 현대 사회는 풍요와 편리와 안전을 이룬 사회처럼 보이기에 우리는 더욱 더 위험에 유의해서 대비해야 한다. 쓰리마일섬 핵발전소의 준폭발사고, 체르노빌과 후쿠시마의 핵발전소 폭발 사고는 이 사실을 잘 보여준다.[177] 핵발전소는 엄청난 양의 전력을 생산해서 현대 사회의 풍요를 지탱한다. 그러나 완전히 안전한 핵발전소를 만들 수는 없으며 핵발전소는 언제나 폭발의 위험을 안고 있다. 그리고 핵발전소가 폭발하게 되면 그 지역은 영원한 죽음의 땅이 될 뿐만 아니라 지구 전체에 심각한 방사능 오염을 초래하게 된다. 이런 점에서 핵발전소는 현대 사회의 무서운 양면성을 상징하는 시설이 되었다.

1986년 4월 26일 체르노빌의 핵발전소가 폭발했다. 이 사고는 세계를 놀라게 했다. 이 사고는 머나먼 우크라이나에서 발전소가 폭발한 것으로 우리와 아무런 관계도 없어야 했으나 공기와 하천과 생물을 통한 방사능의 전파로 우리도 영향을 받게 되었다. 이 사건은 우주에서 찍은 지구의 모습과 TV를 통한 지구촌의 형성에 이어 인류가 지구라는 하나의 별에 살고 있는 공동 운명체라는 사실을 보여준 또 하나의 사건이었다. 그러나 앞의 두 사건이 긍정적인 사건이었다면, 이 사건은 극히 부정적인 사건이었다. 이 사건은 인류가 거대한 전쟁이 일어나지 않더라도 절멸할 수 있는 위험에 처해 있다는 것을 보여주었기 때문이다. 이로써 세계 전역에서 이 무서운 위험에 대한 다양

---

177 이른바 '찬핵파' 중에는 한국의 핵발전소는 쓰리마일섬, 체르노빌, 후쿠시마의 것과는 달라서 절대 폭발하지 않는다고 주장하는 자도 있다. 이런 무모하고 무근거한 무오류성 주장이 핵발전소 폭발의 근본적인 원인이라고 할 수 있다. 모든 핵발전소는 결코 완전히 안전하게 관리할 수 없는 고열과 고방사능 때문에 폭발의 위험을 안고 있다.

한 대책들이 추진되었다.

'안전 문화safety culture'의 개념도 체르노빌의 핵발전소 폭발 사고를 겪고 처음으로 제기되었다. 이 사고에서 안전 문화의 중요성이 크게 지적되었던 것이다.

> 1986년 체르노빌 사고 이후 IAEA에 의해 발간된 'INSAG-1 체르노빌 사고 후 검토회의 결과 요약보고서'에서 '안전 문화'라는 말이 최초로 사용되었다. 그리고 1988년 'INSAG-3 원자력발전소 기본안전원칙'에서 가장 우선적인 안전원칙으로 제시되었으며, 1991년 INSAG-4로서 '안전 문화'라는 책자가 IAEA에서 발간되어 안전문화의 개념이 확실하게 정립되었다(김영근 외, 2012: 51).[178]

INSAG는 '안전 문화'의 개념을 정립하기 위해 1991년에 〈안전 문화〉라는 제목의 보고서를 발간했다. 이 보고서에서는 '안전 문화'를 다음과 같이 '핵발전소'의 운영과 관리에 초점을 맞추어 정의하고 있다.

> 안전 문화는 그 중요성에 비추어 핵발전소의 안전 사안에 분명히 최우선적으로 주목하는 조직과 개인의 특성과 태도의 조합이다(INSAG, 1991: 14).

여기서 INSAG가 강조한 것은 조직과 개인이 안전을 가장 중요한 것으로 여기게 해야 한다는 것이다. INSAG는 정책 결정 수준, 관리자 수준, 개인

---

178   INSAG(International Nuclear Safety Group, 국제원자력안전집단)는 IAEA의 핵 산업, 안전 관리 등에 관한 전문가 자문조직이며, IAEA(International Atomic Energy Agency, 국제원자력기구)는 '원자력을 군사적인 목적으로 이용하는 것을 막고 평화적인 목적의 이용을 장려하기 위해 1957년 7월 29일에 설립된 준독립기구'이다. INSAG의 보고서는 http://www-ns.iaea.org/committees/insag.asp에서 볼 수 있다.

작업자 수준으로 나누어서 안전 문화의 확립을 위한 과제를 제시했다(16). 실제로 이렇게 하는 것은 결코 쉬운 일이 아니다. 그러나 그렇게 하지 않으면 핵발전소의 폭발과 같은 절대적인 사고가 발생할 수 있다. 그러므로 모든 조직과 개인이 안전을 최우선적으로 주목해야 할 사안으로 여기게 하도록 보상, 처벌, 교육 등 다양한 방법을 활용해서 최선을 다해야 한다.

국내에서 안전 문화의 개념이 논의된 과정에 대해서는 우선 한국산업안전보건공단('안전보건공단')의 설명을 참고할 수 있다.[179] 이에 따르면 국내에서 '안전 문화'의 개념은 1995년 10월에 국무총리실의 안전관리자문위원회에서 처음으로 정의했으며 그 내용은 다음과 같다.

> 안전문화란 안전제일의 가치관이 개인 또는 조직 구성원 각자에 충만되
> 어 개인의 생활이나 조직의 활동 속에서 의식, 관행이 안전으로 체질화
> 된 상태로서 인간의 존엄과 가치의 구체적 실현을 위한 모든 행동양식이
> 나 사고방식, 태도 등 총체적인 의미를 지칭함(안전보건공단, 2010).

안전보건공단의 설명에 따르면 '국내의 경우 1995년 이전에는 안전문화에 대한 인식 부족으로 단순히 기업의 사회적 이미지 관리 차원, 근로자의 개인보상 차원에 국한되어 형식적,소극적으로 적용'했다. 그런데 1995년 2월 15일 국무총리의 지시를 계기로 안전 문화를 적극적으로 연구하고 실행하게 되었다는 것이다. 그 직접적인 계기는 1994년 10월 21일의 성수대교 붕괴 사고가 아니라 1995년 2월 7일의 부산 한진중공업 선박 화재 사고였다. 그 주요 경과는 다음과 같다.

---

[179] 안전 문화 정책과 관련된 안전 문화의 개념에 관한 연구는 국무총리실 안전관리대책기획단(2000)으로 시작됐으나 여기서는 사실 안전문화의 개념이 제대로 규정되지 않았으며, 그 뒤 한국정책과학학회(2007)와 김근영 외(2012)에 의해 본격적으로 연구되었다.

표 19 안전 문화 개념 관련 주요 경과

일시	내용
1990년대 초 (1991년 8월 20일~ 1992년 8월 20일)	1990년대 초(1991년 8월 20일 ~1992년 8월 20일) 노동부와 매일경제신문사가 공동으로 재해예방을 위한 '무재해 천만명 서명 운동'을 전개하여 국민안전문화 의식을 촉진시키는 계기 조성
1995년 2월 15일	제6회 국무회의시 부산 한진중공업 선박화재(1995년 2월7일) 사고를 계기로 정부차원의 대책들이 일선현장에 침투되도록 "범국민안전문화운동"을 전개하라는 국무총리의 구두지시
1995년 5월 29일	'안전문화추진중앙협의회' 1차 회의를 국무총리 주재로 개최하고 안전문화추진위원회를 노동부가 운영하고 한국산업안전보건공단에 추진본부를 설치하기로 함
1995년 7월 20일	'안전문화추진위원회' 구성-공동대표 : 노동부 장관, 노총위원장, 경총회장, KBS 사장, 매일경제신문사장
1995년 8월 16일	한국산업안전보건공단에 안전문화추진본부중앙사무국 설치
1995년 9~10일	안전문화추진지역협의회(의장: 지자체장) 및 지역사무국 구성 (한국산업안전보건공단 산하기관 17개소)
1996년 4월	4월부터 매월 4일을 '안전점검의 날'로 지정하여 범국민적인 안전문화 활동 참여를 유도하고 지역사회의 안전문화 지도자 육성과 시민단체의 자율적인 안전문화 활동을 적극 지원하는 등 지속적으로 안전문화 운동을 전개
2003~2008년	소방방재청이 '재난 및 안전관리기본법' 근거로 안전문화 사업 전개
2009년	행정안전부에서 재난안전실을 신설, 정부부처 기능별 안전문화 사업을 총괄

출처: 안전보건공단(2010), '안전문화의 연혁'.[180]

---

180 놀랍게도 여기에는 1994년 10월 21일의 성수대교 붕괴와 1995년 6월 29일의 삼풍백화점 붕괴가 빠져 있다. 두 참사를 겪고 '안전 불감증'에 관한 논란이 커졌지만 안전 문화에 관한 대통령이나 총리나 장관의 지시는 전혀 없었던 것으로 보인다.

한편 안전보건공단은 1995년 10월에 국무총리실의 안전관리자문위원회에서 정의한 안전 문화 개념을 '기존의 안전 문화 개념'으로 규정하고 이에 대해 다음과 같은 '새로운 안전문화 개념'을 제시했다.

> 안전을 실천하는 의식, 안전을 유도하는 제도, 안전을 가능하게 하는 인프라가 결합해 만들어 내는 사회적·문화적 산물
> □안전의식: 안전제일의 가치관이 개인의 생활이나 조직의 활동 속에 체질화된 상태
> □안전제도: 안전한 활동을 이끌어내고 인프라를 구축할 수 있도록 유도하는 법, 제도 등
> □인 프 라: 불안전한 상태를 제거한 시설물 및 안전 활동을 가능하게 하는 사회 시스템

'기존의 안전 문화'는 사실상 '안전제일의 가치관'만을 강조한 의지적 개념이었는데 비해 '새로운 안전 문화'는 의식, 제도, 기반을 통합적으로 제시한 것으로서 이것은 사실 안전을 위한 3대 요소를 안전 문화의 개념과 혼동한 것이라고 할 수 있다.

안전 문화의 핵심은 '안전제일의 가치관' 또는 '안전제일의 의식'이라고 할 수 있다. 그러나 가치관이나 의식은 그것을 그냥 강조한다고 강화되는 것이 아니다. 이것을 올바로 이해하고 제도로 구현하는 것이 무엇보다 중요하다. 안전의 중요성을 올바로 교육해서 잘 알려야 하며, 안전 규정에 관한 상벌을 엄정히 해야 한다. 안전에 관한 지식을 갖추지 못한 상태에서 안전 문화를 강조하는 것은 의미가 없으며, 안전 규정에 관한 상벌이 혼미한 상태에서 안전 문화를 강조하는 것은 의혹을 키울 뿐이다. 결국 안전을 올바로 추구해야 안전 의식이 변화하고 안전 문화가 확산되는 것이다. 그냥 안전 문화를 강조하는 것은 오히려 안전 정책에 대한 불신을 확대하기 십상이다.[181]

---

181 안전 문화 선언이나 수칙을 제정해서 사람들에게 달달 외우게 할 수는 있으

4. 안전 문화 운동의 전개

1995년 2월 15일 국무총리의 지시로 정부의 안전 문화 정책이 본격적으로 시작되었다. 그 핵심은 정부 주도의 '안전 문화 운동'이었다. 국가재난정보센터가 제시한 그 주요 경과는 다음과 같다.[182]

표 20 안전 문화 운동 관련 주요 경과

일시	내용
1995년 2월	국무총리께서[183] 범국민 안전문화운동 전개 지시
1995년 5월	'안전문화 추진 중앙협의회' 구성
1995년 7월	'안전문화 추진 위원회' 구성
1995년 8월	'안전문화 추진 중앙본부' 설치 (한국산업안전공단)
1995년 9~10월	'안전문화 추진지역본부' 설치
2996년 4월 4일	제1차 '안전점검의 날' 행사 실시
2003년 11월 4일	비상구 찾기 운동 병행 추진
2005년 6월 4일	안전표지 설치하기 병행 추진

출처: 국가재난정보센터(2007), '안전문화운동 소개'.

나 그런 식으로 정말로 안전을 확보하고 진정한 안전 문화를 이룰 수는 없다. 이것은 '죄수의 딜레마'와 같은 것으로 쉽게 이해될 수 있다. 단순히 안전 문화를 강조하면 잘 이행하는 사람과 그렇지 않은 사람이 생긴다. 후자는 전자의 노력에 무임승차하게 된다. 이 때문에 전자도 후자를 따라서 잘 이행하지 않게 된다. 그 결과 사회 전체적으로 안전이 위협받게 된다. 개인의 합리적인 이익 추구 행위가 사회 전체의 위기라는 비합리적 집합 결과를 빚게 되는 것이다. 따라서 안전 문화가 실제로 정착/확산되기 위해서는 구성원들이 안전에 필요한 비용을 제대로 지출하도록 정부가 올바로 규제해야 한다.

182 여기서는 국가재난정보센터의 설명을 중심으로 안전 문화 운동에 대해 살펴본다. 1995년에 정부가 이 운동을 시작한 이래 그 뒤 이 운동은 모든 재난 정책, 안전 정책의 주요 요소가 되었다(국무총리실 안전관리대책기획단, 2000; 행정자치부 국가재난관리시스템기획단, 2003; 중앙안전관리위원회·행정안전부, 2009).

183 국민에게 정책을 공표하는 글에서 이렇게 고위 관료에 대해 경칭을 썼다. 이런 권위주의는 안전을 해치는 중요한 사회적 요인이다.

이 표에서는 '비상구 찾기 운동 병행', '안전표지 설치하기 병행' 등이 주요하게 제시되어 안전 문화 운동이 아주 사소해 보이지만, 사실 안전 문화 운동은 모든 주요 시설과 건물에 대한 안전점검과 각종 사고에 대비한 대피 훈련 등을 정기적으로 수행하는 아주 중요한 정책이다. 문제는 그 실효성이 입증되지 않았다는 것이다.

국가재난정보센터는 삼풍백화점 붕괴 사고가 안전 문화 운동의 전개에서 결정적인 계기였다는 사실을 밝히고 있다. '안전의식 내지 안전에 대한 가치관의 미성숙'이 삼풍백화점 붕괴 사고와 같은 대형사고들의 원인으로 드러났고 이 때문에 정부가 적극 나서서 국민을 상대로 안전 문화 운동을 펼치게 되었다는 것이다. 안전문화란 일반적으로 국민생활 전반에 걸쳐 안전에 관한 태도와 관행·의식이 체질화되어 가치관으로 정착되도록 하는 것을 말합니다.

우리나라는 고도의 압축성장을 이루는 과정에서 1995년도에 발생한 삼풍백화점 붕괴와 같은 일련의 대형사고를 겪게 되었으며, 이때부터 안전에 대한 높아진 국민들의 관심과 더불어 정부 차원의 안전문화운동이 본격적으로 전개되기 시작하였습니다. 우리 사회의 안전의식 내지 안전에 대한 가치관의 미성숙이 대형사고의 원인이 되고 있다고 진단하고 그에 대한 처방으로 나타난 것이 안전문화 운동입니다(국가재난정보센터, 2007).

이어서 국가재난정보센터는 안전 문화 운동에 대해 역사-구조적 관점에서 설명하고 있다. 이 설명은 당시 정부가 그저 형식적 전시 행정의 차원에서 안전 문화 운동을 추진한 것이 아니라 현대 한국 사회의 형성과정에서 문화로 고착된 잘못된 안전의식과 미숙한 안전의식을 발본적으로 개혁하기 위해 이 운동을 추진했다는 것을 보여준다.

우리나라는 1960년대 이후부터 경제개발 정책을 추진하여 한강의 기적이라고 불리는 눈부신 경제성장을 이룩하였습니다. 그러나 성장우선주의 정책과정에서 안전비용은 무시되기 일쑤였습니다.[184] 즉, 눈앞의 성과에만 급급한 나머지 안전은 뒷전으로 밀리고 '빨리빨리'란 말이 우리나라를 상징하는 말처럼 되어 버렸을 정도로 우리 국민들 사이에는 조급증이 널리 유포되었습니다. 그 결과 성수대교와 삼풍백화점의 붕괴, 경기 화성 씨랜드·인천 호프집 화재사고 등과 같은 후진국형 안전사고가 계속 발생하는 등 엄청난 사회적 비용이 지불되었습니다. 오늘날 고도 산업사회에 진입하면서 각종시설이 고층화, 지하화, 대형화되고 있으며, 각종 편의기기의 사용증가 요인 또한 생활주변과 산업현장 등에서 안전사고 위험을 높이는 요인이 되고 있습니다(국가재난정보센터, 2007).

국가재난정보센터의 설명에 따르면, 정부는 안전 문화 운동의 목표를 '선진사회'의 정착으로 제시했고, 이를 위한 국민, 사회, 정부의 책임을 대체적으로 구분해서 다음과 같이 제시했다.

안전문화운동의 기본목표는 안전을 삶의 중심가치로 삼는 선진사회를 정착하는데 있습니다. 국민은 안전을 먼저 생각하고 실천하며, 사회는 안전에 대한 분위기 조성과 실천에 책임을 느끼고, 정부는 안전의 중요성을 인식하고 이를 정책에 반영시키는 데 앞장서 나갈 때 우리가 바라는 안전문화의 목표는 달성될 수 있습니다(국가재난정보센터, 2007).

그리고 정부는 '재난 및 안전관리 기본법'의 7조에 따라 2004년 11월 4일 '안전관리헌장'을 제정해서 선포했는데, 이것은 안전 문화 운동의 목표와 책임을 정부의 헌장으로 명문화한 것이며, '지속적인 국가 성장의 터전을 마련

---

184 이 문제에 대해서는 이미 1970년대 초부터 실증적 비판이 강력히 제기되었다(유인호, 1973).

하고 국민이 편안하고 안전한 국가를 실현하는 재난 안전관리 국가 지표'로 제시한 것이다. 다음은 그 전문이다.

> 오늘날 우리는 태풍·지진·화재·교통사고·전염병 등 갖가지 예측하기 어려운 재난으로부터 안전을 위협받고 있다. 재난은 언제 어디서나 일어날 수 있다는 것을 깊이 인식하고, 국민의 생명과 재산을 보호하기 위해 정부와 기관·단체 그리고 학교와 기업은 안전관리에 앞장서 노력하여야 하며, 국민 모두는 스스로 참여하고 협력하여야 한다. 우리의 번영은 안전문화의 터전 위에서 이루어지며, 안전을 위한 노력과 투자는 우리와 후손의 행복을 위한 것이다. 이에 우리는 안전한 국가를 지향하는 새로운 가치관을 정립하고 성실한 실천을 다짐한다.
>
> □ 국가, 지방자치단체, 공공기관 단체, 기업 그리고 국민은 모든 일에서 안전을 최우선으로 고려한다.
> □ 가정, 학교, 직장 그리고 사회의 각 분야에서 교육과 홍보를 통하여 안전관리를 생활화하도록 한다
> □ 위험에 대한 정보를 신속하고 정확하게 제공하여 미리 안전을 확보할 수 있도록 한다.
> □ 국가기반체계는 각종 재난으로부터 안전하게 보호되어야 한다.
> □ 생활주변 시설과 사업장 그리고 위험지역은 안전하게 관리되어야 한다.
> □ 자원봉사기관, 자원봉사자, 시민단체 그리고 전문가의 협력을 통하여 안전관리의 효율을 높인다.
> □ 과학적 안전관리를 위한 연구에 힘쓰고 안전사업을 육성한다.

안전 문화 운동의 목표, 책임, 헌장 등에서 가장 명확히 드러나는 것은 헌장이 잘 보여주듯이 다분히 선언적 차원에 머물러 있다는 것이다. 현대 한국 사회의 형성과정에서 문화로 고착된 잘못된 안전의식과 미숙한 안전의식이 이런 선언적 주장과 요구로 개혁될 수 있을까? 그럴 수 없을 것이다. 해야 하는 일에 대한 상벌이 엄정히 규정되고 시행되지 않으면서 그럴 듯한 선언으로 고칠 수 있는 현실의 문제는 전혀 없다. 정부는 구체적인 활동으로

1996년 4월 4일부터 행정시책으로, 2004년 4월부터 '재난 및 안전관리 기본법'에 의거한 법적행사로 '안전점검의 날' 행사를 시행하고 있는데, 이것은 '우리 사회 곳곳에 상존하고 있는 안전 불감증을 청산하고 국민 스스로 안전의 중요성을 인식하여 위험요인을 한 달에 한번이라도 안전점검 하는 습관을 생활 속에서 실천'하기 위한 것이다. 그러나 5개 분야에 대해 중점점검[185]을 하는 이 활동으로 사실상 아무 것도 개선되지 않았을 뿐만 아니라 오히려 '안전점검'이 심각한 비리와 부실의 원천이 되었다는 놀라운 사실에 크게 주목해야 한다.[186]

돌이켜 보면, 한국은 1987년 6월 항쟁으로 민주화가 시작되면서 비로소 인권과 안전에 제대로 관심을 기울이게 되었고, 1994년 10월 21일의 성수대교 붕괴와 1995년 삼풍백화점 붕괴를 계기로 안전 문화에 대해 본격적으로 관심을 기울이게 되었다. 그리고 그것이 의지적 차원을 넘어서 실질적 차원으로 나아가게 된 것은 2004년의 '재난 및 안전관리 기본법'의 제정을 통해서였다.[187] 이로써 안전 문화의 확산을 위한 길이 올바로 정비되는 것으로 보였다. 그러나 실상은 그렇지 않았다. 여기에는 잘못된 문화 정책의 문제가 깊이 연관되어 있다. 문화는 정부가 주도하는 계도적 정책으로 쉽게 변하지 않는다.[188] 안전 문화는 실질적인 안전 정책을 실행한 결과로 사회 전체에서

---

185 5개 분야는 가정 안전, 학교 안전, 공공 안전, 교통 안전, 산업 안전 등으로 사실상 모든 분야를 망라하고 있다. 그러나 이 활동으로 어느 분야의 안전 문화도 개선되지 않은 것으로 보인다.

186 '국가 주요시설물 안전점검 '비리사슬'…뇌물 공무원 등 23명 구속', 〈한겨레〉 2014.12.9; ''안 무너진 게 다행'… 국가 시설 안전점검 엉망', 〈경향신문〉 2014.12.9.

187 2000년의 〈새천년 안전한 나라 만들기-안전관리 종합대책〉이 그 출발이었고, 2003년의 〈국가 재난관리 종합대책〉이 그 기반이었다.

188 문화는 가장 깊은 자유의 표현이므로 정부의 문화 개조 정책은 그 자체로 심각한 인권 침해의 문제를 낳을 수 있다. 길거리 장발-치마 단속이나 대중가

확립되는 것이다. 이를 위해서는 무엇보다 먼저 부실의 원천인 비리를 척결해야 한다.[189]

5. 안전 문화 정책의 현황

1995년 삼풍백화점 붕괴를 계기로 크게 정비되기 시작[190]한 정부의 재난 및 안전 관련 정책은 2004년에 정점에 이르렀다. 그 핵심은 자연 재해와 인적 재난을 재난으로 통합해서 다루고, 또한 기존의 방재계획과 재난관리계획을 안전으로 통합해서 관리하게 된 것이었다. 2004년 3월에 '재난 및 안전관리 기본법'이 제정되었고, 이에 따라 정부가 5년 단위의 '국가안전관리기본계획'을 작성해서 추진하게 되었으며, 2009년 11월에 〈국가안전관리기본계획 2009~2014〉가 수립되었다. 그 주요 경과는 대체로 다음의 그림 8과 같이 1977년에 시작된 것으로 볼 수 있다. 그러나 실제적인 제도의 정비와 구축은 2003~2004년에 걸쳐 이루어졌다(홍성태, 2007: 133~136).

요 탄압을 자행했던 박정희 독재의 문화 개조 정책은 그 대표적인 예이다. 이에 대해 오래 전 김수영은 이렇게 비판했다. "무식한 위정자들은 문화도 수력발전소의 땜처럼 건설하는 것이라고 생각하고 있는 것 같지만, 최고의 문화 정책은 내버려두는 것이다. 제멋대로 내버려두는 것이다. 그러면 된다(김수영, 1968: 155)."

189 2008년 2월에 이명박 정부가 출범하고 재난 정책과 비리 정책이 모두 퇴보했으며, 이로써 '비리-사고사회'의 문제가 크게 악화되어 '세월호 대참사'가 빚어졌다(홍성태, 2014). '세월호 대참사'는 신자유주의가 아니라 정부의 비리와 무능에서 빚어진 문제이다.

190 1995년 12월에 발표된 국무총리실 안전관리자문위원회, 〈安全管理 實態評價와 政策改善方向〉이 그 본격적인 시작이었다. '국무총리실 안전관리자문위원회'는 1995년 8월부터 활동했다.

그림 8 국가안전관리 정책의 변화

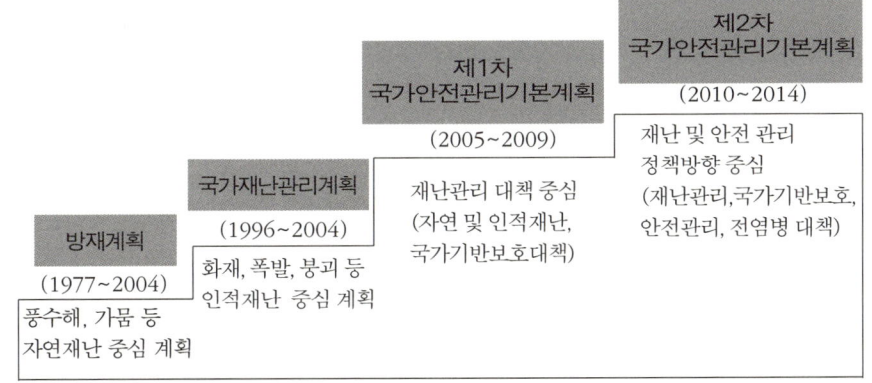

출처: 중앙안전관리위원회·행정안전부(2009: 182).

이명박-박근혜 정권에서 안전 문화 정책의 기본을 이룬 〈국가안전관리기본계획 2009~2014〉의 비전, 목표, 추진전략은 다음과 같이 제시되었다. 비전은 '안전 선진국'이며, 이를 위한 첫번째 목표는 '안전문화 정착'이고, 첫번째 추진전략은 '국민의 안전의식 제고'이다. 그런데 〈국가안전관리기본계획 2009~2014〉는 '추진전략'에서 이미 심각한 문제를 드러냈다. '안전 선진국 실현'이 '국민의 안전의식 제고'로 이루어지는 것처럼 제시해서 안전에 관한 책임을 사실상 국민에게 전가하고 있기 때문이다.[191] 삼풍백화점 붕괴와 세월호 대참사가 생생히 보여주었듯이 엄청난 부실을 낳는 비리와 무능의 '정부 실패'가 사고의 원천이자 동력이다. '정부 실패'를 야기하는 비리와 무능의 문제가 해결되어야 국민의 안전의식이 높아지고 안전 문화가 널리 확산될 수 있다. 그렇지 않다면 정부가 안전 문화를 강조할수록 불신만 커질 수 있다.[192]

---

191 안전의 확보는 국가의 가장 기본적인 책임이기 때문에 이렇듯 그것을 국민에게 전가하는 것은 국가의 존재이유를 부정하는 것이라고 할 수 있다. 한국에서 안전 문화가 제대로 확립되지 못하고 있는 것은 이렇듯 국가의 존재이유 자체가 정부에 의해 왜곡되고 부정되고 있기 때문이다.

192 한국은 심각한 불신 사회이고, 그 핵심에 정부에 대한 불신이 놓여 있다. 온

그림 9 제2차 국가안전관리기본계획의 체계도

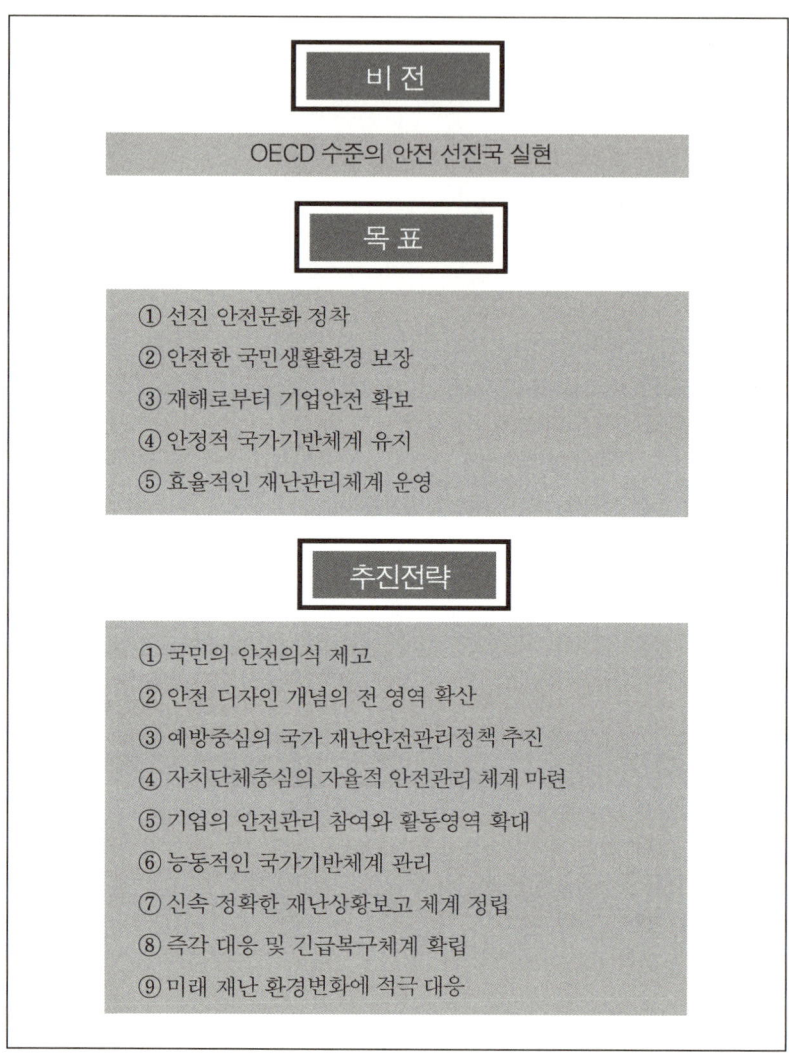

출처: 중앙안전관리위원회·행정안전부(2009: 17).

갖 비리를 저지르고도 제대로 처벌받기는커녕 오히려 승승장구하는 정치인
과 공무원, 그리고 그들을 봐주는 사법부가 문제의 원천이다. 이런 상황에서
징병제에 따라 국가에 목숨까지 바치는 국민에게 안전의 확보를 떠넘기는 것
은 불신을 더욱 더 악화시킬 뿐이다.

〈국가안전관리기본계획 2009~2014〉의 '추진전략'에서 드러난 문제는 '중점과제'로 이어진다. 첫번째 중점과제는 '안전의식 제고를 위한 기반 구축'인데, 그 내용은 각종 대형사고의 책임을 온전히 국민에게 전가하는 것이라고 할 수 있다. 필요성으로 제시된 "근본적인 문제는 국민의 안전의식이 낮은 수준에 머물러 있어 안전정책의 효과가 떨어진다는 점이므로 국민 안전의식을 높이기 위한 선진 안전문화 정착 필요"라는 서술은 사고의 실제 원인인 정부의 비리를 은폐하고 국민을 사고의 책임자로 만드는 것이다. 이렇듯 사고사회의 '근본적인 문제'를 정부와 기업에 만연한 비리가 아니라 국민의 낮은 안전의식으로 보는 안전 문화 운동은 그 발상부터 큰 문제를 안고 있다(홍성태, 2007: 137). 이런 식으로는 겉으로는 안전을 내세우나 뒤로는 비리가 번성해서 사고가 계속 일어나게 될 뿐이다.

국민에게 사실상 모든 책임을 전가하고 '안전파파라치'라는 이름으로 국민들이 서로 감시하게 하는 '국가안전관리계획'을 흔쾌히 따를 국민이 과연 얼마나 되겠는가? '안전성 확보'와 '안전의식 고취'를 위한 '위험 부문에 대한 상시점검'은 오히려 심각한 비리의 원천이 되지 않았는가? 이 계획은 명백히 반민주적이며 반실질적인 것이다. 이렇듯 이명박-박근혜 정부의 안전문화 정책은 선언적, 계도적, 억압적 차원에 머물렀으며, 결국 별 실효를 거두지 못한 상태였다.[193] 어느덧 20년이 넘게 정부가 많은 세금을 써서 안전문화 운동을 펼쳤으나 건설을 비롯한 사고의 증가와 안전 의식의 약화가 이루어진 것은 이런 사실을 잘 보여준다.

---

[193] 이에 대해 '삼풍백화점 붕괴 10년의 연구'에서 이미 명확히 지적했으나 달라진 것은 아무 것도 없었다(홍성태·안홍섭·박홍신, 2006: 51~53; 홍성태, 2007: 142~144).

표 21 '안전의식 제고를 위한 기반 구축'의 내용

항목	내용
필요성	• 우리나라는 후진적인 각종 재난이 지속적으로 발생하여 정부 안전정책의 부재와 국민의 안전불감증 문제가 지적됨 • 근본적인 문제는 국민의 안전의식이 낮은 수준에 머물러 있어 안전정책의 효과가 떨어진다는 점이므로 국민 안전의식을 높이기 위한 선진 안전문화 정착 필요
주요내용	• 범국가적인 안전문화운동의 전개 • 국가 전체적인 안전문화운동의 근간은 행정안전부가 총괄, 분야별 안전문화 운동은 각 분야별 소관 중앙행정기관이 추진 • 모든 재난안전관련 단체가 연계될 수 있도록 민관협력체계를 구축 • 안전행동 실천방안 운영 • 전국 체험교육 현황을 파악, 다양한 체험교육 프로그램 개발 운영 • 신고자의 신분과 안전을 철저히 보장하고, 신고 받은 불안전 요소는 적극 개선하는 등 위험신고체제 운영 개선 • 위험부문에 대한 상시점검 추진 • 지자체 공무원과 민간전문가 합동으로 사격장, 재래시장, 다중이용시설 등 위험시설을 점검하여 안전성 확보 및 시설책임자 안전의식 고취 • 위험신고제('안전파파라치') 도입을 검토하여 상시적 안전관리 강화 • 일정규모 이상의 지역 축제의 경우 관계부처 및 민간전문가 사전 합동 점검을 실시하여 행사안전 도모 • 안전문화 정착을 위한 제도적 기반 구축 • 국민생활 안전에 관한 법률(가칭) 제정 : 안전문화운동 추진기구, 국민 안전 의식 고취를 위한 안전교육·홍보, 안전문화 활동을 위한 민관협력 및 재정 지원 등 포함

6. 안전 의식의 약화

지금 한국은 '인프라 고령화'와 '안전의식 하락'이라는 심각한 문제적 상황에 처해 있다. 시설은 크게 노후화되었는데 안전 의식은 오히려 크게 하락한 것이다. 1995년 6월 29일의 삼풍백화점 붕괴 사고를 계기로 안전 문화운동을 본격적으로 펼친 이후 20년이 넘었으나 안전 문화 운동의 핵심목표인 안전 의식은 높아지지 않고 오히려 크게 낮아졌다. 여기에는 이른바 '규제 개혁'이나 '규제 완화'를 내걸고 사실상 규제 해체를 강행한 이명박-박근혜 정부의 문제가 가장 크게 작용하고 있다. 규제 해체는 그 자체로 잘못일뿐만 아니라 '비리의 합법화'를 통해 비리를 촉진하는 잘못을 낳을 수 있다. 안전 문화 운동은 그 자체로 문제와 한계가 큰 것이었는데 이명박-박근혜 정부에서 더욱 더 무력한 것이 되어버린 것이다.

정부가 주도하는 계도적 운동은 언제나 큰 문제를 안고 있으며, 오늘날과 같은 정보-지식사회에서는 더욱 더 그렇다. 예컨대 정부는 1994년을 '부실공사 추방 원년의 해'로 정해서 전국의 모든 공사장마다 '부실공사 추방'의 현수막을 내걸게 했으나 10월 21일 성수대교가 무너졌다. 또한 정부는 1995년을 '건설환경 개선 및 품질혁신의 해'로 정하고 역시 전국의 모든 공사장마다 현수막을 내걸게 했으나 6월 29일 삼풍백화점이 무너졌다(홍성태, 2007: 23). 2004년에 소방방재청이 개청해서 '안전사회'의 구현을 위해 가장 중요한 과제로 '안전문화'의 확립을 내걸고 대대적인 안전 문화 운동을 펼쳤다. 그러나 2014년 4월 16일 정부의 비리와 무능으로 세계적으로 유례를 찾을 수 없는 세월호 대참사가 일어났다.

표 22 인프라 고령화와 안전의식 하락

•(인프라 고령화) 30년 이상 경과하여 노후화된 시설물의 숫자가 1984년 325개에서 2014년 현재 2,328개로 급증하고 있으며, 인프라 고령화율도 2014년 현재 11.0%에서 2024년 24.4%로 크게 높아지고 있음.
•(안전의식) 성수대교가 무너진 지 20년이 지났지만, 아직도 우리 사회의 안전의식은 100점 만점에 17점 정도에 불과하며, 2007년의 30.3점보다 크게 하락.

출처: 현대경제연구원(2014: 1).

그림 10 인프라 고령화

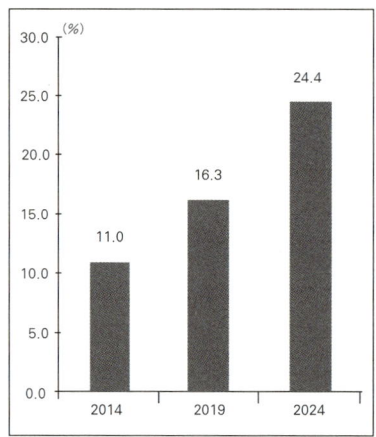

그림 11 안전의식 지수

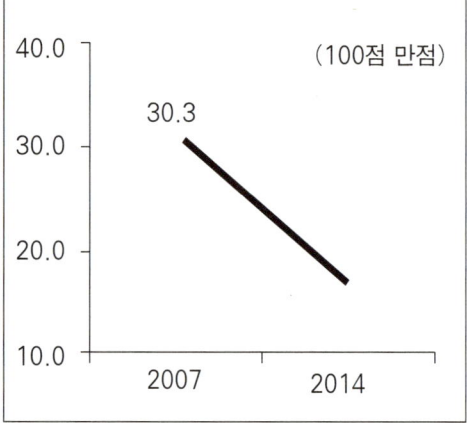

출처: 현대경제연구원(2014: 1).

우리가 겪은 모든 무참한 사고들의 진정한 원인은 국민의 낮은 안전의식이 아니라 정부와 기업의 비리였다.[194] 비리를 척결하지 않으면, 사고는 계속 일어나게 마련이며, 이런 상태에서는 안전 의식은 결코 강화되지 않는다. 비리가 만연해서 온갖 사고가 빈발하는 '비리-사고사회'의 상황에서 안전 의식 강화에 초점을 맞춘 안전 문화 운동은 문제의 실제적 원인을 호도해서 그

---

194 정부의 일차적 책임은 비리를 차단하고 국민을 지키는 것이므로 세월호 대참사는 세계적으로 유례를 찾을 수 없는 정부 실패 사건이다.

해결을 더욱 더 어렵게 하기 쉽다.[195] 국민권익위의 자료가 잘 보여주듯이, 1995년부터 정부가 안전 문화 운동을 시작했고, 2004년부터 '재난 및 안전 관리 기본법'이 시행되었지만, 사고율은 여전히 대단히 높은 상태이며, 특히 건설업의 사고는 2008년 이후 매년 증가했다. 그 진정한 원인은 각종 비리의 만연이다.[196]

표 23 건설 사고의 추세와 원인

• 우리나라가 세계 10위권 경제대국으로 성장했음에도 2011년 산재사망율은 OECD 국가 중 최고 수준, 산재로 인한 경제손실액은 18조원 상회
○ 全 산업 2012년 재해자는 제조업(34.3%), 서비스업(31.6%), 건설업(25.3%)에 집중되고, 특히 건설업의 재해율은 매년 증가 추세
※ 건설업 재해율 추이 : 0.64%('08) → 0.70%('10) → 0.84%('12)
• 재해의 대부분이 소규모 사업장*에서 발생되고 있고, 이는 소규모 사업장의 안전사고 예방체계 구축 미흡에 기인하는 것으로 분석되고 있음
○ 또한, 무리한 공사기간 단축과 최저가 낙찰 제도**가 한 원인으로 지목되고, 원청업체와 하청업체 간 사고책임 회피·은폐 등 문제도 상존
* 건설업 120억원 미만 사업장의 재해 점유율 90.1%, 서비스업 50인 미만 85.5%, 제조업 50인 미만 76.9%
** 최저가 낙찰방식은 덤핑입찰로 인한 품질저하, 부실시공 양산(성수대교 붕괴 등)

출처: 국민권익위(2013: 1).

---

195 2014년 10월의 조사에서 한국인의 안전 의식은 아주 낮았던 2007년(30.3점)에 비해 거의 절반이나 더 낮아졌다(17점). 그런데 '안전한 나라의 걸림돌'로는 '안전의식과 문화의 미숙'을 꼽은 응답이 32%로 가장 높았다(현대경제연구원, 2014: 6). 20년에 걸친 안전 문화 운동은 그 최고 목표인 안전 의식의 확립을 이루지 못했으며 안전을 해치는 진정한 원인을 호도하는 것에서 큰 성과를 거둔 것 같다.

196 결국 국토교통부는 2014년 12월 17일에 각종 건설 비리의 척결에 초점을 맞춘 〈건축물 안전강화 종합대책〉을 발표했다.

국민권익위가 제시한 통계대로 사고는 주로 소규모 사업장에서 발생하고 있다. 그러나 4대강 사업과 핵발전소[197]에서 잘 볼 수 있듯이 사고는 대규모 사업장에서도 계속 발생하고 있다. 그리고 사고의 형태와 영향의 면에서 보자면 소규모 사업장은 국지적 차원에 머무는 반면에 대규모 사업장은 전국적 차원에 미치기 때문에 더욱 큰 주의가 필요하다. 한편 모든 사업장에서 대기업의 역할이 대단히 중요하다. 대기업은 사업장의 규모를 떠나서 건설업 전체를 주도하고 있기 때문이다. 그리고 건설업에서 비리는 하도급제[198], 최저가 낙찰제 등을 통해 제도적으로 조장되는 문제가 있다. 이런 문제의 개혁에서도 대기업이 엄정한 모범을 보이는 것이 대단히 중요하며, 이를 통해 건설업 전체에서 안전 의식의 강화를 크게 이룰 수 있을 것이다. 그러나 이와 관련해서 우리의 현실은 결코 밝지 않다.

사실 한국은 '재벌 사회' 또는 '재벌 국가'라고 불릴 정도로 흔히 재벌로 불리는 대기업의 영향이 대단히 큰 나라이다(김상조, 2012; 장하성, 2014). 그러나 재벌은 정경유착으로 대표되는 거대한 비리의 가장 강력한 주체로서

---

197 「4대강, 단군 이래 최대 '돈잔치'」, 「곡학아세, 4대강과 학자 그리고 훈장」 등 〈뉴스타파〉에서 2013년 11월부터 연재한 「MB의 유산」에서 4대강 사업 관련 기사들과 「원자력 학계 '대부'들, 원전 기업 주식 무상 소유 드러나」, 「원전비리 업체 89곳, 한수원에서 2조 원 수주」 등 〈뉴스타파〉에서 2014년부터 11월부터 연재한 '원전 묵시록'을 참고.

198 이미 삼풍백화점 붕괴에서도 잘 드러났듯이 착취적 다단계 하도급제는 그 자체로서 큰 문제이며 부실과 사고의 중요 원인이다. 이 때문에 하도급법에 '징벌적 손해배상'도 도입했으나 착취적 다단계 하도급 문제는 여전하다. 이에 대해 2014년 12월 관련 법률과 제도의 통합적 정비 법안이 제기되었다(참여연대 외, 2014). 안전 의식이 부족해서 안전을 지키지 않는 것보다 안전을 지킬 수 없는 여건의 문제가 더 기본적이며, 장인 의식이 부족해서 시공이 엉망인 것보다 장인의 자세로 일할 수 없는 여건의 문제가 더 기본적이다. 그 핵심에 착취적 다단계 하도급 문제가 있다. 사실 이 문제는 '비리의 합법화'에 해당되는 것으로 그 개혁을 위해서는 극히 강력한 통합적 노력이 필요하다.

모든 분야에서 많은 비리를 저질러서 오래 전부터 큰 비판을 받고 있다.[199] 재벌처럼 강력한 주체들이 겉으로는 안전을 내세우고 실제로는 비리를 저질러서 탐욕을 추구하는 상황에서 안전 문화의 확산과 안전 의식의 확립이 이루어지기는 어렵다. 오히려 안전 문화가 아니라 비리 문화가 확산되고, 안전 의식이 아니라 비리 의식이 확립되기 쉽다. 안전 의식의 확립을 위한 안전 문화 운동이 사고의 책임을 비리-사고의 주체인 정부와 기업이 아니라 그 피해자인 대다수 국민에게 전가하는 문제에 대해 깊은 성찰과 개혁이 이루어져야 한다.

7. '안전 무시증'의 문제

'안전 불감증'은 사실 정신병적 상태를 가리키는 말로서 사고의 원인을 정신병적 상태와 그 주체인 개인에게 전가하는 문제를 안고 있다. 그러나 '안전 불감증'이 사고가 잘 일어나는 사회를 만든 것이 아니라 사고가 잘 일어나는 사회가 '안전 불감증'을 만든 것이다. 1970년의 와우 아파트 붕괴로부터 따져서 이미 45년의 시간이 흘렀는데 여전히 '안전 불감증'을 운운하는 것은 분명히 잘못이다. 따라서 안전을 이루기 위해서 우리는 '안전 불감증'이 아니라 그것을 만든 사회에 초점을 맞춰야 한다. 요컨대 역사-구조적 관점에서 '안전 불감증'을 파악하고 대응해야 하는 것이다.

---

199 2014년 12월에 한진 재벌의 조현아가 저지른 이른바 '땅콩 회항' 사건은 재벌이 정경유착과 부정축재의 범죄를 저지를 뿐만 아니라 이 세상과 사람들을 자기들의 도구로 여기고 있다는 세상의 인식을 확인해 준 사회적 사건이었다. 2015년 2월 12일의 1심 판결에서 오성우 판사는 조현아에게 "돈과 지위로 인간 존엄의 가치와 자존감을 무릎 꿇렸다"고 꾸짖었다. 이것은 군림하는 재벌로 대표되는 이른바 '갑질' 문제에 대한 준엄한 질책이라고 해야 할 것이다.

한국 사회에 안전 불감증의 문제가 있다는 것은 분명하다. 이른바 '인정주의'가 그 알리바이로 활용되고 있다는 것도 분명하다. 그러나 이 문제를 해결하기 위해서는 역사-구조적 접근이 필요하다. 문화는 그 자체로 나타나는 것이 아니라 역사-구조적 조건 속에서 형성되고 변화하는 것이기 때문이다.

먼저 지적할 것은 군사주의의 영향이다. 한국사회에서 안전에 대해 원칙적으로 대응하려는 사람은 심지어 '겁쟁이' 취급을 받기도 한다. 이러한 뒤집힌 생각은 문화적으로 군사주의와 밀접한 연관을 맺고 있다. 군사주의는 용기와 만용을 구분하지 않는다. … 한국은 이런 군사주의가 사회 전체에 공기처럼 스며 있는 사회이다.

또한 군사적 성장주의는 군사주의가 경제운영 원리로까지 확장된 것이다. 군사적 성장주의가 지배하는 사회에서 무조건 위험을 감수하는 것은 필수적인 생존의 원리가 되고 만다. 이런 사회에서 안전에 대한 투자는 '생명에 대한 투자'라기보다는 '불필요한 비용'에 가까운 것으로 여겨진다. 한국의 자본주의는 흔히 천민 자본주의[200]로 불리지만, 이것은 군사적 성장주의의 산물이기도 하다. 요컨대 무조건 위험을 감수하고 목표를 달성할 것을 강요하는 군사적 성장주의가 인명을 경시하는 천민 자본주의를 만들어낸 것이다(홍성태, 2007: 143~144).

이런 심각한 문제에도 불구하고 사고가 일어나면 가장 흔히 듣게 되는 말이 '안전 불감증'이다. 사람들이 안전을 느끼지 못하는 병적 상태에 있어서 사고가 일어난다는 것이다. 안전을 경시하거나 무시하는 태도를 '안전 불감증'이라고 부르는 것은 이해할 수 있다. 그러나 여기서 나아가 '안전 불감증'

---

200 사실 '천민 자본주의'라는 말은 좋지 않은 말이다. 천민은 권력에 의해 부당하게 억압되어 사회의 밑바닥에서 사회를 지탱하는 사람들이기 때문이다. 한국 자본주의는 재벌이 지배하고 있다는 점에서 '재벌 자본주의'이며, 비리가 그 핵심적인 운영수단이라는 점에서 '비리 자본주의'이다.

은 흔히 사고의 원인으로 제시된다. 이것은 명백히 사실을 왜곡하는 것이다. 사고의 직접적인 원인은 대체로 실수, 태만, 미비 등이며, 사고의 근본적인 원인은 대부분 비리이다. 이런 점에서 보자면 '안전 불감증'이라는 말은 사고의 원인을 은폐하고 호도하는 구실을 해서 사고의 방지를 더욱 더 어렵게 하는 나쁜 말이라고 할 수 있다. 사실에 비추어 보면, 진정한 문제는 '안전 불감증'이 아니라 '안전 무시증'이다. 위험에 제대로 대비하지 않고 안전을 무시하는 것이 문제의 핵심인 것이다.

'네이버 뉴스 라이브러리'에서 검색한 결과 '안전 불감증'은 1989년에 전북 완주 모래재에서 만원버스가 벼랑으로 굴러 25명이 죽은 사고에 관한 기사에서 처음 보인다.[201] 이 사고의 원인은 과로한 운전사가 정비 불량의 버스에 두 배에 가까운 승객을 태우고 운행시간에 쫓겨 급경사 지역을 급행으로 달린 것이었다. 즉 이 사고의 원인은 '안전 불감'이 아니라 운전사 과로, 정비 불량, 과다 승차, 과속 등 법률과 규정을 어긴 것이었다. 법률과 규정을 준수하지 않아서 일어난 사고의 원인을 대체 왜 '안전 불감증'이라고 부르는가? 모래재 사고도, 삼풍백화점 붕괴도, 세월호 대참사도 모두 명백한 위험을 무시해서 사고가 일어난 것이니 그 병증은 '안전 무시증'이라고 불러야 옳을 것이다.

'안전 무시증'이 큰 문제인 것은 권력과 재력을 가진 '지배자'들이 '안전 무시증'에 사로잡혀 있기 때문이다. 작업장의 안전이 향상되지 않는 것은 노동자들이 안전을 무시하는 것보다 노동자들이 그렇게 하도록 되어 있는 것이 더 큰 이유이다.[202] '지배자'들이 이렇게 하는 이유는 이익 때문이며, 이렇

---

201 '--불감증'이라는 말은 1983년에 서울의 환경 오염에 관해 '공해 불감증'이라는 말을 쓴 것이 처음인 것으로 나타난다.

202 OECD에서 한국은 최장 노동시간과 최악 노동조건의 국가이다. 한국은 노동권이 제대로 보장되지 않고 노동자들에게 '안전 무시증'이 강요되는 국가이다. 2014년 8월 25일 발표된 OECD 통계에 따르면 한국의 노동시간

게 할 수 있는 이유는 비리 때문이다. 안전에 관한 법률과 제도들이 많이 있어도 비리 때문에 제대로 지켜지지 않는다. 노동자들이 안전을 요구해도 '지배자'들은 비리를 저질러 노동자들의 안전을 보장하지 않고 이익을 추구한다.[203] 이런 점에서 '안전 무시증'도 그 근원에서 결국 비리의 산물이다. 그러므로 '안전 무시증'을 해결하기 위해서는 안전을 외치는 것이 아니라 그 원인인 비리를 척결해야 한다. 비리를 척결하는 기본적인 방식은 비리의 이익보다 비리의 댓가를 더 크게 하는 것이다.[204]

'안전 무시증'에 사로잡힌 '지배자'들은 안전을 중시하는 사람들을 강력히 억압하고 배제하며 사회 전체에 '안전 무시증'을 강요한다. 이렇게 해서 위험의 사회화와 이익의 사유화를 최대로 추구하는 것이다. '안전 무시증'에 사로잡힌 '지배자'들은, 노동조합의 결성과 활동을 저지하고, 내부 고발자(공

은 OECD에서 2위로서 OECD 평균의 1.3배인 것으로 나타났다. 1위는 멕시코였다. 한국은 2000~2007년에 '부동의 1위'였으나 실업과 시간제 증가로 2008년부터 멕시코에 이어 2위가 된 것으로 분석됐다(〈연합뉴스〉 2014.8.25). 또한 OECD에서 2014년 GDP 대비 복지예산도 한국이 꼴찌인 것으로 나타났다(〈연합뉴스〉 2015.2.5). OECD에서 한국은 노동자들이 가장 열심히 일하고 가장 적게 복지권을 누리는 '돈 많은 못 사는 나라'인 것이다(홍성태, 2006).

203 삼풍백화점 붕괴에서 가장 많이 죽은 사람은 노동자들이었고, 4대강 사업을 비롯한 여러 공사 현장에서도 늘 노동자들이 죽는다. 한국의 건설 현장에서 발주자, 건축주, 소유주, 경영자 등이 죽은 경우는 한 번도 없다. 노동자들이 안전수칙을 어기는 것은 그렇게 할 수밖에 없기 때문이다.

204 그 대표적인 예는 영국의 기업살인죄와 미국의 징벌적 손해배상제이다. 이른바 자유 경제를 대표하는 영국과 미국의 자유 경제는 비리에 대한 엄정한 처벌에 기반하고 있다. 프란시스 후쿠야마는 미국에는 기업 활동에 대한 규제가 없는 것처럼 인식하는 것은 잘못이라고 지적한다. 미국은 독일처럼 정부가 세세한 행위 규제를 하지는 않지만 대신에 징벌적 손해배상제를 통해 기업의 잘못에 대한 책임을 철저히 묻기 때문에 기업의 자율 규제가 이루어지고 사회와 경제가 유지되는 것이다(Fukuyama, 1999).

익 제보자)를 억압하고, 일상적으로 각종 사고를 일으킨다.

안전 문화의 확산과 안전 사회의 형성을 위해서는 '안전 무시증'의 문제를 올바로 인식해야 한다. 안전을 못 느끼는 '안전 불감증'이 아니라 안전을 무시하는 '안전 무시증'이 문제이며, 사회의 안전에서 정말 큰 문제는 '지배자'들이 '안전 무시증'을 사회에 강요하는 것이다.[205] 이런 점에서 '지배자'들이 안전을 비용이 아니라 투자로 여기도록 하는 제도의 개혁이 가장 중요하다. 그냥 일반적으로 안전을 강조하고 작업자에 대한 교육을 강조하는 식으로는 안전은 결코 확보되지 않는다.

한국 사회 전반에서 '안전 무시증'을 볼 수 있지만 물론 모든 사람들이 그런 것은 아니다. 그러나 다수의 사람들이 '안전 무시증'의 문제를 안고 있는 것은 사실이다. 이 문제도 역사-구조적 차원에서 검토될 필요가 있다. '안전 무시증'에는 군사-개발독재의 군사주의, 배금주의, 성장주의, 개발주의 등과 1990년대 말 이래의 신자유주의가 큰 영향을 미쳤다. 2008년에 시행된 한국사회학회의 조사에서 사상 최초로 '돈'이 행복의 조건으로 1위를 차지했다. 이를테면 '지배자'들은 돈을 위해 비리를 저질러서 '안전 무시증'을 사회 전체에 강요하고, 다수의 사람들은 돈을 위해 비리에 눈을 감고 '안전 무시증'을 받아들이는 것이다. '비리-사고사회'의 근저에는 이런 '돈 사회'의 문제가 놓여 있다. 따라서 결코 안전을 외치는 것으로 '안전 무시증'은 해결되지 않을 것이다.

---

205 대표적인 예가 핵발전소의 위험을 호도하는 각종 광고나 사실상의 광고인 기사들이다. 핵발전소는 폭발의 위험을 안고 있고 가장 비싼 발전 방식이지만 '지배자'들은 자기들의 이익을 위해 많은 돈을 들여 언론을 포섭해서 핵발전소가 안전하며 가장 싼 발전 방식이라고 선전한다. 일본에서 핵발전소와 언론의 유착 관계는 후쿠시마 핵발전소의 폭발 사고를 통해 적나라하게 드러났다. 이에 대해 今西憲之＋週刊朝日編集部(2013), 『原子力ムラの陰謀: 機密ファイルが暴く闇』, 朝日新聞出版과 海渡雄一(2914), 『反原発へのいやがらせ 全記録ー原子力ムラの品性を嗤う』, 明石書店를 참고.

행복의 조건(%)

2001년 2008년

그림 12 행복의 조건
출처: '한국인의 삶에 대한 의식…행복, "돈이 첫 번째"', 〈MBC〉 2008.8.15.

8. 안전 문화를 위한 과제

안전 문화는 중요하다. 그러나 정부 주도의 계도적 안전 문화 운동을 통해 안전 문화를 확산하겠다는 것은 잘못이다. 지난 20년 동안 많은 세금과 인력을 투여해서 실행한 이 운동은 조금도 성공한 것으로 보이지 않는다. 이제 안전 문화의 확산에 관한 관점을 완전히 바꿔야 한다. 기존의 관점은 '안전 문화 운동 → 안전 문화 확산 → 안전 사회 형성'의 논리로 되어 있다. 그런데 이것은 사고의 원인을 배제한 논리이며 앞뒤가 바뀐 잘못된 논리이다. 이제 다음과 같이 비리의 척결을 전제로 한 분야별 제도 개혁의 관점에서 안전 사회와 안전 문화를 파악해야 한다.

표 24 안전 사회와 안전 문화

개별 분야의 제도 개혁 → 안전 사회 형성 → 안전 문화 확산 → 안전 사회 강화
비리의 척결

안전 문화의 확산을 위해서는 안전 교육의 보편화와 실질화도 중요하다. 현재 어린이 안전교육, 생활안전교육, 교통안전교육, 식품안전교육, 산업안전보건교육(산업안전보건법) 등 다양한 안전교육이 행해지고 있으나 안전의식은 좀처럼 개선되지 않고 있다. 서구의 '민주시민교육' 또는 '민주주의 교육'처럼 유아에서 성년까지 제도교육과 비제도교육을 망라한 보편적인 안전교육을 시행할 필요가 있다. 보편화보다 더 중요한 것은 실질화이다.

안전교육이 실효를 거두지 못하는 근본적인 원인은 안전 투자를 안전 의식으로 대체하려는 정부와 기업의 잘못된 발상이다.[206] 안전에 필요한 장비와 시간이 충실히 제공되지 않는다면 어떤 안전교육도 안전의식도 무의미하기 십상이다.[207] 이런 점에서 지금 한국에 가장 필요한 안전교육은 정부의 고위 공직자와 기업의 경영자를 대상으로 안전투자의 중요성을 올바로 가르치는 것이다.

삼풍백화점 붕괴 사고 이후 안전 문화에 관해 종합적인 연구와 제안들이 계속 이루어졌으나(한국정책과학학회, 2007; 김근영 외, 2012) 안전 문화는 전혀 나아지지 않은 것에 주의해야 한다.[208] 안전 문화 정책의 개혁을 위한 법

---

[206] 여기서 나아가 노동자에 대한 안전 교육을 일방적으로 강조하는 것은 관리자와 경영자의 책임을 노동자에게 전가하는 문제를 안고 있기도 하다. INSAG가 강조하듯이 경영자, 관리자, 노동자는 안전 문화에 대해 저마다 다른 책임을 갖고 있으며 권한이 클수록 당연히 책임이 크다.

[207] 사람은 기계가 아니다. 열악한 장비로 가혹한 노동에 혹사되면 아무리 안전 교육을 많이 받고 조심하는 노동자라고 해도 실수할 수밖에 없다. 기계도 혹사되면 빨리 망가지고 만다. 현대 사회는 사회의 구성원이 대부분 노동자인 '노동 사회'이다. 따라서 '안전 사회'를 이루기 위해서는 노동권의 보장이 대단히 중요하다.

[208] "세월호 참사 이후에도 국민 안전을 해치는 부정·비리 사건으로 탐욕과 관리 부재, 솜방망이 처벌 등이 어우러져 지속적으로 발생한 것으로 드러났다. 정부는 검찰과 경찰의 안전 관련 수사 결과를 토대로 반드시 고쳐야 할 7대 개선 과제를 선정했다. 정부합동 부패척결추진단은 지난 1년간 적발된 안전 사

제 정비(나채준, 2013)도 안전 교육의 강화, 안전 정보의 통합 관리 등을 강조하기에 앞서 우선 이런 사실을 명확히 인식해야 한다. 이런 점에서 건설 안전을 비롯한 안전의 개선을 위해 국민권익위와 국토교통부가 비리의 척결에 초점을 맞춘 것은 늦었으나 올바른 것이다(국민권익위, 2013; 국토교통부, 2014). 또한 고용노동부가 원청업체와 발주자의 책임을 강화하고 나선 것도 어렵게 올바른 변화가 이루어진 것이지만 그 실제 내용은 여전히 미흡하다는 점에 주의해야 한다(고용노동부, 2015; 민주노총, 2015). 국민안전처가 세월호 대참사 1주기를 얼마 앞두고 '안전 혁신 마스터플랜'을 발표한 것에 대해서도 비판과 우려가 크다(국민안전처, 2015). 재탕 계획이 많고 실효성이 큰 문제로 지적됐을 뿐만 아니라 국민안전처의 비리가 적나라하게 드러났기 때문이다.[209]

계도적 방식으로 안전 문화가 확산된다고 해도, 각종 비리가 만연하고 열악한 하도급, 최저낙찰제 등이 유지된다면, 안전 문화의 확산 속에서 건설

건·사고를 분석한 결과 주로 공사·건축, 교통·레저 분야에서 비슷한 유형을 추릴 수 있었고, 이를 '국민안전 위해 비리 척결 7대 과제'로 선정했다"('고속도로 터널공사 자재 빼돌려 195억 꿀꺽… 안전 비리 여전−정부, 7대 개선과제 추진', 〈서울신문〉 2015.4.8.

209 국민안전처는 세월호 대참사 1주기를 맞아 '제1차 국민안전다짐대회'를 열겠다고 밝혔다. 박근혜 정부는 당연히 마쳤어야 할 세월호 인양조차 하지 않으면서 할 필요가 없는 계도성 행사를 열려고 하는 것이다. 이에 대해 유가족들과 각계의 대표들이 정부에게 요청한 '세월호 1주기 추모제'를 거부하고 호도하기 위한 행사라는 비판이 제기되었다('세월호 1주기 추모제에 안전다짐대회로 '물타기'?', 〈미디어오늘〉 2015.4.8). 또한 각종 안전 관련 법안들은 제대로 검토조차 되지 않고 있고, 각종 안전 교육들도 여전히 실효성이 없는 행사에 머물고 있는 것으로 파악되었다('[세월호 1년] '안전 대한민국 건설' 법안, 국회서 '쿨쿨', 대한민국 '안전 매뉴얼' 현 주소..실효성 부족', 〈뉴시스〉 2015.4.9. 박근혜가 정말 세월호 대참사를 반성한다면, 우선 세월호 안에서 304명이 죽어가던 7시간 동안의 잠적을 정확히 밝혀야 하며, 세월호의 인양과 추모를 즉각 올바로 실행해야 하며, 안전 관련 예산을 제대로 확충해야 한다.

사고가 빈발하는 상태가 되고 만다. 안전 문화의 형식적 확산과 '비리-사고 사회'의 실질적 악화가 이루어지는 것이다. 지금 한국이 바로 이런 상태에 있다. 문화의 변화를 위해 비리의 척결을 기본으로 한 제도의 개혁을 이루어야 하며, 제도의 개혁에서는 언제나 그 실행에 크게 주의해야 한다.

> 안전을 비용으로 여기는 천민자본주의와 관련 제도를 제대로 운용하지
> 못하도록 하는 부패와 부실의 먹이사슬을 타파해야 비로소 새로운 안전
> 문화가 자라나게 될 것이다. 이처럼 문화적 과제는 구조적 과제, 제도적
> 과제와 밀접한 연관을 맺고 있다. 위험과 안전에 관한 교육은 중요하지
> 만, 그것도 이러한 관점에서 행해져야 할 것이다. 시민의 의식을 바꿔야
> 한다며 정부가 시민을 가르치려고 하는 낡은 계도적 캠페인은 이제 그만
> 두어야 한다. 이런 캠페인은 삼풍백화점 붕괴사고와 같은 '구조적 사고'
> 에 관해서는 아무런 말도 하지 않으면서 사실상 시민을 모든 사고의 원
> 인제공자로 몰아간다는 점에서도 대단히 심각한 문제를 안고 있다(홍성
> 태, 2007: 137).

삼풍백화점 붕괴 사고는 참혹한 역사적 사건이었다. 이 사건의 교훈을 제대로 지키지 않았기에 세월호 대참사를 겪고 말았다. 삼풍백화점 붕괴 20년을 맞아 대구 지하철 참사, 이천 냉동창고 참사, 세월호 대참사 등 참혹한 사고들이 계속 이어졌던 지난 20년을 다시 아프게 돌아볼 필요가 있다.[210] 이

---

210 특히 정부의 대응을 철저히 검토해야 하는 데, 이명박 정부와 박근혜 정부는 규제 완화를 내걸고 안전을 크게 약화시켰으며, 박근혜 정부는 세월호 대참사 뒤에도 안전 예산을 크게 줄여서 더욱 더 심각한 문제적 상태를 보였다. 사실 박근혜는 2013년 1월에 자신은 국민안전과 경제부흥을 양대 축으로 국정을 하겠다고 발표했다('박근혜 "국민안전과 경제부흥이 국정 중심축"', 〈오마이뉴스〉 2013.1.7. 그러나 박근혜의 안전 강조는 전혀 지켜지지 않았으며, 심지어 세월호 대참사 뒤에도 그런 상태였다. 세월호 대참사 직후의 조사에서 박근혜 정부는 '안전'을 쉴 새 없이 외쳤으나 실제 재난 관리 예산은 '-4.9%'의 증가율을 보인 것으로 밝혀졌다("107차례 '안전' 언급한 박근혜

런 사고들을 쉽게 잊는 것이 참으로 큰 문제이고, 그렇게 하지 않기 위해 이런 사고들에 대한 사회적 기억을 적극 추진해야 한다. 이와 관련해서 '삼풍 참사 위령탑'이 유족들과 시민들의 올바른 요구를 무시하고 양재 시민의 숲 남쪽 끝에 숨듯이 들어서게 된 문제를 바로잡아야 한다. '삼풍 참사 위령탑'을 삼풍백화점이 있던 서초동 아크로비스타의 앞에 세워야 한다. 그리고 '사고와 안전 기억비'를 이 나라의 공간적 중심인 세종로 광장에 세워야 한다.[211] 올바른 문화적 실천은 큰 사회적 성과를 거둘 수 있다.

정부 안전예산 삭감-노무현 정부 21.8%, 이명박 정부 19.6%이던 재난관리 예산 증가율이 −4.9%⋯1년2개월간 관행도 없는 '적폐' 쌓아', 〈한겨레21〉 1011호/2014.5.16). 이런 문제에 대응해서 2014년 10월 29일 박근혜는 2015년 예산에서 안전 예산을 176.9%로 확대해서 14조6000억원으로 편성했다고 밝혔으나 여기에서 실제 재난 관리 예산은 1조2000여억원에 불과하며 각종 토건사업비와 관광사업비가 대거 포함되어 있다('박근혜 정부 '안전 예산' 14조 원의 비밀', 〈뉴스타파〉 2014.11.18).

211 2003년 2월 18일에 발생한 대구 지하철 참사는 추모공원(대구시민안전테마파크와 희생자추모공원) 설립과 추모재단(2.18 안전문화재단) 설립이 이루어졌다. 이에 비해 삼풍백화점 참사는 그냥 저버려진 상태와 마찬가지이다.

〈자료 1〉건축물 안전강화 종합대책의 주요 내용

---

① 첫째, 불법행위에 대한 책임을 대폭 강화한다.

○ "1·2 Strike-Out"를 시행하여 불법 설계 또는 시공으로 인명피해가 발생하면 해당 건축관계자(설계자, 시공자, 감리자, 관계전문기술자)와 업체는 즉시 업계에서 퇴출되고,

- 건축안전 모니터링 등을 통해 불법이 적발되는 업체와 건축관계자는 6개월간 업무가 정지되고, 2년간 2회 적발되면 영구적으로 업계에서 퇴출된다.

- 업무 정지 및 취소 내용은 건축행정시스템(세움터)에 공개되어 일반 국민이 그 사실을 직접 확인할 수 있도록 추진한다.

○ 건축법 위반 처벌 대상자가 확대되고 벌금 수준도 상향된다. 처벌 대상자를 설계자, 시공자, 감리자 뿐만 아니라 유지관리를 소홀히 한 건축주, 저질 자재를 공사 현장에 납품한 제조업자·유통업자 등으로 확대하고,

- 분양신고 위반 등 경제사범보다 낮은 현행 건축법의 벌금 수준을 대폭 상향 조정할 계획이다. 건축물 분양신고 위반시 벌금은 3억원인 반면에 일반적 건축법 위반시 벌금은 1천만원 이하에 불과하므로 3억원 수준으로 상향될 가능성이 크다.

○ 건축주에게 실질적인 보상이 가능하고 부실설계를 하면 보험료가 상승되는 구조로 미국 등 선진외국에서 운영되는 건축관계자 배상책임보험 제도(PLI : Professional Liability Insurance)도 적극 검토할 계획이다.

- 현행 건축설계 보험제도는 부실설계를 해도 용역비 한도 내에서 배상하고, 업계의 신뢰도와 무관하게 요율이 결정되어 실효성이 적기 때문이다.

---

② 둘째, 불법행위 적발 체계를 강화한다.

○각 지자체가 건축행정업무를 보조하는 "지역건축센터"를 설립하도록 추진한다. 지역건축센터는 허가관청의 전문성과 인력 부족으로 안전관리가 소홀해지는 문제를 개선하기 위해 이행강제금을 재원으로 설립하며, 구조기술사, 건축사 등 전문인력을 채용하여 구조도서를 검토하고 공사현장을 조사·감독하는 업무를 수행한다.

○한편, 국토부는 공사현장을 불시에 점검하여 부실을 적발하는 "건축안전 모니터링"을 강화하여 실시한다. 국토부는 지자체와 감리자가 검토하기 어려운 샌드위치패널, 철강자재 등 기성제품의 품질, 구조안전 설계 등 전문분야에 대해 집중적으로 모니터링할 예정이다.

－적발된 현장은 위법이 시정될 때까지 공사중단하고, 해당 업체는 2 Strike－Out을 적용하며, 법정도서가 누락되거나 미흡해도 건축허가한 공무원도 함께 적발하여 관계기관에 통보한다.

－모니터링 건수는 2014년 250개에서 2015년 1,000개, 2016년은 전체 허가건수의 1%인 2,000건으로 확대 추진한다.

③ 셋째, 맞춤형 안전관리 체계를 구축한다.

○50층 이상 또는 연면적 10만제곱미터 이상 초대형건축물(공동주택 제외)은 건축허가 하기 전에 당해 건물과 인접대지의 구조안전 성능을 종합평가하는 "안전영향평가" 제도가 도입된다.

－초대형건축물의 경우 일반건축물의 건축기준으로는 안전검토가 불충분하기 때문이다. 실례로 제2 롯데월드의 경우에는 시민안전단이 약 5개월간 안전영향평가를 사실상 수행한 것이나 다름없다.

-국토부는 객관적이고 신속한 평가를 위해 안전영향평가 기관을 국책 연구기관 중에서 선정할 계획이며, 허가관청은 건축주로부터 제출받은 평가도서를 평가기관에 송부하여 평가를 의뢰하게 된다.

○건축심의를 받아야 하고, 유지관리 점검 대상이 되는 "다중이용 건축물"의 범위를 확대한다. 현행 범위 기준으로는 500명 이상 수용하였던 마우나리조트 체육관(1,205제곱미터) 등도 다중이용시설에서 제외되기 때문에 대상 규모 기준을 5천제곱미터에서 1천제곱미터로 축소할 계획이다.

④ 넷째, 안전 제도의 사각지대를 해소한다.

○인명 피해를 예방하기 위한 난연재료 사용기준, 구조안전 기준 등은 건축물의 규모와 용도에 관계없이 확대 적용하게 된다.

-현행 기준으로는 금년에 사고가 발생하였던 장성 요양병원, 담양펜션 등은 난연재료 및 구조안전 확인 대상에서 제외되고 있다.

-앞으로는, 건축물에 사용하는 모든 샌드위치 패널은 난연성능을 확보하도록 하며, 구조안전확인서 제출대상에서 제외되고 있는 2층 이하 1천 제곱미터 이하 소규모 건축물도 구조안전확인서 제출을 의무화할 예정이다.

○허술하게 관리되고 있는 공사 현장 안전관리체계를 강화한다. "QR코드Quick Response Code"를 시험성적서와 제품에 부착하여 현장에서 핸드폰 앱을 이용하여 건축자재 성능과 정품여부를 확인하고,

-시공자는 철근 배근 및 철골 조립, 콘크리트 타설 등 주요 공정을 동영상으로 촬영하여야 하며, 감리자, 허가권자 및 건축주에게 촬영 파일을 제출하도록 할 예정이다.

○신축하는 건축물뿐 아니라 준공된 건축물의 안전관리도 강화한다.

-기존 건축물에 내진 보수·보강하는 경우 지방세 감면 등 인센티브를 강화하고,

-다중이용건축물 등의 소유자는 내년에 국토부가 배포 예정인 '유지관리 매뉴얼'에 따라 건축물을 안전하게 관리하여야 하는 '건축물 유지관리자'를 지정하여 허가관청에 신고하여야 한다. 이 경우 건축물 소유자도 유지관리자가 될 수 있다.

·유지관리자는 고양터미널 화재사고 사례와 같이 방화셔터를 작동 중단하고 수선 및 인테리어 공사를 하지 않도록 하고 임대업자의 무단 용도변경 행위 등을 책임지고 관리하여야 한다.

○최근 사고가 자주 발생하고 있는 환기구, 광고물, 환기덕트, 공작물 등 건축물의 부속 구조물에 대한 설치 방법·위치, 유지관리 등에 관한 안전규정도 마련할 예정이다.

출처: 국토교통부(2014)

〈자료 2〉 건설하도급 불공정 근절을 위한 4개 법률개정안 핵심 내용

○건설산업기본법

가. 건설공사의 하자담보책임기간을 도급계약에서 따로 정할 수 있도록 한 규정을 삭제하고 법령에서 정한 바에만 따르도록 함(안 제28조 제3항).

나. 수급인은 하도급대금 지급보증서를 교부하는 경우 하수급인에게 하도급계약 이행보증서의 교부를 요구할 수 있고, 수급인이 일방적으로 하도급계약을 해제 또는 해지하는 경우에는 하도급계약 이행보증금의 지급을 요청할 수 없도록 함(안 제34조의2).

다. 수급인은 하수급인에게 당초 하도급금액 산출내역서에 포함되어 있지 아니한 공사를 요구하는 경우 감리 업무를 수행하는 자로부터 이에 대한 확인을 받고 그 공사의 시공 전에 하수급인에게 추가·변경계약서를 발급하도록 하며, 그 공사의 시공 전에 추가·변경계약서를 발급하기 어려운 경우에는 작업지시서를 우선 교부하고 사후에 추가·변경계약서를 발급할 수 있도록 함(안 제36조의2).

라. 수급인이 건설공사의 시공 및 하도급거래와 관련하여 탈법행위를 할 수 없도록 함(안 제38조의3).

○하도급 거래 공정화에 관한 법률

가. 부당한 하도급대금 결정금지 유형에 원사업자가 도급내역서와 다르게 직접공사비 항목을 통합하거나 규격 등을 축소·누락한 물량내역서를 제공하여 하도급 대금을 결정하는 행위와 재입찰 행위를 추가함으로써 부당하게 하도급대금이 결정되지 아니하도록 함(안 제4조 제2항 제7호 및 제9호).

나. 정부 발주공사의 경우 입찰절차가 종료된 후에는 예정가격 및 최저가 입찰금액 등을 공개하도록 함(안 제3조의6 신설).

다. 추가 작업지시에 대한 서면발급 및 대금지급을 의무화하고 추가·
변경 위탁이 계약서나 작업지시서 없이 수행된 경우에는 원사업자
가 모든 비용을 부담하기로 한 것으로 추정(안 제3조의5).

라. 부당한 위탁취소 행위에 대해서는 계약이행보증금을 청구할 수
없도록 하고 이를 위반할 경우 손해배상 책임을 부담하도록 함(안 제
13조의2 제7항).

마. 징벌적 손해배상의 대상에 부당특약으로 인한 피해를 추가(안 제
30조).

바. 현행법을 위반한 행위의 효력은 무효로 규정(안 제36조).

○국가를 당사자로 하는 계약에 관한 법률
가. 각 중앙관서의 장 또는 계약담당 공무원은 국가를 당사자로 하는
계약을 할 때 근로자임금 보호와 관련된 사항을 포함하여 계약을 체
결할 수 있도록 함(안 제5조의4 신설).

나. 각 중앙관서의 장 또는 계약담당 공무원은 국가를 당사자로 하는
계약을 할 때 하도급계약의 공정성 및 적절성을 담보하기 위한 사항
을 포함하여 계약을 체결할 수 있도록 함(안 제5조의5 신설).

다. 하도급계획서를 의무적으로 작성토록 하고 하도급계획서에는 하
도급계약의 당사자, 공사명, 공사 금액, 대금지급방법 등이 포함된
하도급계약서를 추가(안 제11조).

라. 각 중앙관서의 장 또는 계약담당 공무원은 하도급이 포함된 계약
에 관하여는 전문감독기관을 지정하여 하도급계약서 등의 준수여부
를 감독 및 감독조서 작성을 의무화(안 제13조 제2항, 제3항).

마. 대통령령에서 규정하고 있는 부정당업자 대상을 법률로 상향하여
규정하면서 부정당업자 대상에 하도급계약 내용을 누락하거나 그
계약내용을 정당한 이유없이 이행하지 아니하는 자 혹은 이행하더
라도 부실·조잡하게 이행하거나 부정한 행위를 한 자를 추가(안 제
27조 제1항).

○ 지방자치 단체를 당사자로 하는 계약에 관한 법률
가. 지방자치단체의 장 또는 계약담당자는 지방자치단체를 당사자로
하는 계약을 할 때 근로자임금 보호와 관련된 사항을 포함하여 계약
을 체결할 수 있도록 함(안 제6조의3).
나. 지방자치단체의 장 또는 계약담당자는 지방자치단체를 당사자로
하는 계약을 할 때 하도급계약의 공정성 및 적절성을 담보하기 위한
사항을 포함하여 계약을 체결할 수 있도록 함(안 제6조의4).
다. 계약서를 의무적으로 작성하도록 하고, 계약서 기재사항에 하도
급계약의 당사자, 공사명, 공사 금액, 대금지급방법 등이 포함된 하
도급계약서를 추가함(안 제14조 제1항).
라. 하도급이 포함된 계약에 대한 감독 및 감독조서 작성을 의무화함
(안 제16조 제6항, 제7항).
마. 대통령령에서 규정하고 있는 부정당업자 대상을 법률로 상향하여
규정하면서, 부정당업자 대상에 하도급계약 내용을 누락하거나 그
계약내용을 정당한 이유없이 이행하지 아니하는 자를 추가함(안 제
31조 제5항).

출처: 참여연대 외(2014)

재난 및 안전관리기본법 (재난안전법)

시설물의 안전관리에 관한 특별법 (시설물안전법, 시특법)

산업안전보건법

소방법

4·16세월호참사 진상규명 및 안전사회 건설 등을 위한 특별법(세월호

특별법)

가습기살균제 피해구제를 위한 특별법

국가안전관리기본계획

국무총리실

-중앙안전관리위원회

국민안전처

-중앙재난안전대책본부

-중앙소방본부(2014년 11월 소방방재청 해체)

-국가민방위재난안전교육원

-국민재난안전 포털

국토교통부

-건설안전정보시스템

보건복지부

-질병관리본부

국립재난안전연구원

국립방재연구원

국립방재교육연구원

한국산업안전보건공단

한국산업안전보건교육원

한국산업기술진흥원

한국산업기술시험원

한국시설안전공단

한국원자력연구원

원자력안전위원회

참고자료

고용노동부(2015), 〈산업현장의 안전보건 혁신을 위한 종합계획〉

국가재난정보센터(2010), '안전문화운동 소개', http://www.safekorea.go.kr/

국무총리 안전관리자문위원회(1995), 〈安全管理 實態評價와 政策改善方向〉, 1995.12

국무총리실 안전관리대책기획단(2000), 〈새천년 안전한 나라 만들기 – 안전관리 종합대책〉, 2000.9.

국민권익위원회(2013), 〈건설 등 재해 취약 분야의 안전사고 방지방안〉, 2013.7.

국민안전처(2014), '생활안전교육 활성화를 통한 국민안전의식 제고'

_____(2015), 〈안전 혁신 마스터플랜〉

국토교통부(2014), 〈건축물 안전강화 종합대책〉, 2014.12.

김근영(2012), 〈선진 안전문화 정착을 위한 제도 개선 연구〉, 행정안전부, 2012.12.

김미숙 외(2013), 〈위험사회에 대한 국민의식조사〉, 한국보건사회연구원, 2013.4.

김상조(2012), 『종횡무진 한국경제』, 오마이북

김수영(1668), '지식인의 사회참여', 김수영(1981), 『김수영 전집2 – 산문』, 민음사

김진균·홍성태(1996), 『군신과 현대 사회』, 문화과학사

_____(2007), 『한국 사회와 평화』, 문화과학사

나채준(2013), 〈안전문화 정착을 위한 법제 개선방안 연구〉, 한국법제연구원, 2013.8

뉴스타파(2013~), 'MB의 유산'

_____(2014~), '원전 묵시록'

민주노총(2015), '안전보건 혁신계획 요구안'

안전보건공단(2010), '안전문화 홍보', http://www.kosha.or.kr/content. do?menuId=1652

유인호(1973), '경제성장과 환경파괴', 『창작과 비평』 1973년 가을호

장하성(2014), 『한국 자본주의』, 헤이북스

중앙안전관리위원회·행정안전부(2010), 〈국가안전관리기본계획 2010~2014〉

참여연대 외(2014), '입찰부터 계약 종료까지 이어지는 갑의 횡포 막는다 - 건설하 도급 불공정 근절을 위한 법률개정안 공동발의 기자회견', 2014.12.

한국정책과학학회(2007), 〈국민 안전의식 선진화 추진전략에 관한 연구〉, 소방방재청

행정자치부 국가재난관리시스템기획단(2003), 〈국가 재난관리 종합대책〉, 2003.8.

현대경제연구원(2014), '안전의식 실태와 정책 과제', 〈현안과 과제〉 14-40호

홍성태(2004), 『생태사회를 위하여』, 문화과학사

_____(2006), 『현대 한국사회의 문화적 형성』, 현실문화

_____(2007), 『대한민국 위험사회』, 당대

_____(2014), 『위험사회를 진단한다』, 아로파

Beck, Ulrich(1986), 홍성태 옮김(1997), 『위험사회』, 새물결

Broad, William and Wade, Nicholas(1983), 박익수 역(1989), 『배신의 과학자들』, 겸지사

Debord, Guy(1967), 이경숙 옮김(1996), 『스펙터클의 사회』, 현실문화

Douglas, Mary and Wildavsky, Aaron(1983), 김귀곤 외 옮김(1993), 『환경위험과 문화』, 명보문화사

Evans, Nicholas(2010), 김기혁 외 옮김(2012), 『아무도 모르는 사이에 죽다』, 글 항아리

Freud, Zigmund(1930), 김종호(1974), 『문화의 불안』, 박영사

Fukuyama, Francis(1999), 류화선 옮김(2001), 『대붕괴 신질서』, 한국경제신문사

Galtung, Johan(1996), 강종일 외 옮김(2000),『평화적 수단에 의한 평화』, 들녘

Heidegger, Martin(1924), 전양범 옮김(1992),『존재와 시간』, 동서문화사

Huxley, Aldous(1932), 권세호 역(1972),『멋진 신세계』, 서문문고

INSAG(1991), *Safety Culture*, http://www-pub.iaea.org/MTCD/publications/
    PDF/Pub882_web.pdf

Kant, Immanuel(1871), 전원배 역(1990),『순수이성비판』, 삼성출판사

Kierkegaard, Soren(1844), 강성위 옮김(1978),『불안의 개념』, 동서문화사

Marx, Karl(1867), 김영민 옮김(1987),『자본론 I』, 이론과 실천사

Maturana, Humberto and Varela, Francisco(1987), 최호영 옮김(1995),『인식의
    나무-인식활동의 생물학적 뿌리』, 자작아카데미

Nietzsche, Friedrich(1885), 곽복록 옮김(1976),『차라투스트라는 이렇게 말했다』,
    동서문화사

Postman, Neil(1986), 정탁영·정준영 역(1997),『죽도록 즐기기』, 참미디어

今西憲之＋週刊朝日編集部(2013),『原子力ムラの陰謀: 機密ファイルが暴く闇』, 朝
    日新聞出版, 2013

海渡雄一(2014),『反原発へのいやがらせ 全記録－原子力ムラの品性を嗤う』, 明石
    書店

7장
독일과 미국의 안전 정책

1. '선진국'의 교훈

현대 사회는 수많은 거대한 시설과 건물을 이용해서 물리적으로 복잡하고 견고하게 구축되어 있다(홍성태, 2012). 대형 댐, 핵발전소, 고속도로, 지하철, 초고층 건물 등이 현대 사회의 물리적 상징인 것이다. 현대 사회는 이런 시설과 건물을 통해 유례없는 풍요를 누리고 있다. 그러나 이런 시설과 건물은 찰스 페로우의 '정상 사고'론(1984년)이나 울리히 벡의 '위험 사회'론(1986년)이 잘 지적했듯이 커다란 사고의 원천이기도 하다. 우리가 '안전 사회'에서 살고자 한다면 무엇보다 먼저 이런 현대 사회의 특성을 유념해야 한다. 현대 사회는 절대 '안전 사회'가 아니라 대파국의 위험마저 안고 있는 '위험 사회'이며, 한국은 비리의 만연으로 일어나지 않아야 할 사고가 빈발하는 '사고 사회'이다(홍성태, 2007, 2014).

다시 말할 것도 없이 '건설 안전'은 사회 안전의 핵심이다. 사실 모든 시설과 건물은 사회 안전을 위한 것이다. 그러나 잘못 만들어진 시설과 건물은 오히려 사회 안전을 해치는 것이 되고 만다. 와우아파트 붕괴, 성수대교 붕괴, 삼풍백화점 붕괴, 코오롱 리조트 체육관 붕괴, 판교 환풍구 붕괴 등은 그 명확한 예들이다. 시설과 건물이 잘못 만들어지는 원인은 크게 무지, 실수, 비리로 나누어 볼 수 있다. 무지는 지식과 기술이 부족한 것이고, 실수는 뜻하지 않게 잘못을 저지르는 것이고, 비리는 이익을 위해 부실을 적극 저지르는 것이다. 사고의 원인으로 가장 큰 문제는 비리이고, 가장 큰 비중을 차지하는 것도 비리이다. 따라서 사회 안전을 위해서는 무엇보다 먼저 비리의 척결에 힘을 쏟아야 한다.[212]

사회 안전은 모든 사회 구성원의 의무이자 권리이다. 그러나 모든 사람의 것은 그 누구의 것도 아니다. 사회 안전에 대한 책임에서 정부, 기업, 개인은 서로 다르다. 가장 큰 책임은 정부에게 있다. 정부의 존재이유는 국민의 복리이기 때문이다. 사회 안전에 최선을 다하지 않고 국민에게 책임을 돌리는 정부는 존재이유를 저버린 것이다. 정부에 이어 기업의 책임이 크다. 기업은 그저 홀로 영리를 추구하는 존재가 아니라 사회 안에서 사회를 위하며 영리를 추구해야 하는 존재이다. 사회 안전을 저버리고 탐욕을 추구하는 기업은 사회를 망치는 범죄 조직이 되고자 하는 것이다. 개인의 책임은 가장 작다. 그러나 직접적인 피해는 결국 개인에게 귀결되는 것이기 때문에 개인은 자신을 지키기 위해 최선을 다해야 하며, 그 핵심은 올바른 정부를 세워서 사회 안전을 제대로 지키도록 하는 것이다.

이런 관점에서 사회 안전의 면에서도 '선진국'의 법률과 제도를 참고할 필요가 있다.[213] 여기서는 비리, 건축, 재난의 3개 분야로 나누어서 독일과 미

---

212 세월호 대참사에서 가장 무서운 사실은 비리에 의해 사고가 일어났을 뿐만 아니라 구조 과정에서도 비리가 계속 저질러졌다는 것이다. 세월호 대참사는 정부와 기업의 비리가 극단적 수준에 이르러 있다는 사실을 참혹하게 확인해 주었다.

213 외국의 사례를 살펴볼 때 우리는 언제나 '지적 식민성' 또는 '지적 종속성'에 크게 주의해야 한다. 아무리 훌륭한 선진국의 법률과 제도라고 하더라도 한

국의 법률과 제도에 대해 간략히 살펴보고자 한다. 독일과 미국은 같은 자유주의 국가이지만, 독일은 국가 주도의 관리적 접근을 대표하는 나라이고, 미국은 기업 주도의 방임적 접근을 대표하는 나라라고 할 수 있다. 그러나 이런 접근법의 차이를 규제의 강약으로 보는 것은 사실을 호도하거나 오도하는 것이다. 독일과 미국은 강력한 규제를 시행하는 방법의 차이가 있을 뿐이며 사회 안전이라는 목표를 위한 강력한 규제를 시행하고 있다는 점에서는 똑같다. 안전이라는 근원적인 목표를 위해서는 탐욕과 비리를 막기 위한 강력한 규제를 시행해야 하며, 역사적으로 오래 전에 입증된 이 분명한 사실을 도외시하는 선진국은 이 세상 어디에도 없다.

2. 독일의 안전 정책

1) 비리 관련

독일은 1997년에 '반부패법'을 제정했는데, 이 법에는 이유를 불문하고 뇌물을 주고받는 것만으로 처벌 가능한 조항이 규정되어 있다. 이 법이 제정되기 전에는 뇌물을 주고받을 때 '부정행위 혐의', 즉 '특정한 결과를 위해 부탁'하는 행위를 입증해야만 처벌할 수 있었다. '연방행정의 부패예방을 위한 연방정부가이드라인'의 적용대상은 연방정부와 주정부, 독일연방은행과 같은 공공기관과 협회, 재단, 유한회사, 주식회사 등의 민간단체까지 모두 포함된다. 1999년 독일 통일의 대표로 역사에 이름을 남긴 기민당(CPU)의 헬무트 콜(Helmut Kohl) 전 연방총리가 기업으로부터 기부금 210만 마르크(원화 약 36억원)를 받은 사실이 드러나서 정계

국 사회의 맥락에서 충실히 검토하는 것이 중요하다. 선진국의 사례를 그냥 수입하는 것이 아니라 잘 참고하는 것이 중요하다.

를 떠나야 했다(국민권익위, 2010).[214]

2014년 9월에 독일은 '개정 반부패법'을 시행했다. 이 개정에서는 특히 국회의원의 뇌물 수수에 관한 처벌 범위를 확대했다. 과거에는 선거와 관련한 매표 행위만 처벌했으나 이제는 시기와 관계없이 이득을 제공받는 모든 행위를 금지한다. 국회의원에게 줄 목적으로 제3자가 받았더라도 범죄로 인정한다('[신뢰사회 도약 프로젝트]④선진국 '부패해결' 어떻게', 〈세계일보〉 2014.11.19).

2) 건설 관련

독일의 건축법은 '세계법제정보센터'(http://world.moleg.go.kr/)에서 독어와 영어로 볼 수 있으며, 그 대략적인 내용은 홍강훈(2007), 유광흠·진형영 (2010), 이세정(2014)을 참고할 수 있다.

독일의 건축 관련 법체계는 공간계획과 건축법Baurecht[215]으로 이분화되어 있고, 건축법은 사법적 건축법과 공법적 건축법으로 이루어져 있다. 사법적 건축법은 토지소유권, 상린권, 건축 계약 등으로, 공법적 건축법은 건축계획법, 건축질서법, 건축형법 등으로 이루어져 있다.

독일의 건축 관련 법에서 가장 중요한 것은 1987년에 종래의 '연방건축법'과 '도시건축촉진법'을 통합해서 제정한 '연방건축설전Baugesetzbuch'[216]이다. 이 법전은 건축은 물론 토지이용, 도시건설 등과 관련된 모든 사항을 담고 있는 최상위의 법이고, 하위법으로 각 주의 '건축법전'이 있다. 독일의

---

214 모든 '청렴 선진국'은 행정의 완전한 투명화와 비리에 대한 무관용의 원칙을 강력히 시행하고 있다.

215 bau는 건축, 건설, 토목 등의 뜻을 갖고 있다. 따라서 건축법은 건설법이기도 하다.

216 이 법전은 '연방건축기본법전'으로 번역되기도 한다.

'건축법전'은 건축계획법을 주된 내용으로 하며, 일반도시계획법, 특별도시
계획법, 특별규정, 승계규정 및 최종규정 등의 네 부분으로 이루어져 있다.
일반도시계획법은 건축상세계획과 그 실행에 따른 안전과 자연보호를 가능
하게 하는 등의 조치를 다루고, 특별도시계획법은 도시구역에서 도시건축
개량조치와 도시발전 조치를 다룬다.

3) 재난 관련

독일에서 재난관리는 주민의 주거시설, 방위 목적의 민간 시설, 기업체 시
설, 국가기관 시설, 문화재 관련 시설 등을 보호하고, 기타 화재, 화생방 사
고, 환경오염 사고 등을 최소화하기 위한 비군사적 조치를 뜻한다.

독일의 재난관리는 연방 정부, 주 정부, 지역 정부, 시 정부로 나뉘어 운영
된다. 독일은 전시의 국가방위 개념의 민방위와 평상시의 응급관리 및 계획
을 구분하며, 평시 응급상황 관리는 주 정부가 담당하고 대규모 재난 및 전
시에는 연방정부가 책임을 맡는다.

그림 13 독일의 국토계획과 건축법 체계

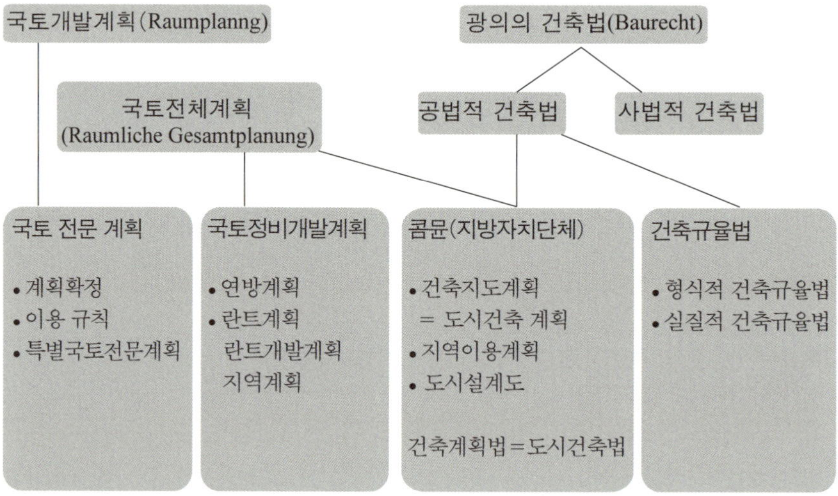

출처: 홍강훈(2007: 6).

독일은 연방내무성이 국가 재난의 총괄적인 책임기관이다. 2004년에 연방내무성 산하에 '연방 시민보호와 재난관리청'이 신설되었음. 독일의 안전관리기본법은 1965년에 제정된 '민방위법Zivilschutzgesetz'[217]이다(이재은, 2012).

* 참고: '민방위'는 평시와 전시에 시민을 지키기 위한 활동으로 1931년에 파리에서 국제 비정부기구로 '국제전시시민보호기구'가 발족해서 1958년에 '국제민방위기구'로 개정되었다(국가재난정보센터, '외국 민방위').[218]

표 25 외국의 민방위업무 추진조직현황

국가명	민방위법제정	전담기구	민방위대편성	훈련기간
한국	1975	민방위팀	20~40세 남자	지방 민방위교육장 및 국립방재교육연구원
스웨덴	1944	국방성 민방위청	16~70세 남녀	비상관리처(SEMA)
영국	1948	내무성 민방위국	지원제	중앙민방위학교 및 기술훈련학교
덴마크	1949	내무성 국가비상기획 위원회	16~65세 남녀	민방위참모대학 및 민방위기술학교
미국	1951	연방비상관리청(FEMA)	유·무급요원(지원제)	재난관리교육원(EMI) 및 국립소방학교(NFA)
이스라엘	1951	국방성 민방위사령부	16~62 남자 17~50세 여자	중앙 및 지방훈련소 구조학교

---

217 '국민보호법'으로 번역되기도 함.

218 다음의 표는 2015년에 확인한 것이다. 2017년 4월 현재 '국가재난정보센터'는 없어졌고 '국민재난안전포털'이 신설되어 관련 자료를 제공하고 있는데 이 표는 없어졌으나 그 내용은 그대로 제시되어 있다. 그러나 이 사이트는 너무나 이상하게 만들어져 있어서 보는 것 자체가 괴로울 지경이다. '박근혜-최순실 게이트'로 드러난 박근혜-새누리 비리 정권의 문제가 여기에도 영향을 미친 것 같다.

국가명	민방위법제정	전담기구	민방위대편성	훈련기간
싱가포르	1951	내무성 민방위청	지원제	민방위중앙학교 민방위 캠프
스위스	1962	연방사법경찰청 민방위청	20~50세 남자	연방민방위청 및 지방민방위교육센터
독일	1965	내무성 민방위청	18~65세 남자 (지원제)	연방재난통제학교 및 민방위대학
대만	미제정	내정부경정서, 성정부 경부처	16~65세 남자 16~35세 여자	경정서순교조 및 민방위단

3. 미국의 안전 정책

1) 비리 관련

1962년 '뇌물 및 이해충돌방지법'(Bribery, Graft and Conflict of Interest Act) 이 제정되었다. 이 법을 위반한 공직자와 뇌물 제공자에게는 최고 15년의 징역과 수수한 금품의 3배까지 벌금을 부과할 수 있다. 직무연관성이 없는 금품 수수도 강력히 규제한다. 공무 수행 과정에서 정부가 아닌 곳으로부터 보수나 기부금을 받으면 1~5년의 징역 또는 벌금이 부과된다('[국가대혁신 '골든타임']〈6〉관행이 돼 버린 부정부패 엄벌해야 선진국', 〈동아일보〉 2014.9.1).

1977년 '외국 부패방지법'(Foreign Corrupt Practice Act, FCPA)이 제정되었다.[219] 미국에 지사가 있거나 합작사가 있는 기업뿐 아니라 미국 은행 계좌나 우편을 통해 뇌물을 준 외국 기업에도 적용된다. 이 법을 위반하면 '벌금폭탄'에 최고 징역 20년형까지 선고받게 된다('[신뢰사회 도약 프로젝트]④선진국

---

219 '해외 부패방지법'이나 '해외 부패관행법'으로 번역되기도 한다.

'부패해결' 어떻게', 〈세계일보〉 2014.11.19).[220]

　　미국은 강력한 '징벌적 손해배상제'를 시행하고 있다. 이 제도는 '영미법상 악의적인 불법행위로 인해 발생한 손해에 대하여 전보적 손해배상에 부가하여 불법행위자를 징벌함으로써 불법행위자 및 제3자가 장래에 동일한 불법행위를 반복하는 것을 억제하기 위해 주어지는 손해배상'이다(김현수 외, 2012). 프란시스 후쿠야마가 지적했듯이 미국은 기업과 개인의 자유를 크게 보장해주되 잘못이 밝혀졌을 때는 철저히 징벌하는 강력한 '자율 규제'를 시행한다. 미국은 규제가 약하거나 없다는 식의 주장은 잘못이거나 거짓이다. 미국은 '징벌적 손해배상제'를 통해 비리의 이익보다 비리의 대가를 훨씬 더 크게 만들어서 비리를 강력히 규제한다.

　　1978년 미국은 '정부윤리법'(Ethics on Government Act of 1978)을 제정해서 정부윤리국(Office of Government Ethics, OGE)을 설립했고, 감찰국법(Inspector General Act of 1978)을 제정해서 감찰국(Office of Inspector General, OIG)을 설치했고, '공무원제도개혁법'(Civil Services Reform Act of 1978)을 제정해서 내부고발자를 보호하기 위한 특별검사국(Office of the Special Counsel, OSC)을 설치했다(배충환, 2006).

220　영국은 FCPA보다 더 강력한 '뇌물규제법'을 시행하고 있다. 영국에서 사업하는 기업은 물론이고 외국의 회사나 개인이 영국의 누군가에게 뇌물을 줬다면 처벌받게 된다. 직원이 뇌물을 받으면 소속 회사도 책임을 져야 한다. 뇌물수수가 인정될 경우 징역형은 최고 10년이고 벌금은 무제한이다. 영국은 2016년부터 기업들이 면허비, 로열티 등의 형태로 외국 정부에 관행적으로 제공하는 모든 지출 내역을 투명하게 공개하도록 하는 방안을 추진했다('[신뢰사회 도약 프로젝트] ④ 선진국 '부패해결' 어떻게', 〈세계일보〉 2014.11.19).

2) 건설 관련

미국의 건축법은 Building Code인데, 이것은 한국의 건축법(Architecture Law)과 달리 그 내용을 민간에서 정하고 주정부나 지방정부가 각자의 특성에 맞는 내용을 선정해서 적용하는 방식으로 운영된다. 이 점을 염두에 두고 미국의 건축법에 관해 유광흠·진형영(2010), 이세정(2014)의 주요 내용을 정리해서 제시한다.

미국에서 건축 및 토지이용에 관한 사항은 지방정부에서 직접 규율하고 있다. 미국의 약 38,000여 곳에 이르는 지방정부들은 주정부에게서 위임받은 권한에 따라 독자적인 건축 및 토지이용에 관한 법을 운영하고 있다.

각 지방정부들의 공통적인 건축 관련 법들은 ① 도시계획에 관한 지역 설정(zoning), 분할규제, 역사보존 등의 법, ② 개별 건축에 관한 건축기준법(building law), ③ 건축 계약에 관한 공공계약법, ④ 건축사에 관한 법 등으로 정리된다.

미국 정부는 주정부와 지방정부에 따라 다른 건축 기준을 통합해서 통합된 건축법을 만들고자 했고, 1994년에 세 개의 민간기구가 '국제 규

그림 14 미국의 건축관련 법 구성

	도시계획	개별 건축	공공계약	건축사
	토지의 합리적 이용	건축물 안전	건축서비스 발주 및 계약	건축사 면허 및 건축사무소 운영 등
연방정부		(International Building code)	(Brook Act)	
주정부	• 수권법 • 주계획 관련 법 • 재개발 관련 법 등		• 주정부 계약 법	• 건축가 면허법 • 건축서비스업 운영관련 법 등
지방정부	• Zoning • Subdivision Control • Landmark Law 등	• Building Code	• 지방정부 계약법	• 건축사 면허법 등

출처: 유광흠·진형영(2010: 99)

약 위원회'(International Code Council)를 구성해서 2000년에 '국제 건축 규약'(International Building Code)이 제정되었다.[221]

3) 재난 관련

미국 연방정부의 재난관리조직은 1961년 국방부 산하에 민방위청을 설립한 것으로 시작되어 1979년에 대통령 직속기구로 '연방재난관리청'을 설립하는 것으로 마무리되었다. 법 제정으로 보자면, 1974년 '재난구호법'(The Disaster Relief Act of 1974)이 제정되었고, 이에 따라 '연방재난관리청'(Federal emergency Management Agency, FEMA)[222]의 전신인 '연방재난지원부'가 설립되어 종래의 민방위 주도의 정책에서 벗어나서 통합적 위기관리를 추진하게 되었다. 이 법은 1988년에 '스태포드법(The Robert T. Stafford Disaster Assistance and Emergency Relief Act)'으로 개정되었다.

미국의 재난관리조직은 연방정부의 조직과 주·지방정부의 조직으로 양분되어 있다. 미국의 연방재난관리조직은 1979년에 설립된 '연방재난관리청(FEMA)'으로서 모든 자연재난과 인적 재난을 통합관리한다. 그런데 미국은 2001년의 '9.11 사건' 이후에 커다란 변화를 추구하게 되었다. 그 결과 공화당의 부시 정부는 여러 우려에도 불구하고 2003년 '국토안보법'을 제정해서 '국토안보부'를 설립했으며, '연방재난관리청'은 '국토안보부' 소속으로 바뀌어서 약화되었으나 2005년 허리케인 카트리나 사태를 계기로 다시 강화되었다(배재현, 2014).

미국은 연방재난관리청을 중심으로 '연방재난관리계획'을 수립해서 운영하고 있지만, 재난 대응의 일차적인 책임은 시나 군과 같은 지방정부로서 연방정부와 주정부는 지방정부에 대한 지원과 조정의 업무를 수행한다(송창영, 2012).

221　'미국 표준모델 건축기준법'으로 번역되기도 한다.

222　'연방위기관리청'으로 번역되기도 한다.

4. 한국의 경우

1) 비리 관련

비리의 척결을 목표로 하는 여러 법률과 제도들이 이미 있지만 실제로는 많이 미흡한 상태로서 '김영란법'의 제정을 계기로 미국과 영국 등 '선진국'의 관련 법률과 제도들을 적극 도입해서 비리의 척결을 실제로 이루는 것이 한국 사회의 가장 긴요한 발전 과제이다. '박근혜-최순실 게이트'를 통해 여실히 드러난 엄청난 비리와 부패의 정도를 직시해야 한다. 비리와 부패를 척결하지 않는 한, 그 세력을 철저히 혁파하지 않는 한, 한국 사회는 결코 발전할 수 없고 오직 퇴보할 수 있을 뿐이다.

미국 및 선진국의 반부패 집행기관이 다국적 기업들에 대하여 제재와 준법경영을 요구할 수 있는 근거는 부패에 대한 기업의 형사책임corporate criminal liability이 있기 때문이다. 한국의 형법에서 뇌물죄는 뇌물을 제공한 당사자가 회사라고 하더라도 법인의 책임은 없고 관여한 임직원 개인만 처벌하는 방식인 반면에, 미국과 유럽의 다수 국가는 개인의 책임과 함께 법인인 회사 자체의 민·형사적 책임을 물을 수 있는 법적 체계이기에 미국과 유럽에 근거를 둔 회사들은 준법 프로그램compliance program을 설립하는 데 많은 노력을 기울이고 있다(박은영, 2010).

2) 건설 관련

여러 법률들이 복잡하게 얽혀 있어서 그 정비가 시급한 법률적 과제[223]이

223　예컨대 건설업 경영자로 건설 비리의 문제를 강력히 지적해 온 김종훈은 "전 근대적이고 비효율적인 300개가 넘는 건설 관련법을 과감히 통폐합하고 발주 조달제도를 선진화하는 정부의 리더십이 필요하다"고 제안했다(김종훈, 2010: 173).

며, '비리의 합법화'에 해당되는 내용들을 정리하는 것이 가장 중요하다.

이명박–한나라당 정권이 만든 이른바 '뉴타운법'(도시 재정비 촉진을 위한 특별법, 도시재정비법)은 역사와 자연의 파괴는 물론 원주민의 추방과 재산권의 침해라는 심각한 문제를 안고 있는 것으로 하루 빨리 폐지해야 한다. 전국에서 공기업들에 의해 토건국가의 법적 기초로 적극 악용되고 있는 '공적 수용제'(강제 수용제)도 크게 개정해야 한다.

3) 재난 관련

박근혜–새누리 정권이 급조한 국민안전처가 총괄부서로서 중앙재난안전대책본부를 운영하게 되며, 이 '본부'는 대통령령으로 정하는 대규모 재난의 예방·대비·대응·복구 등에 관한 사항을 총괄·조정하고 필요한 조치를 하기 위한 조직이다.

중앙재난안전대책본부장(이하 중앙대책본부장)은 국민안전처장관이 된다. 중앙대책본부의 업무를 총괄하며, 필요하다고 인정하면 중앙재난안전대책본부회의를 소집할 수 있다. 다만 외국 재난의 경우에는 외교부장관이, 방사능 재난의 경우에는 중앙방사능방재대책본부의 장이 각각 중앙대책본부장의 권한을 행사한다('중앙재난안전대책본부', 〈국가기록원〉, 2014.12.1).

재난의 효과적인 수습을 위하여 국무총리가 중앙대책본부장의 권한을 행사할 수 있다. 이 경우 국민안전처장관, 외교부장관(외국 재난의 경우에 한정)

또는 원자력안전위원회 위원장(방사능 재난의 경우에 한정)이 차장이 된다('재난 및 안전관리 기본법' 14조, 개정 2014.12.30).

표 26 건설 부패에 대한 처벌 수준

구분	행위자	법인
한국	•2년이하 징역, 7백만원이하 벌금(형법) •5년 이하 징역, 5천만원 이하 벌금(건산법)	•5천만원이하 벌금(건산법) •매출액의 1/10 과징금(독점규제법) •2년이하 입찰참가 자격제한(국가계약법) •신인도감점(-2점)에 따른 1년간 공공공사 참여제한(PQ심사)
미국	•10년이하의 징역 혹은 1백만불 이하의 벌금 •혹은 두가지 벌과(셔면법 04년 6월 개정) •벌금액은 위반이득 또는 손해초래액의 2배까지 인상 가능	•1억달러 이하의 벌금 •입찰참가 제한(연방조달 규칙 FAR) •발주금지관련 다툼이 있는 경우 법인의 소명기회 제공
일본	•3년 이하 징역, 5백만엔 이하 벌금(독점금지법 89조)	•과징금인상(제조업 대기업 6% → 10%) •공공공사 입찰참여의 지명배제상한 2년 → 3년 또는 영업정지 •발주자 계약금액의 10%에 해당하는 금액 손해배상으로 청구 가능
영국	•고액의 벌금, 관리자 직위해제 또는 구속	•고액의 벌금과 입찰 자격 박탈 •관리자 직위해제, 구속

출처: 장현석 외(2012: 236)

4) 처벌의 실질화 문제

'선진국'에서 볼 수 있듯이 엄정한 처벌은 비리의 척결과 사회의 개혁을 위한 필수적인 전제조건이다. 그러나 한국은 비리와 부실에 대한 처벌이 대체로 낮은 수준이며, 그마저도 제대로 시행되지 않아 비리-사고사회가 되었다. 전두환의 대대손손 호의호식은 그 적나라한 예이다. 전두환은 군사반란을 일으키고 국민들을 학살해서 권력을 찬탈했고, 참담한 학살 독재로 재벌들을 겁박해서 1조원이 넘는 부패 재산을 쌓은 것으로 알려졌다. 그러나 전두환은 민주 정부에서 어이없게 사면되어 '상왕' 행세를 하고 대대손손 엄청난 부를 누리고 있다. 사실 전두환은 박정희를 흉내낸 것이다. 박정희도 18년의 독재로 막대한 부패 재산을 쌓아서 빼돌린 것으로 추정되고 있다. 희대의 '박근혜-최순실 게이트'는 박정희-전두환 독재를 올바로 혁파하지 못해서 자행된 세계적인 정치 범죄이다.

'김영란법'의 제정으로 이 문제가 획기적으로 개선될 것으로 기대되고 있으나, 이른바 '전관예우'라는 전현관의 조직적 유착 범죄가 해소되지 않는다면, 검찰의 '봐주기 수사'와 법원의 '봐주기 판결'이 계속되어 결국 문제가 해결되지 않을 것이다.

"우리나라의 처벌 수준이 미국, 일본에 비해 높다고 판단하기 어렵다", "처벌의 실효성이 낮음으로 인해 입찰담합 등의 동일한 건설부패가 상습적으로 발생하고 있다고 판단된다", "따라서 1)담합, 뇌물공여 등 반복적인 범죄의 강력한 제재, 2)담합 및 뇌물수수에 대해서는 특별사면 등 사면대상에서 제외 등을 통하여 처벌의 실효성 제고가 필요하다"(장현석 외, 2012: 236)는 올바른 제안들이 모두 철저히 실현되어야 한다.

참고자료

국민권익위(2010), '청렴 선진국 수범사례'

김종훈(2010), 『우리는 천국으로 출근한다』, 21세기북스

나채준(2015), 〈미국의 공직자 부패행위에 관한 비교법적 연구〉, 한국법제연구원

문형구 외(2013), 〈해외 반부패 입법동향 및 대응방안 연구 – 미국 해외부패방지법
　　　　　에 관한 한국 기업 및 정부를 위한 지침서〉, 국민권익위원회

박희영(2013), '독일의 부정청탁 금지 관련 법제', 〈해외 반부패 및 옴부즈만 동향〉,
　　　　　국민권익위

배재현(2014), '해외 주요국의 국가재난관리체계와 시사점', 〈이슈와　논점〉 846
　　　　　호/201·4.5.9., 국회입법조사처

배충환(2006), '미국의 반부패 제도 및 법규 연구', 해외연수 공무원 논문(창원지방
　　　　　검찰청 검찰주사)

송창영(2012), 〈은평구의 재난관리 역량강화 등을 위한 재난안전에 대한 선진화 방
　　　　　안 연구〉, 정책연구관리시스템(www.prism.or.kr)

신옥주(2008), '독일의 부패방지법제', 한국법제연구원

안영훈 외(2008), 〈주요 선진국의 재난 및 안전관리체계 비교연구〉, 행정안전부

유광흠·진형영(2010), 『건축법의 체계적인 정비를 위한 기본방향 연구』, 건축도시
　　　　　공간연구소

이세정(2014), 〈건축법제 선진화를 위한 법령체계 정비방안 연구〉, 한국법제연구원

이재은(2012), 〈재난환경 변화에 따른 과학적 재해관리체계 강화를 위한 법제연구
　　　　　– 영국, 독일 편〉, 한국법제연구원

이재은(미상), '미국·독일의 위기관리 체계'

임종헌(2000), '독일에서의 청렴성 제고를 위한 법·제도적 방안'

장현석 외(2012), '해외 사례를 통한 국내 건설산업의 투명성 제고에 관한 연구',
『대한토목학회 논문집』제32권 제3D호/2012년 5월

전미희(2013), '국가 위기관리체계의 비교 연구: 미국,프랑스,독일,일본,한국을 중
심으로', 전북대 대학원 사회학과 석사학위논문

홍성태(2007), 『대한민국 위험사회』, 당대

_____(2012), 『사회로 읽는 건축』, 진인진

_____(2014), 『위험사회를 진단한다』, 아로파

보론

'사고사회'를 향해 치달리는 이명박 정부[*]

홍성태(상지대학교 문화콘텐츠학과, 사회학)

1. 위험 연구의 전개

사람들은 아주 오래 전부터 위험에 대해 커다란 관심을 가졌다. 그것은 어떤 것인가? 위험은 사고를 당할 가능성이며, 사고는 뜻하지 않은 피해를 뜻한다. 결국 위험에 대한 관심은 사고에 대한 관심이며, 더 정확하게 말해서 사고를 막거나 피하기 위한 관심이다. 사고에 대해 우리는 '사전예방'과 '사후대책'의 정책을 취할 수 있다. 두가지가 모두 대단히 중요하지만 둘 중에서 더욱 중요한 것은 당연히 '사전예방'이다. '사전예방'의 정책을 제대로 입안하고 추진하기 위해서는 무엇보다 위험에 관심을 기울여야 한다.

인생은 '고해'라고 하는 말도 있듯이 우리는 위험 속에서 살아갈 수밖에

---

[*] '위험사회로 가는 이명박 정부' 대토론회. 환경운동연합 등 주최 2008년 6월 26일. 이 글은 이명박 정부가 발족하고 넉달이 지난 뒤인 2008년 6월에 열린 이명박 정부와 위험사회 토론회에서 발표됐다. 나는 이 글에서 이명박 정부가 아예 사고사회를 추구하고 있다고 지적했는데, 그 뒤 이명박-박근혜 정권 9년 동안 참으로 참담한 사고사회가 되고 말았다.

없다. 중요한 것은 위험을 잘 인식하고 줄이기 위해 최선을 다하는 것이다. 위험에 대한 전통적 대응은 크게 두가지로 나누어 살펴볼 수 있다. 하나는 기술적 대응이다. 이것은 위험의 물리적 원인을 찾아내서 대응하는 것을 뜻한다. 치수정책은 그 좋은 예이다. 그러나 하천 직강화에서 잘 보이듯이 기술적 대응은 위험을 오히려 키우거나 그 자체로 새로운 위험의 원천이 되곤한다. 다른 하나는 경제적 대응이다. 보험이 바로 그 대표적 예이다. 위험이 사고로 실현되었을 경우를 상정하고 경제적 대비를 하는 것이 보험이다. 그러나 보험은 결국 위험을 막거나 피하는 것은 아니며, 나아가 양극화를 악화하는 수단이 될 수도 있다.

서구의 사회과학계에서 위험문제에 큰 관심을 기울이고 여러 연구들이 활발히 이루어지기 시작한 것은 1980년대 초의 일이다.[224] 그 시발은 1979년 3월에 미 하원의 과학기술위원회가 미국과학재단에게 장기적 위험평가의 연구를 의뢰한 것이었다. 그런데 1979년 3월 28일에 미국의 쓰리마일섬 핵발전소에서 핵연료가 녹아 유출되는 대사고가 발생했으며, 1986년 4월 26일에는 소련의 체르노빌에 있는 핵발전소가 폭발하는 대사고가 발생했다. 이런 사고들을 배경으로 세 개의 중요한 연구들이 발표되었다(홍성태, 2007ㄱ: 1장). 각각 문화인류학, 조직사회학, 그리고 비판적 근대화론에 입각한 세 연구는 현대 사회와 위험에 대한 이해에 크게 이바지했다.[225]

가장 먼저 발표된 것은 미국의 인류학자 메리 더글라스와 윌다브스키의

---

224 한국에서는 성수대교 붕괴사고(1994년 10월)와 삼풍백화점 붕괴사고(1995년 6월)를 계기로 위험문제에 대한 연구가 활발히 이루어지기 시작했다(홍성태, 2000, 2007ㄱ).

225 언제부터인가 한국에서는 울리히 벡이 위험에 관한 사회과학 연구를 대표하는 것처럼 여겨지고 있는데 사실 그는 베버 이래의 문명론적 현대 사회론에 입각한 위험연구를 대표한다고 하는 것이 옳다. 울리히 벡을 지나치게 강조하는 것은 보수나 진보를 막론하고 우리 학계의 고질병인 '학문의 식민성'이 드러나는 한 양상에 가깝다.

공저인 Risk and Culture(1982년)이었다. 이 책에서 메리 더글라스와 윌다브스키는 문화에 따라 위험의 인식과 대응방식에서 큰 차이가 있다는 것을 주장했다. 이를테면 '위험의 문화적 구성'을 크게 강조한 것이다. 두번째로 발표된 것은 미국의 사회학자 찰스 페로우의 Normal Accidents(1984년)이었다. 페로우는 조직사회학의 관점에서 우리가 극히 위험한 기술과 고도로 복잡한 사회가 결합된 '고위험체계'에서 살고 있다고 지적하며 핵발전소처럼 회복불가능한 위험을 안고 있는 기술은 사용하지 말아야 한다고 주장했다. 세번째로 발표된 것은 독일의 사회학자 울리히 벡의 Risikogesellschaft(1986년)이었다. 이 책에서 울리히 벡은 기술과학과 개인화로 말미암아 현대의 발전된 산업사회는 고도의 위험을 일상적으로 생산하는 위험사회가 되었다고 주장했다.

2. 이명박 정부와 '사고사회'

서구의 현대 사회과학에서 위험 연구가 어떻게 전개되었는가를 염두에 두고, 나는 내 책『대한민국, 위험사회』에서 과학기술의 위험도와 사회체계의 정비도라는 두가지 기준을 써서 위험사회의 유형화를 시도했다. 세로축이 과학기술의 위험도이고, 가로축이 사회체계의 정비도이다. 여기서 한국은 '2유형'에 속한다. 위험도가 높은 과학기술을 일상적으로 사용하고 있지만 과학기술을 관리하고 기본권을 보장하는 사회체계는 대단히 허술한 사회인 것이다.

표 27 위험사회의 유형

	고	저
고	1	2
저	3	4

한국은 '고도의 과학기술과 저급한 사회체계가 결합되어 있는 가장 위험한 위험사회'에 속한다. 이런 사회에서는 '삼풍백화점 붕괴'와 같은 황당한 사고, '황우석 사태'와 같은 과학사기가 전혀 드물지 않게 일어나며, 양극화가 크게 악화되고 불안과 불신과 부패가 만연하기 십상이다. 나는 한국과 같은 위험사회를 아예 '사고사회'라고 불러야 한다고 생각한다. 우리는 지금 위험사회로 가는 중에 있는 것이 아니라 이미 '사고사회'에서 살고 있다. 문제는 이 참담한 '사고사회'의 문제를 서둘러 완화하는 것이다. 이를 위해서는 단순히 자본주의에 맞서고 신자유주의에 대항하는 것이 아니라 개발주의, 토건국가, 투기사회, 학벌사회, 부패사회 등 한국 사회의 특징을 올바로 이해하고 강력히 대응해야 한다.[226]

이러한 '사고사회'와 관련해서 이명박 정부는 어떤 의미를 가지는가? 이명박 정부는 발족하고 불과 100일도 지나지 않아서 심각한 정당성의 위기를 맞게 되었다. 이미 대다수 국민들은 이명박 대통령의 말을 전혀 신뢰하지 않는다. 이렇게 된 까닭은 그야말로 국민적 반대가 명확한 파괴적 정책들을 이명박 대통령이 강행했기 때문이다. '한반도 대운하'와 미국산 쇠고기 전면 수입[227]은 그 대표적 예이다. 전자는 강을 콘크리트로 뒤덮어 완전히 파괴하

---

226 서구의 '이론'을 수입하는 것으로는 이런 문제를 이해하는 것 자체가 불가능하다. 예컨대 한국의 가장 큰 고질병인 토건국가 문제는 서구에서는 찾아볼 수 없으며, 따라서 서구 학자들의 연구에서는 이에 대한 언급조차 엿볼 수 없다. 그러나 서구 학자들의 '이론'에 사로잡힌 사람들은 우리의 토건국가 문제에 전혀 관심을 기울이지 않는다. 그들은 토건국가, 투기사회, 학벌사회 등의 문제를 한국 사회의 구조적 특징으로 파악하지 못하고 그저 한국적 병리현상으로 치부한다. 연구자들과 운동가들이 서구의 '이론'에만 유식하고 한국의 '현실'에는 무식하다면 '사고사회'의 문제는 갈수록 더욱 더 악화되고 말 것이다.

227 문제는 30개월 이상 쇠고기만이 아니다. 그보다 더 큰 문제는 30개월 미만소의 광우병 특정부위(SRM)가 대거 수입된다는 것이다. 그리고 또 그보다 더 큰 문제는 우리의 검역주권을 행사할 수 없고 오로지 미국 축산업자의 양

려는 것이고, 후자는 국민들에게 극단적인 생명의 위협을 가하는 것이다.

이와 함께 수도권 규제 완화, 환경 규제 완화, 문화재 규제 완화, 영어 몰입교육, 학교 자율화, 의보 민영화, 물 민영화, 공기업 민영화 등 각종 규제 완화와 민영화 정책이 추진되었다. 국민들의 반대로 각종 민영화 정책은 크게 약화되었지만, 학생들을 죽음의 경쟁으로 내모는 학교 자율화와 각종 규제 완화는 여전히 강행되고 있다. 특히 수도권 규제 완화, 환경 규제 완화, 문화재 규제 완화 등 '3대 규제 완화'는 망국적 수도권 집중을 더욱 악화시키고, 세계 120위에 머물고 있는 환경 질을 더욱 악화시키며, 숭례문 소실과 같은 참담한 문화재 파괴를 더욱 조장하게 될 것이다. 시민주권의 관점에서 '3대 규제 완화'에 맞서는 시민저항운동이 시급히 펼쳐져야 한다.

이명박 세력은 지난 10년을 '잃어버린 10년'으로 규정하고 새로운 대한민국을 만들기 위한 계획을 강행하고 있다. 그러나 그 실체는 '한반도 대운하'와 미국산 쇠고기 전면수입에서 노골적으로 드러났다. 그것은 반생태적이고 반민주적인 대한민국이다. 강력한 비판에 직면해서 이명박 세력은 남탓론, 괴담론, 선동론으로 맞섰다. 그 결과 이명박 세력이 착각, 무지, 독선의 추악한 삼위일체에 사로잡혀 있다는 사실이 명확히 밝혀졌다. 이명박 세력이 만들고자 하는 새로운 대한민국은 '이명박 유토피아', 또는 '강부자 유토피아'

심에 우리의 생명을 맡겨야 한다는 것이다. 이명박 정부는 국민을 섬기는 정부가 아니라 미국을 섬기는 정부이다. 이명박 대통령은 실제로 미국산 쇠고기를 '값싸고 질좋은 쇠고기'로 생각했으며, 그래서 한미FTA를 조속히 체결하기 위해 미국산 쇠고기의 전면수입을 덜컥 결정한 것으로 보인다. 만일 그렇다면, 너무도 무능하고 무지한 대통령이라고 하지 않을 수 없다. 한미 FTA로 가장 큰 이득을 보는 것은 재벌이다. 가장 큰 피해를 볼 사람들은 직업적으로는 농민, 계층적으로는 서민층 이하이다. 이런 점에서 이명박 대통령은 철저히 재벌의 입장에서 미국산 쇠고기의 전면수입이라는 망국적 정책을 결정했다고 할 수 있다. 그는 국민의 대표가 아니라 재벌의 대표라고 해야 옳을 것이다.

나 '1% 유토피아'라고 부를 수 있을 텐데, 대다수 국민의 처지에서 보자면 그것은 '사고사회' 한국의 문제를 더욱 더 악화시키는 정말로 무섭고 끔찍한 나라가 아닐 수 없다.

지난 100일 여의 시간 동안 잘 드러났듯이 이명박 정부는 후진기어를 넣고 앞으로 달리자고 외치고 있다. 문제를 지적하는 시민들의 외침에 대해서는 무식하면 조용히 있으라고 을러댔다. 그뿐만이 아니다. 문제를 지적하는 교수들에 대해서도 무식한 것들이 혹세무민하고 다닌다고 공개적으로 망언을 일삼았다. 대표적인 예로 이만의 환경부장관을 들 수 있다. 이 자는 장관이 되자마자 '대운하'에 반대하는 교수들에 대해 잘 몰라서 반대하는 것이라고 망언을 하더니 국민들에 대해서도 역시 무식해서 반대하는 것이라고 망언을 했다. 이와 함께 온갖 환경 규제 완화를 선도하면서 환경부를 '환경파괴부'로 만들고 있다. 더 극단적인 예는 청와대에서 홍보비서관을 맡은 추부길 목사이다. 이 사람은 교수들과 국민들을 무식하다고 비난하더니 급기야 국민들을 사탄의 무리라고 부르고 나섰다.

이명박 정부는 엄청난 실정을 거듭했을 뿐만 아니라 이에 대한 비판이 일어나자 거짓말을 거듭했다. 투기와 표절, 그리고 거짓말이야말로 이명박 정부의 진정한 능력으로 인식될 지경이 되었다. 이런 상황은 반드시 정당성의 위기로 이어지지 않을 수 없다. 이것은 두 단계로 진행되었다. 첫째, 이명박 정부는 국민의 생명을 위협하는 정책을 강행해서 정당성의 위기를 맞았다. 둘째, 이명박 정부는 이에 대한 비판을 사실상 묵살하고 거짓말을 거듭했다. 이명박 정부와 한나라당은 정당성의 기초인 도덕성, 진정성, 합리성의 세 차원에서 모두 신뢰를 크게 잃었다. 이명박 세력은 언론과 인터넷을 장악해서 여론을 '반전'시키겠다는 계획을 추진하면서 문제를 더욱 더 악화시키고 있다.

이제 이러한 이명박 정부와 '사고사회'의 문제를 염두에 두고 '한반도 대운하'의 문제와 미국산 쇠고기 전면수입의 문제에 대해 좀더 살펴보도록 하자.

3. '한반도 대운하'의 문제[228]

이명박 대통령은 '잃어버린 10년'을 외치고 당선된 사람답게 뭔가 많은 사람들의 관심을 끌 수 있는 정책을 추구해야 할 큰 정치적 부담을 안고 있다. 이명박 대통령은 재벌국가와 토건국가의 문제를 극대화하는 것으로 이 부담을 해소하려는 것으로 보인다. 금산분리의 완화가 전자의 대표적 예라면, '이명박 운하'는 후자의 대표적 예가 될 것이다. 이 나라는 실로 흥국과 망국의 기로에 서게 되었다. 우리는 '토건공황'과 '토건망국'의 길이 아니라 '생태적 복지사회'라는 '진정한 선진화'의 길로 나아가야 한다(홍성태, 2007ㄴ).

재벌국가는 탈세와 정경유착을 비롯해 온갖 범죄를 저지르고 막대한 부를 축적한 재벌이 경제는 물론이요 정치에 대해서도 사실상 지배적 영향력을 행사하는 국가를 뜻한다. 이른바 '삼성공화국'은 그 핵심사례이다. 이에 비해 토건국가는 정치인과 토건업이 유착해서 불필요한 대규모 토건사업을 끊임없이 벌이면서 혈세를 탕진하고 국토를 파괴하는 기형국가를 뜻한다. 재벌국가와 토건국가는 모두 박정희 개발독재의 구조적 유산이다. 이런 점에서 재벌국가와 토건국가의 문제는 우리가 여전히 박정희의 그늘에서 살고 있다는 사실을 잘 보여준다. 사회는 쉽게 변하지 않는다.

재벌국가와 토건국가는 동전의 양면을 이루고 있다. 한국에서 가장 큰 토건업자이자 투기꾼은 바로 재벌이기 때문이다. 그러나 토건국가는 재벌뿐만 아니라 정부의 여러 개발부서와 개발공사에 의해 지탱되고 있다. 이런 점에서 토건국가는 재벌국가보다 더욱 절박한 문제라고 할 수 있다. 그러나 이른바 '진보개혁세력'은 이 위중한 문제에 대해 별로 큰 관심을 기울이지 않고 있다. 심지어 노무현 정권은 토건국가를 전국적으로 확대해서 정치적 지지

---

228 이 부분은 홍성태, '망국적 토건국가와 명박운하', 월간 『작은 것이 아름답다』 2008년 2월호를 일부 수정한 것임.

를 얻고자 했으며, 이 잘못된 정책은 노무현 정권의 실패에 대단히 큰 영향을 미쳤다. 그리고 이제 이명박 대통령은 상상하는 것조차 무서운 전대미문의 토건국가 정책을 추진하고 있다. 이 문제를 도외시하거나 부차화한다면, 진보개혁세력은 그 이름조차 지킬 수 없을 것이다.

이명박 정부는 강력한 토건국가 정책을 통해 경제가 활성화되는 듯한 효과를 추구할 것이며, 이러한 효과를 기반으로 주가의 상승을 적극적으로 도모할 것으로 보인다. 어느 모로 보나 '토건경제'가 이른바 'MB노믹스'의 핵심을 차지할 것이다. 외자의 유치는 말할 것도 없고 재벌의 투자확대도 이명박 정부의 의지대로 이루어질 수 없는 일이다. 그러나 '토건경제'는 그렇지 않다. 개발과 투기에 대한 거대한 기대를 배경으로 이명박 정부는 '토건경제'를 강력히 추진할 수 있다. 더욱이 개발공사의 노조를 중심으로 노동계급의 상당수도 '토건경제'를 강력히 추진하고 있다.

한국의 토건업은 GDP의 19%를 차지할 만큼 병적으로 과대하며, 망국적인 부동산 투기의 원천이기도 하다. 노동운동이 사회개혁의 주체로 서기 위해서는 토건국가와 투기사회의 문제를 적극적으로 고민하고 해결책을 제안해야 한다. 예컨대 서구 선진국에서 토건업의 비중은 GDP의 6% 정도밖에 되지 않는다. 한국의 토건업은 하루빨리 극적으로 감축되지 않으면 안 된다. 노동운동은 이런 전제 위에서 고용의 전환을 위한 다양한 정책을 추진해야 한다. '진보정치'를 외치는 쪽에서는 더욱 더 시급히 이 '국가적 질병'과 전면전을 벌여야 할 것이다. 그리고 그것은 복지사회의 구축을 위한 한국의 경로와 과제를 제시하고 국민을 설득하는 정치활동으로 귀결되어야 할 것이다.

'이명박 운하'는 무엇보다 비실용적이다. '실용'을 가장 큰 가치로 내세우면서 너무나 비실용적인 사업을 강행하는 것은 그야말로 황당하기 짝이 없는 일이다. '이명박 운하'의 문제에 대한 자세한 분석은 이미 이루어졌다 (http://blog.naver.com/nocanal). 위험사회론의 관점에서도 '이명박 운하'의 문제는 너무나 명확하다. 그것은 생태적 위험을 넘어서 경제적, 문화적 위험까지 크게 증폭시킬 것이다. '이명박 운하' 계획은 '사고사회'로 치달리는 이명박 정부의 문제를 극명하게 보여주는 사례이다. 그 문제는 다음과 같은 여덟 가지로 요약할 수 있을 것이다.

① 비경제적이다.

예컨대 경부운하는 경운기보다 늦고, 하루에 고작 12대의 배밖에 다닐 수 없다. 그러므로 이명박운하는 물류를 위한 실제적 교통망으로 이용될 수 없다. 운하는 철도 및 차도와 도저히 경쟁할 수 없다. 그런데 한국은 철도와 차도가 이미 너무나 잘 되어 있어서 문제인 나라이다. 또한 이명박운하로 관광을 활성화하겠다는 주장도 역시 이상하다. 경운기보다 느린 배를 타고 무슨 관광을 즐기겠는가? 이명박운하는 토건업에 의한, 토건업을 위한, 토건업의 사업일 뿐이다.

② 산업의 혁신을 저해할 것이다.

이명박운하에 대해 '삽질경제'를 추구하는 것이라는 비판이 쏟아졌다. 세계는 '지식경제'로 치달리고 있고, 우리도 이미 10여년 전부터 '지식경제'를 적극적으로 추구하기 시작했다. 한국은 산업구조의 개혁을 통해 선진국으로 나아가야 한다. 현재 GDP의 19%에 이르는 병적으로 비대한 토건업을 5% 수준으로 축소하는 것만이 '진정한 선진화'의 길이다. 개발독재의 유산인 개발주의 정부조직과 재정구조를 하루빨리 발본적으로 개혁해야 한다.

③ 고용의 혁신을 왜곡할 것이다.

이명박 대통령은 이명박운하를 건설해서 30만개의 일자리를 만들겠다고 호언하고 있다. 그러나 이러한 일자리의 수 자체가 심각한 의문의 대상일 뿐더러 일자리의 질도 역시 깊이 따져봐야 한다. 이른바 '2030 보수'들이 원하는 게 과연 비정규직 '삽질부대'인가? 시대착오적 '삽질경제'는 시대가 요구하는 고용의 혁신이라는 과제를 왜곡할 뿐이다.

④ 투기와 부패를 확산할 것이다.

우리는 비대한 토건업이 투기와 부패의 문제를 일으키는 최대의 원천이라는 사실도 유념해야 한다. 한국은 세계 12위의 경제대국이라는 사실이 무색하게도 세계 43위의 부패대국으로 꼽히고 있다. 경제력은 서구 선진국과 대등한 상태에 이르렀지만, 부패문제는 여전히 개발도상국과 같은 수준에 머물러 있다. 그 핵심에 토건업이 자리잡고 있다. 토건업은 부패가 가장 만연한 분야이다.

⑤ 재정을 왜곡할 것이다.

이명박 대통령은 모래를 팔고, 민자를 유치해서 경부운하를 건설하겠다고 한다. 그러나 모래를 팔고 민자를 유치하는 것은 그 자체로 엄청난 문제를 안고 있지만, 그렇다고 해서 재정을 투입하지 않는 것도 아니다. 민자유치사업은 혈세로 충분한 이익을 보장해야 하기 때문이다. 결국 복지의 증진, 교육의 향상, 산업의 혁신 등에 써야 할 혈세를 멀쩡한 강을 파괴하고 대규모 토건사업을 벌이는데 쓰게 될 것이다. 지금도 매년 40조원이 넘는 혈세를 대규모 토건사업에 퍼붓고 있다.

⑥ 반문화적이다.

한강, 낙동강, 영산강, 금강은 이 나라를 대표하는 자연유산일 뿐더러 그 주변에는 수많은 유형문화재들이 널려 있는 문화유산이다. 이런 곳을 대대적으로 개발한다는 것은 결국 자연뿐만 아니라 문화의 대대적 파괴를 수반하지 않을 수 없다. 문화재 전문가들은 강 주변에 각종 전통 문화재들이 대단히 많으며, 특히 여주의 신륵사를 비롯해서 국보급 불교 문화재들이 많다는 사실을 지적하고 있다. 세계는 자연을 존중하는 '생태문화의 시대'로 나아가고 있으나, 이 나라에서는 전대미문의 생태문화 파괴계획이 추진되고 있다.

⑦ 반생태적이다.

이명박 대통령은 운하가 생태적이라고 주장한다. 그러나 멀쩡한 강과 산을 대대적으로 파괴하고 강변에 최소 수백 km를 넘는 길이의 거대한 콘크리트 옹벽을 건설하면서 생태적이라고 주장하는 것은 멀쩡한 사람을 잡아다가 '로보캅'으로 만들어 놓고는 힘있게 되었다고 주장하는 것과 비슷하다. 반생태적인 것을 생태적이라고 주장하는 것은 자기를 속이고 남을 속이는 '자기기인'(自欺欺人)의 좋은 예일 뿐이다.

⑧ 시민의 생명을 위협한다.

한강은 2100만 명의 수원이며, 낙동강은 1000만 명의 수원이다. 이런 곳을 운하로 만들어 대형 바지선이 오가도록 하겠다는 것은 3100만 명에 이르는 시민의 생명을 위협하는 발상이 아닐 수 없다. 이 나라의 강은 모두 상수원이다. 금강과 영산강도 마찬가지이다. 홍수 피해가 극심해질 것이며, 엄청나게 넓은 지역이 수몰될 것이고, 문경처럼 탄광지대에서는 대규모 붕괴사고도 일어날 수 있다. 결국 이명박운하는 시민의 건강과 생명을 위협하는 전대미문의 파괴적 개발사업이 될 것이다.

4. '광우병 룰렛'의 문제[229]

4월 18일, 이명박 정부는 미국산 쇠고기의 전면수입을 결정했다. 이에 대해 5월 2일부터 10대 여학생들을 시발로 국민적인 촛불저항이 펼쳐지기 시작했다. 그러나 5월 29일, 이명박 정부는 결국 미국산 쇠고기 수입위생조건 장관 고시를 강행했다. 이에 대해 수많은 시민들이 전국에서 분노의 촛불을 밝히자 이명박 정부는 미국 축산업계에 30개월 이상 쇠고기는 수출하지 말아달라고 '애걸'했다. 정말 분개하지 않을 수 없다. 이명박 정부는 미국 축산업계에 국민의 생명을 내맡겼다. 그 결과 이명박 정부가 얻은 것은 무엇인가? 이명박 대통령과 부시 미 대통령이 골프차를 타고 희희낙락하며 사진을 찍은 것인가?

전국 곳곳에서 수많은 시민들이 거리에서 촛불을 밝혀 이명박 정부의 미국산 쇠고기 전면수입에 저항하고 있다. 국민의 뜻을 저버리고 장관 고시를 강행한 날부터 시민들은 '협상 무효, 고시 철회'의 구호보다 '이명박은 물러나라'는 구호를 더 크게 외치고 있다. 이명박 정부는 놀랍게도 '세계 최초'로 광우병 위험이 큰 30개월 이상 소의 고기와 각종 위험 부위의 전면수입을 결정했다. 그리고 시민들의 저항에 대해 이명박 정부는 거짓말을 일삼았을 뿐만 아니라 괴담론과 선동론을 펼치며 시민들을 모욕했다. 한나라당도 마찬가지였다. 심재철 의원은 광우병 쇠고기로 스테이크를 해 먹고 곰탕을 해 먹어도 안전하다고 망언했고, 이상득 의원은 실업자들이 촛불집회를 하는 것이라고 망언했으며, 주성영 의원은 촛불집회를 '천민민주주의'라고 망언했다.

이명박 정부는 미국 정부와 축산업계의 신뢰를 얻은 대신에 주권자인 우

---

229 이 부분은 홍성태, '올 6월항쟁은 생활정치로 기록하라'(『한겨레21』 714호/ 2008년 6월 12일)를 일부 수정한 것임.

리 시민의 신뢰를 잃었다. 이명박 정부가 미국 정부와 축산업계를 선택하고 주권자인 우리 시민을 저버린 당연한 결과이다. 그렇다. 이명박 정부는 주권자인 우리 시민을 저버렸다. 시민들이 거리로 몰려나와 '이명박은 물러나라'고 외치게 된 것은 이렇듯 이명박 정부의 실정에서 비롯된 것이다. 이명박 정부는 남 탓에 골몰하지 말고 자신을 반성하고 개혁해야 한다. 이렇게 무능하고 무책임한 정부는 정말 세계적으로 예를 찾아보기 어려울 것이다.

이번 촛불시위를 둘러싸고 많은 논의들이 활발히 이뤄지고 있다. 그 중에서도 가장 두드러지는 것은 인터넷의 적극적 활용과 10대의 대대적 참여에 관한 논의이다. 사실 인터넷의 적극적 활용은 이미 10년 이상 전부터 나타난 현상이다. 그러나 이명박 정부는 '개인 방송' 시대에까지 이른 매체 기술의 변화를 전혀 이해하지 못하고 있다.[230] 10대의 참여도 6년 전 첫 번째 촛불집회에서부터 나타난 현상인데, 이번에는 대대적이고 주도적인 참여라는 변화를 보였다. 그렇다면 이런 변화는 왜 나타났을까?

여기서 우리는 무엇보다 '광우병 공포'라는 문제에 주목해야 한다. 급식을 하는 10대는 광우병의 가장 큰 잠재적 피해자다. 따라서 10대는 누구보다 강하게 생명의 위협을 느끼고 있다. 이와 함께 당연히 학부모의 불안과 우려도 커졌다. 그 결과 10대의 촛불은 곧 시민의 촛불이 되었다. 탤런트 최진실 씨는 부모로서 광우병 위험이 큰 미국산 쇠고기의 전면수입에 반대하는 글을 자신의 홈피에 올렸다. 아마도 그의 글은 일부 '뉴라이트'를 제외한 모든

---

230 6월 17일, 이명박 대통령은 "익명성을 악용한 스팸메일, 거짓과 부정확한 정보의 확산은 합리적 이성과 신뢰까지 위협하고 있다"며 인터넷을 비난했다. 이명박 대통령으로서는 온갖 지식과 진실이 실시간으로 공개되고 토론되는 인터넷이 대단히 원망스러울 것이다. 그런데 이명박 대통령이 '컴맹'이라는 사실은 널리 알려져 있다. 이명박 대통령은 인터넷을 비난하기 전에 우선 컴퓨터와 인터넷부터 제대로 배워야 하지 않을까? 이명박 대통령이 구시대의 리더십에서 벗어나지 못하는 까닭은 컴퓨터와 인터넷을 모르기 때문이기도 할 것이다.

부모의 심정을 대변할 것이다.

사람들이 거리로 몰려나와 자신의 뜻을 밝히고 정부의 변화를 촉구한 것은 우리나라에서도 상당히 오랜 역사를 갖고 있다. 사람들을 거리로 나오게 하는 것은 그 시대의 절박한 사회문제다. 많은 사람들에게 영향을 미치는 문제일수록 많은 사람들을 거리로 나오게 할 수 있다. 따라서 우리는 사람들이 거리에서 외치는 요구를 통해 시대의 변화를 생생히 추적할 수 있다. 이런 관점에서 우리의 현대사를 잠시 돌이켜보자.

사람들이 거리로 몰려나와 적극적으로 발언한 최초의 거리집회는 1898년 3월 독립협회의 주최로 서울 종로 네거리에서 열렸던 만민공동회이다. 만민공동회는 지금의 거리집회와 전혀 다르지 않았다. 최초의 만민공동회에는 무려 1만 명이 넘는 사람들이 참여해 나라의 독립과 개혁에 관해 발언했으며, 만민공동회는 횟수를 거듭하면서 독립협회의 영향에서 벗어난 독자적 민중운동으로 발전했다.

이번의 촛불집회와 연관해서 많은 사람들이 87년의 '6월 항쟁'을 떠올린다. 전두환 군부독재의 종식과 민주화의 길을 연 6월 항쟁은 전국 곳곳에서 수백만 명의 시민들이 줄기차게 벌인 일련의 거리집회와 거리투쟁을 가리킨다. '독재 타도, 민주 쟁취'는 당시 가장 보편적 구호였으며, 한 줌의 독재세력을 제외한 대다수 국민들이 이 구호에 적극 동의했다. 그 결과 건국 40년 만에 비로소 민주화의 길이 활짝 열리게 되었던 것이다.

6월 항쟁이 최루탄과 화염병으로 상징된다면, '촛불'이 거리집회의 상징으로 떠오른 것은 2002년의 일이다. 그 해 여름 두 여중생이 미군의 장갑차에 깔려 죽는 끔찍한 '살인 사건'이 일어났고, 11월에 두 여중생을 추모하는 집회가 열리게 되었는데, 이때 한 네티즌의 제안으로 시민들은 '촛불'을 밝혀들고 거리집회를 열었다. 두 여중생의 억울한 죽음을 애도하고 불평등한 한-미 관계의 개혁을 촉구하기 위해 밝혀진 촛불은 사회의 어둠을 밝히는 상징이자 평화시위의 상징으로 자리잡게 되었다.

광우병 위험이 큰 미국산 쇠고기의 전면수입을 반대하는 이번의 촛불집회도 불특정 다수 시민들의 적극적인 제안과 참여를 통해 열리게 되었다. 10대를 포함해서 시민들은 텔레비전과 인터넷을 통해 미국산 쇠고기의 광우병 위험에 대해 '과학적으로' 잘 알게 되었다. 이명박 정부가 강행하는 미국산 쇠고기의 전면수입은 누구나 치명적인 생명의 위험에 노출되는 것을 뜻한다. 사람들은 당연히 생명의 위험에서 벗어나고 싶어한다. 그러나 정부가 완강히 '소통'을 거부했기 때문에 거리로 몰려나와 직접 의견을 밝히게 되었다.

이번의 촛불집회는 '독재 타도'를 목표로 하지 않는다는 점에서 '6월 항쟁'과 다르고, '불평등한 한-미 관계의 개혁'을 촉구하지 않는다는 점에서 '2002년의 촛불집회'와도 다르다. 사안의 차이가 너무나 명확하다. 이명박 정부는 사실상 모든 국민에게 '광우병 룰렛'을 강요하고 있다. 이번의 촛불집회는 부당하게 강요되는 생명의 위험에서 벗어나려는 생활정치의 전형적 사례에 해당한다. 그러나 이명박 정부가 당연한 생활정치의 요구를 완강히 거부하면서 시민들의 요구는 크게 바뀌었다.

생활정치는 이념정치나 권력정치가 아니다. 광우병처럼 사실상 모든 국민의 생명을 위협하는 문제는 이념과 권력을 초월해서 사실상 모든 국민이 참여하는 생활정치를 촉발할 수 있다. 우리는 막대한 위험을 대가로 풍요를 누리는 '위험사회'에서 살고 있다. 따라서 위험사회에서는 생명과 건강에 대한 관심이 갈수록 커진다. 생활정치는 위험사회의 정치를 대표한다. 위험사회에서는 기존의 이념정치나 권력정치로 보자면 '탈정치화'가 이뤄지지만 생활정치의 방식으로 '비정치적인 것의 정치화'가 이뤄진다.

위험사회는 이른바 선진사회의 어두운 이면이다. 그런데 이미 오래 전부터 한국은 아예 '사고사회'라고 불러도 좋을 정도로 서구보다 훨씬 더 위험한 위험사회이다. 한국의 특징은 발달한 과학기술과 허술한 사회체계의 결합에서 찾을 수 있기 때문이다. 토건국가, 투기사회, 부패사회, 학벌사회 등은 그 단적인 예이다. 삼풍백화점 붕괴 사고, 대구 지하철역 화재 사고 등은 종료된 사건이 아니다. 그 핵심에 '취약한 민주화'의 문제가 있다. 이명박 정부는 이 사실을 너무도 분명하게 가르쳐주고 있다. 촛불이 밝히는 새로운 민주주의는 생활의 개선을 추구할 뿐만 아니라 이를 위해 취약한 정치적 민주화의 개혁을 추구한다.

'사고사회'의 상태에서 큰 이득을 보는 세력이 권력이 잡는다면 어떻게 될까? 이른바 '한반도 대운하' 계획과 미국산 쇠고기의 전면수입이 그 답을 보여주고 있다. '강부자'는 더욱 더 큰 부자가 되겠지만, 대다수 국민들은 생명조차 위협받게 되고, 국토는 대대적으로 파괴되는 것이다. 건강과 생명을 지키기 위한 생활정치가 더욱 활성화돼야 한다. 생활정치의 활성화는 결국 구조의 개혁으로 이어지거나, 그렇지 않더라도 생활의 개혁을 낳는다. 생활은 우스운 것이 아니라 가장 중요한 것이다. 더 나은 정치는 궁극적으로 더 나은 생활을 위한 수단일 뿐이다.

선험적 이념이 아닌 실증적 체험 속에서, 추상적 구조가 아닌 구체적 생활 속에서, 더 좋은 사회를 위한 기운이 자란다. '광우병 룰렛'에 맞선 촛불은 낡은 이념에 바탕을 둔 보수와 진보가 아니라 불의와 정의, 죽음과 생명, 탐욕과 생활의 대립이 새롭게 형성되었다는 것을 잘 보여주었다. 이것은 풍요롭고 민주화된, 그러나 엄청난 위험을 안고 있는 '사고사회'의 진정한 정치적 현실이다.

참고자료

홍성태(2000), 『위험사회를 넘어서』, 새길

_____(2007ㄱ), 『대한민국, 위험사회』, 당대

_____(2007ㄴ), 『개발주의를 비판한다』, 당대

Beck, Ulich(1992), 홍성태 옮김(1997), 『위험사회』, 새물결 (독어본은 1986년. 영
어본은 1992년. .한글본은 개정본인 영어본을 주대본으로 함.)

Douglas, Mary and Wlidavsky(1982), Risk and Culture, Berkley

Perrow, Charles(1984), Normal Accidents, Basic Books